Zu diesem Buch

Im neugefaßten Grundgesetz ist die Gleichstellung von behinderten Menschen ausdrücklich festgeschrieben: «Niemand darf wegen seiner Behinderung benachteiligt werden», heißt es in Artikel 3, Absatz 3. Damit ist im Katalog der Grundrechte ein eindeutiges Diskriminierungsverbot verankert, Chancengleichheit im politischen und gesellschaftlichen Leben ist gefordert.

Wie aber sieht die Wirklichkeit aus? Dieser Frage gehen die Autorinnen und Autoren dieses Buches nach. In knappen Übersichtstexten, die sich insgesamt zu einem – sicher nicht vollständigen – Querschnittreport fügen, berichten und bewerten sie, wie es um die Gleichbehandlung zum Beispiel in den Bereichen Bildung und Ausbildung, Pflege/Assistenz, Mobilität, Lebens- und Arbeitswelt steht. Sie verdeutlichen die besondere Benachteiligung von Frauen mit Behinderungen, schildern die Entwicklung in den neuen Bundesländern und das insgesamt bedrohlich werdende geistig-politische Debattenklima. Ein weiterer Teil beschäftigt sich, die internationale Entwicklung einbeziehend, mit den Konsequenzen, die die Grundgesetzänderung rechtlich erst mit Leben erfüllen können – am Anfang steht das Plädoyer für ein Gleichstellungsgesetz.

Die Beiträge dieses Bandes, engagierte Auseinandersetzungen mit alltäglichen Diskriminierungen, machen deutlich, daß sich mit dem Grundgesetz noch lange nicht die «Verfassungswirklichkeit» geändert hat. Sie stellen aber auch positive Entwicklungen und Ansätze heraus und formulieren zum Ende jeweils einen Katalog politischer Forderungen. Die unterschiedlichen Institutionen, Verbände und Arbeitsbereiche, aus denen die Autorinnen und Autoren kommen, machen zugleich (zwar nicht repräsentativ, aber schlaglichtartig) die Vielfalt innerhalb der modernen Behindertenbewegung deutlich. Gemeinsam ist allen das Bewußtsein, Teil einer Bürgerrechtsbewegung zu sein: Es geht um Selbstbestimmung statt um fürsorgliche Entmündigung, um Teilhabe am gesellschaftlichen und politischen Leben statt um Aussonderung.

Informationen zum Herausgeber sowie zu den Autorinnen und Autoren finden sich am Ende des Bandes.

Hans-Günter Heiden (Hg.)

«Niemand darf wegen seiner Behinderung benachteiligt werden»

Grundrecht und Alltag – eine Bestandsaufnahme

rororo

Rowohlt

rororo aktuell
Herausgegeben von Frank Strickstrock

Veröffentlicht im Rowohlt Taschenbuch Verlag GmbH,
Reinbek bei Hamburg, September 1996

Umschlaggestaltung Susanne Heeder/Philipp Starke
(Foto: Tony Stone Images/Charles Thatcher)
Satz Sabon und Frutiger (Linotronic 500)
Gesamtherstellung Clausen & Bosse, Leck
Printed in Germany
1490-ISBN 3 499 13937 5

Für Lea und Lino

«Willst Du etwas wissen, so frage einen Erfahrenen
und keinen Gelehrten.»

(Chinesisches Sprichwort)

Inhalt

Perspektiven

Anhang

Vorwort

Um es vorweg zu sagen: In diesem Buch wird nicht behauptet, daß in der Bundesrepublik nichts «für Behinderte getan» wird. Es wird sogar eine ganze Menge, etwa durch ein flächendeckendes Netz von (Sonder-)Einrichtungen, «für Behinderte» getan. Aber genau das ist das Problem, denn die aussondernde und fürsorglich entmündigende Politik aus der Sozialecke sind die Betroffenen endgültig leid: «Behinderung ist weniger eine Frage des individuellen Schicksals und der Wohltätigkeit, sondern vielmehr eine Bürgerrechtsfrage. Mit unserer körperlichen, geistigen oder seelischen Beeinträchtigung können wir leben, doch die gesellschaftliche Entmündigung und Diskriminierung, die unser Leben tagtäglich bestimmt, ist für uns nicht hinnehmbar!»

Dies erklärte Ottmar Miles-Paul, damaliger Vizepräsident der europäischen Abteilung von *Disabled Peoples' International* (DPI) 1995 im Rahmen eines Europa-Treffens seiner Organisation. Damit forderte er (zum wiederholten Male) einen radikalen Perspektivenwechsel in der Behindertenpolitik: Behinderte Menschen dürfen nicht länger als Objekte von Wohlfahrtspolitik gesehen werden. Vielmehr sind sie gleichberechtigte Bürgerinnen und Bürger, die das Recht auf Selbstbestimmung und Selbstvertretung haben.

Der Grundstein zu diesem notwendigen Perspektivenwechsel wurde Ende 1994 in der neuen deutschen Verfassung gelegt. Im Grundrechtekatalog (und damit an der richtigen Stelle!) wurde in Artikel 3, Absatz 3 ein neuer Satz eingefügt: «Niemand darf wegen seiner Behinderung benachteiligt werden.» Doch lehrt die politische Erfahrung und nicht zuletzt die Geschichte der Gleichstellung von Frauen und Männern, daß diese neue gesellschaftliche Normsetzung jetzt der einzelgesetzlichen Ausfüllung bedarf, wenn sie nicht bloße Deklamation bleiben soll. Eine Bestandsaufnahme der bestehenden, alltäglichen Benachteiligungen ist also erforderlich.

Dieses Buch versucht eine solche Bestandsaufnahme, die das neue Grundrecht dem Alltag behinderter Menschen gegenüberstellt. Und getreu der alten chinesischen Weisheit «Willst du etwas wissen, so frage einen Erfahrenen und keinen Gelehrten», kommen denn in fast allen Beiträgen die Expertinnen und Experten in eigener Sache zu Wort. Da sie aus unterschiedlichen Arbeitszusammenhängen stammen, ergaben ihre Texte ein buntes, aber hoffentlich konturscharfes Gesamtbild.

Natürlich muß auch die Politik ihre Bestandsaufnahme machen. Sie hat sich zu fragen, ob auch sie die Weichen in Richtung einer neuen Behindertenpolitik stellen will. Sie muß sich jetzt entscheiden, ob sie einen ehrlichen und gleichberechtigten Dialog mit den Betroffenen (der teilweise schon stattfindet) voranbringen oder ob sie Fremdbestimmung und paternalistische Haltung (wie sie zum Beispiel im Menschenbild des neuen Pflegeversicherungsgesetzes zum Ausdruck kommt) fortsetzen will.

Wie soll nun unsere Bestandsaufnahme aussehen? Sie ist in vier Bereiche aufgeteilt:

Im **ersten Teil** erfolgt eine begriffliche Klärung zu den Fragen «Behinderung» und «Diskriminierung» sowie ein Exkurs in die «Behindertenstatistik». Außerdem wird kurz die Geschichte der Behindertenbewegung in ihrem Kampf gegen Diskriminierung ab 1990 skizziert.

Im **zweiten Teil** geht es dann um die konkrete Bestandsaufnahme der strukturellen Diskriminierung. Als Herausgeber war ich mir bewußt, daß eine Auswahl der Themenbereiche getroffen werden mußte, denn ein Anspruch auf Vollständigkeit hätte den Rahmen dieses Bandes gesprengt. Auch die einzelnen Autorinnen und Autoren der Beiträge haben jeweils eine Auswahl treffen müssen und sich auf die wesentlichen Tatbestände beschränkt.

Innerhalb des zweiten Teils sind die Beiträge nach einer festen Form aufgebaut: Zu Beginn eines jeden Artikels wird ein konkreter «Fall» geschildert und anschließend ein Überblick über die generelle Situation gegeben. Zum Schluß eines jeden Beitrages steht ein zusammenfassender Absatz, der die Bereiche angibt, in denen Politik und Gesellschaft nach Meinung der Autorinnen und Autoren aktiv werden müssen.

Eine Bestandsaufnahme wäre folgenlos, wenn sie nicht auch eine Perspektive angäbe: Im **dritten Teil** wird ausführlich für ein Gleichstellungsgesetz und eine neue und moderne Behindertenpolitik plädiert, die auch die europäische Dimension umfaßt. Ein weiterer Text befaßt sich mit den rechtlichen Konsequenzen des neuen Artikel 3. Ein selbstkritischer Exkurs zu Fragen behindertenpolitischer Pressearbeit beschließt den dritten Teil.

Im **vierten Teil** findet sich eine Dokumentation, die unter anderem den «Düsseldorfer Appell», eine Bibliographie und eine Zusammenstellung von bereits existierenden Gesetzen enthält. Eine zusätzliche Adreßliste aus der deutschen und europäischen Behindertenpolitik soll den Charakter eines «Handbuches» unterstreichen.

Aus Gründen der Lesbarkeit haben die meisten Autorinnen und Autoren auf einen umfangreichen Quellen- und Literaturteil verzichtet. Wer sich aber in die jeweilige Thematik genauer einarbeiten möchte, sollte sich (über den Verlag) mit dem Autor oder der Autorin direkt in Verbindung setzen. Ebenso ist beim Verlag zu erfahren, wo es dieses Buch als Toncassette für blinde Menschen gibt.

Abschließend ein Hinweis zur Sprache. Es betrifft den Behinderungsbegriff: Da die Definition von «Behinderung» im Umbruch ist, findet sich in diesem Buch auch kein einheitlicher Sprachgebrauch. Um die Herausbildung einer neuen Terminologie nicht voreilig zu behindern, habe ich auf eine redaktionelle Bearbeitung im Sinne einer Vereinheitlichung verzichtet. Daher finden sich synonym die Begriffe «Behinderte, behinderte Menschen, Menschen mit Beeinträchtigungen, Menschen mit Behinderungen». Ich selbst gebe im derzeitigen Stadium der Diskussion den Begriffen «Menschen mit Beeinträchtigungen», die durch gesellschaftliche Umstände zu «behinderten Menschen» werden, den Vorzug.

Berlin, den 15. März 1996 — Hans-Günter Heiden

Hans-Günter Heiden

Die Fakten liegen auf dem Tisch

Benachteiligung und Diskriminierung behinderter Menschen in der Bundesrepublik Deutschland

Zwischen nachgeholter Menschenrechtserklärung und massivem Sozialabbau

«mir ist nie ganz klargeworden, warum in artikel 3 (3) «niemand darf wegen seines geschlechts, seiner abstammung, seiner rasse, seiner sprache, seiner herkunft, seines glaubens, seiner religiösen und politischen anschauungen benachteiligt oder bevorzugt werden» – der zusatz ‹*wegen seiner behinderung*› fehlt.» Mit diesen Worten von Gusti Steiner endete der Text (und das gleichnamige Buch von Ernst Klee) «behindert-sein ist schön. entwurf eines neuen selbstbewußtseins. von einem behinderten geschrieben» im Jahr 1974. Zu jenem Zeitpunkt hatte man den angesprochenen Menschenrechtszusatz in Artikel 3 des Grundgesetzes behinderten Bürgerinnen und Bürgern bereits 25 Jahre lang vorenthalten; behinderte Menschen galten (und gelten) seit jeher als Menschen zweiter Klasse.

Und sie mußten noch einmal 20 Jahre warten (und kämpfen), bis Bundestagspräsidentin Rita Süssmuth am 30. Juni 1994 im Berliner Reichstag um 18.17 Uhr verkündete: «Es wurden 629 Stimmen abgegeben. Mit Ja abgestimmt haben 622 Kolleginnen und Kollegen, mit Nein drei, enthalten haben sich vier. Damit ist der Gesetzentwurf mit der erforderlichen Mehrheit angenommen.» Gemeint war, daß nun in Artikel 3, Absatz 3 des neuen Grundgesetzes der Satz: «Niemand darf wegen seiner Behinderung benachteiligt werden» angefügt werden konnte. Nach der Zustimmung des Bundesrates am 23. September 1994 trat die neue Verfassung für das geeinte Deutschland am 15. November 1994 in Kraft.

Ein wichtiges Datum, doch es bedeutet noch lange nicht, daß die Benachteiligung behinderter Menschen vorbei ist. Es bedeutet nur, daß die Behindertenbewegung mit 45 Jahren Verspätung an den Start geht und, ausgestattet mit neuem Handwerkszeug, darangehen kann, rechtliche Gleichstellung durchzusetzen und alltägliche Diskriminierung zu verhindern. Die Juristin Theresia Degener spricht in diesem Zusammenhang von der Behindertenbewegung als der «letzten» Bürgerrechtsbewegung.

Daß sie nötig ist, belegt als jüngeres Beispiel die Tatsache, daß mit dem Start des Pflegeversicherungsgesetzes am 1. April 1995 die Selbstbestimmung behinderter Menschen einen herben Rückschlag hinnehmen mußte. Ferner ist die «fürsorgliche Entmündigung» im gesellschaftlichen Umgang und der verstärkte Sozialabbau, der behinderte Bürgerinnen und Bürger am härtesten trifft, die Realität Mitte der 90er Jahre. Dazu einige Zeitungsmeldungen, nur wenige Monate nach der Verfassungsergänzung:

- Frankfurt, Juli 1995: Zum wiederholten Male fordern behinderte Menschen von der Bundesbahn, daß sie ohne fremde Hilfe in einen Zug einsteigen wollen. Die Bahn möge aus diesem Grund doch endlich ihre Reisezugwagen mit einer fahrzeuggebundenen, automatischen Einstiegshilfe ausrüsten. Dies lehnte Bahnsprecherin Claudia Wachowitz mit der Begründung ab, das Unternehmen wolle «den persönlichen Kontakt zu den Behinderten pflegen» und bei der bisherigen Lösung der personengebundenen Einstiegshilfe bleiben. Das bedeutet, daß rollstuhlfahrende Reisende entweder unter Absturzgefahr in den Wagen gehoben werden müssen oder unter Zuhilfenahme des Bahnpersonals mit einem mobilen Hublift, der vorbestellt werden soll, hochgekurbelt werden.

- Berlin, August 1995: Die Nutzung des Fahrdienstes «Telebus» soll aus Spargründen beschränkt werden, vor allem bei sogenannten «Freizeitfahrten», etwa zum Shopping, zum Friseur, ins Ausflugslokal oder zur Selbsthilfegruppe. Kriterium der Fahrtgenehmigung solle künftig die «Dringlichkeit» sein. Und was «dringlich» ist, will die Sozialverwaltung entscheiden. Nach heftigen Protesten der Betroffenen wird diese Kürzung, die das Recht auf Mobilität zum «Luxus» umdefiniert, zurückgenommen.

- Bonn, Oktober 1995: Um ihr Haushaltsdefizit zu verringern, schaltete die Stadtverwaltung Bonn zeitweilig Rolltreppen und Fahrstühle zu U-Bahnhöfen und Fußgängerüberführungen ab. Verkehrsampeln und Straßenbeleuchtung wurden außer Betrieb gesetzt. Daß dadurch die Mobilität behinderter Menschen auf der Strecke blieb, wurde nicht bedacht.

- Potsdam, Dezember 1995: Die freiwilligen Leistungen für den Behindertenfahrdienst sowie für Sozial-Fahrscheine in öffentlichen Verkehrsmitteln sollen ab Januar 1996 gestrichen werden. Dies betrifft etwa 500 gehbehinderte Menschen. Erst mit der Genehmigung des Haushaltes '96, die für den Monat April vorgesehen ist, könnten wieder Coupons ausgegeben werden.

Beispiele aus dem Alltag behinderter Menschen; ähnliches kommt in den meisten anderen Städten und Gemeinden vor. Sie sind nicht besonders spektakulär, die sind jedoch charakteristisch für den Umgang mit behinderten Menschen in der Bundesrepublik im Jahr 2 nach der Verfassungsergänzung.

Gesellschaftliche Realität ist weiterhin, daß unter verschärftem wirtschaftlichem Konkurrenzkampf bereits existierende Nachteilsausgleiche für behinderte Menschen wieder zurückgenommen werden: Die Kraftfahrzeugversicherer strichen Anfang 1995 den sogenannten «Behindertenrabatt», die Bahn verdoppelte den Preis für die Mitnahme eines zweiten Rollstuhls, die Lufthansa strich die kostenlose Begleitperson bei Billigflügen, die Telekom kassiert seit Anfang 1996 ältere und behinderte Bürgerinnen und Bürger bei Ortsgesprächen ab. Sind Nachteilsausgleiche etwa nur der «Luxus der fetten Jahre»?

Im Zuge des sogenannten «Umbaus des Sozialstaates», der derzeit in der Bundesrepublik diskutiert wird, wird es voraussichtlich noch weiteren Sozialabbau geben. Nach einer Meldung des Berliner «Tagesspiegels» vom 19. Januar 1996 plant der baden-württembergische Finanzminister Mayer-Vorfelder (im Auftrag der Finanzministerkonferenz der Länder) neben der Kürzung der Sozialhilfe unter anderem, die Ausgleichsabgabe nach dem Schwerbehindertengesetz auf weniger als 200 Mark pro Monat zu kürzen und die Beschäftigungsquote auf unter sechs Prozent festzusetzen. Auch die Leistungen nach dem Bundessozialhilfegesetz (BSHG) werden mehr und mehr eingeschränkt.

Zum Behinderungsbegriff und seinen Folgen

Welche begrifflichen Festlegungen eine Gesellschaft in ihren jeweiligen historischen sozioökonomischen Phasen jenen Mitgliedern zuschreibt, die sich körperlich, geistig oder seelisch von anderen Mitgliedern unterscheiden, ist durchaus unterschiedlich. In der Geschichte findet man dazu Bezeichnungen wie etwa «Narren, Kretins, Krüppel, Schwachsinnige, Erbkranke, Invaliden, Kriegsopfer, Idioten, Behinderte...». Unterschiedlich waren (und sind) deshalb auch die auf den Bezeichnungen aufbauenden gesellschaftlichen Reaktionen und die politischen Maßnahmen bzw. Unterlassungen (zum Beispiel Tötung, Aussonderung, Verstecken, Rehabilitation, Integration, Normalisierung). Aus diesem Grund ist es wichtig, sich etwas ausführlicher mit Fragen der Terminologie zu beschäftigen.

In neuerer Zeit hat die Weltgesundheitsorganisation (WHO) 1980 mit einem dreistufigen Modell einen internationalen Definitionsstandard gesetzt, der auf die Kritik am bislang vorherrschenden, rein medizinischen Erklärungsansatz von «Behinderung» reagierte. Sie unterscheidet zwischen «impairment» (Schädigung), daraus folgender «disability» (Funktionsbeeinträchtigung) und dem sich daraus ergebenden «handicap» (soziale Beeinträchtigung).

Auf europäischer Ebene wird diese Definition aber nicht durchgängig verwandt. Im EU-Land Dänemark zum Beispiel gibt es laut Euro-Atlas des Bundesministeriums für Arbeit und Sozialordnung (BMA) aus dem Jahre 1993 keine ausdrückliche Definition von Behinderung. «Jedoch können alle, die Unterstützung zur Entwicklung oder zum Wiedererlangen ihrer beruflichen Fähigkeiten, Pflege oder eine spezifische Behandlung benötigen, eine Hilfe erhalten. Dies schließt körperliche, geistige, seelische und soziale Behinderungen mit ein.» (Euro-Atlas)

In Großbritannien wiederum spricht man zunehmend von «persons with Special needs», was durch die Übersetzung «Personen mit besonderen Bedürfnissen» im Deutschen nur sehr schlecht wiedergegeben werden kann. Auch das (nichtaussondernde) dänische Schulsystem spricht im Schulgesetz von 1990 von «Kindern mit besonderen Bedürfnissen» und nicht von «Kindern mit Behinderungen».

In der pädagogischen Diskussion in Deutschland werden (etwa nach Bleidick oder Speck) vier Erklärungsmodelle von «Behinderung» unterschieden:

1. das streng medizinische Modell, nach dem die Behinderung allein in der Schädigung oder Anomalie eines Individuums liegt,

2. das interaktionistische Modell, wonach Behinderung das Ergebnis eines Zuschreibungsprozesses ist (Etikettierung zum Beispiel als Schulversager),

3. das systemtheoretische Modell, wonach Behinderung von der Eigenfunktion der Organisationssysteme (zum Beispiel Leistungsanforderungen der Grundschule) bestimmt wird,

4. das gesellschaftstheoretische Modell, bei dem Behinderung ein komplexes Zusammenwirken unter anderem von «Arbeitskraft minderer Güte», «reduzierter Geschäftsfähigkeit» und «sozialem Ausschluß» ist.

Rüggeberg (1985) und andere stellen diesen Ansätzen das «Autonomie»-Modell gegenüber, das sich an der *Independent living* (Selbstbestimmt Leben)-Bewegung orientiert, eine professionell pädagogisierende, objekt- und defektzentrierte Rehabilitationssicht ablehnt und statt dessen eine Menschenrechtsperspektive einnimmt. Die «Selbstbestimmt Leben-Bewegung» kann sich dabei darauf stützen, daß das Recht auf Selbstbestimmung an vorderster Stelle der UN-Menschenrechtscharta steht.

Im Zusammenhang mit Behinderung definieren die *Independent living*-Aktivisten den Begriff der Selbstbestimmung wie folgt: «Selbstbestimmt Leben heißt, Kontrolle über das eigene Leben zu haben, basierend auf der Wahlmöglichkeit zwischen akzeptablen Alternativen, die die Abhängigkeit von den Entscheidungen anderer bei der Bewältigung des Alltags minimieren. Das schließt das Recht ein, seine eigenen Angelegenheiten selbst regeln zu können, an dem öffentlichen Leben der Gemeinde teilzuhaben, verschiedenste soziale Rollen wahrzunehmen und Entscheidungen selbst fällen zu können, ohne dabei in die psychologische oder körperliche Abhängigkeit anderer zu geraten.» Dabei ist darauf zu achten, daß «selbstbestimmt» und «selbständig» begrifflich voneinander zu unterscheiden sind: Eine Person, die in höchstem Maße auf die Assistenz anderer angewiesen, also «unselbständig» ist, kann sehr wohl «selbstbestimmt» die Art und Weise ihrer Assistenz regeln.

Auf der Ebene der sozialrechtlichen Definition findet man im 3. Bericht der Bundesregierung über «Die Lage der Behinderten und die Entwicklung der Rehabilitation» vom März 1994 folgende Begriffsbestimmung: «‹Behinderte› im Sinne dieses Berichts sind alle, die von Auswirkungen einer nicht nur vorübergehenden Funktionsbeeinträchtigung betroffen sind, die auf einem regelwidrigen körperlichen, geistigen oder seelischen Zustand beruht. Diese Begriffsbestimmung lehnt sich an den dreistufig aufgebauten Behinderungsbegriff der Weltgesundheitsorganisation (Schaden – funktionelle Einschränkung – soziale Beeinträchtigung) an; sie stimmt in der Sache mit den international üblichen, auch innerhalb Deutschlands weitgehend deckungsgleichen Begriffsabgrenzungen überein ...»

Richtig ist, daß sich die bundesdeutsche Definition zwar an der WHO-Definition orientiert, aber nicht die Kritik an dieser Dreiteilung berücksichtigt, wie sie schon Ende 1993 in den «UNO-Rahmenbestimmungen für Herstellung von Chancengleichheit für Behinderte» formuliert wurde: «Einige Fachleute haben ihrer Besorgnis darüber Ausdruck gegeben, daß die in der Klassifikation enthaltene Definition des Begriffs ‹soziale Beeinträchtigung› noch immer als zu medizinisch und zu sehr auf den einzelnen ausgerichtet angesehen werden kann und die Wechselbeziehung zwischen den gesellschaftlichen Bedingungen und Erwartungen und den Fähigkeiten des einzelnen vielleicht nicht genügend klar herausstellt.»

Diese Kritik soll – so sieht es jedenfalls die UNO vor – bei künftigen Änderungen der Klassifikation berücksichtigt werden. Daß die sozialrechtliche Definition der Bundesrepublik trotz gegenteiliger Beteuerungen ebenfalls noch stark von diesem medizinischen Denken geprägt ist, geht eindeutig aus dem Wort «regelwidrig» hervor, das in der Definition des 3. Berichtes und des geltenden Schwerbehindertengesetzes (in der Fassung von 1986) benutzt wird. Außerdem gibt es eine Formulierung im bereits zitierten Euro-Atlas, in der die deutsche Behindertendefinition dahingehend ergänzt wird, daß Behinderte alle diejenigen seien, die aufgrund der «nicht nur vorübergehenden Funktionsbeeinträchtigung in ihrer Fähigkeit zur Eingliederung in die Gesellschaft eingeschränkt sind».

Das bedeutet im Klartext nichts anderes als: Die Tatsache, daß ich zum Beispiel nicht laufen kann und zum Ausgleich einen Rollstuhl nutzen muß, schränkt mich in meiner Eingliederungsfähigkeit ein, ist dafür verantwortlich, daß ich nicht in die Straßenbahn komme. Dies ist eine rein defektzentrierte Betrachtungsweise. Behinderung und Eingliederungsfähigkeit werden als individuelles Schicksal und nicht als gesellschaftliches Problem definiert.

Doch es geht auch andersherum: Im Aktionsplan der norwegischen Regierung zur Behindertenpolitik von 1994 findet sich folgende Definition: «Behinderung ist die Diskrepanz zwischen den Fähigkeiten eines Individuums und den Funktionen, die ihm in der Gesellschaft abverlangt werden. Dies bezieht sich auf alle Gebiete, die wesentlich für die Selbstbestimmung und ein Leben in der Gemeinschaft sind.» Aus dieser Definition folgt eine ganz andere Konsequenz als aus der deutschen: Die Tatsache, daß die Straßenbahn zu hohe Stufen hat, schränkt meine Fähigkeit zur Eingliederung in die Gesellschaft ein, die Straßenbahn muß also zugänglich gemacht werden. Konsequent geht dieser Aktionsplan denn auch in der Umsetzung der Definition daran, die noch vorhandenen Barrieren in der Gesellschaft Stück um Stück abzubauen.

Das Forum behinderter JuristInnen in der BRD definiert Behinderung ebenfalls konsequent um: «Eine Behinderung ist jede Maßnahme, Struktur oder Verhaltensweise, die Menschen mit Beeinträchtigungen Lebensmöglichkeiten nimmt, beschränkt oder erschwert.» In diesem Sinne sind behinderte Menschen Individuen mit körperlichen, geistigen und seelischen Beeinträchtigungen, denen aufgrund von nicht entwikkelten gesellschaftlichen Strukturen Entfaltungsmöglichkeiten genommen werden. Daß eine solch neue begriffliche Differenzierung sehr notwendig ist, beweist der folgende Ausflug in die Welt der Zahlen.

Behindertenstatistik oder: Wer wird gezählt?

Ebenso uneinheitlich wie der Behinderungsbegriff sind die Zahlen, die man erhält, wenn man wissen will, wie viele «Behinderte» es eigentlich gibt. Nach UNO-Angaben sind etwa 500 Millionen Menschen auf dieser Erde behindert, also etwa zehn Prozent der Bevölkerung. Für die Bundesrepublik würde das etwa acht Millionen bedeuten. Wie lauten nun die genauen Zahlen? Die umfangreichste Dokumentation dazu, der 3. Bericht der Bundesregierung, weist ein eigentümliches Mißverhältnis von Detailgenauigkeit und Nachlässigkeit auf. So wird etwa die Zahl von Zugängen und Austritten bei den berufsvorbereitenden Bildungsmaßnahmen behinderter Jugendlicher detailliert aufgelistet, jedoch gibt es immer noch keine Angaben über die Zahl der Rollstuhlnutzerinnen und -nutzer in Deutschland. Letzteres wird auch vom Statistischen Bundesamt bedauert, das wißbegierige Journalisten nur mit Kopien von veralteten Fachartikeln bzw. mit Zahlen aus anderen Bereichen (etwa den Produktionszahlen für Krankenfahrstühle) trösten kann. In Fachkreisen der Behindertenverbände geht man für die Bundesrepublik von ca. 400000 Personen aus, das heißt, 0,5 Prozent der Bevölkerung nutzen einen Rollstuhl.

Für die Gesamtzahl behinderter Menschen können wir zunächst festhalten, daß die Untergrenze (laut Angaben des Statistischen Bundesamtes per Datum 31.12.1993) bei 6,38 Millionen anerkannter Schwerbehinderter (7,97 Prozent der Bevölkerung) liegt. Diese Menschen – und nur sie werden vom Statistischen Bundesamt laut gesetzlicher Vorgabe gezählt – sind im Besitz eines Schwerbehindertenausweises. Dies besagt lediglich, daß bei ihnen aufgrund eines sozialrechtlichen Feststellungs- und Begutachtungsverfahrens ein Grad der Behinderung (GdB – bis 1986 sprach das Gesetz von Minderung der Erwerbsfähigkeit – MdE) von mindestens 50 (und höchstens 100) Prozent festgestellt wurde.

Der bereits erwähnte 3. Bericht der Bundesregierung spricht hingegen schon von etwa 6,6 Millionen behinderter Menschen, also etwa 8,25 Prozent der Bevölkerung. Dazu rechnet der Bericht

- 986107 in Betrieben und Dienststellen beschäftigte Schwerbehinderte (Stand Oktober 1992)

- 176558 arbeitslose Schwerbehinderte (davon 150489 im Bundesgebiet West und 26069 im Bundesgebiet Ost; Stand jeweils Dezember 1993)

- rund 140000 in Werkstätten für Behinderte tätige Behinderte

- etwa 5,23 Mio nicht im Arbeitsleben stehende Schwerbehinderte (Stand Dezember 1992).

Nach Adam Riese sind dies übrigens exakt 6,53 Millionen Menschen. An anderer Stelle des Berichtes wird die Zahl der Heime für behinderte Erwachsene (2212) mit ihren 118231 Heimplätzen (Stand: 30. Juni 1992) zwar penibel genau angegeben, nicht aber, wie viele Bewohnerinnen und Bewohner einen Schwerbehindertenausweis besitzen.

Ferner geht der Bericht von einer weiteren Zahl statistisch nicht erfaßter Menschen aus, deren Grad der Behinderung unter 50 liegt und die keinen Ausweis beantragt haben. Doch werden hierzu keine Zahlen genannt; dieser statistische Graubereich wird im Bericht nicht weiter problematisiert.

Welche Menschen tauchen nun nicht in der Ausweisstatistik auf? Dies sind zum Beispiel die rund 200000 Schülerinnen und Schüler der Sonderschulen für Lernbehinderte, die nur während ihrer Schulzeit als «behindert» definiert werden. Also: plus 0,2 Millionen. Bei Menschen, die auf Hilfe oder Pflege angewiesen sind, geht eine Infrateststudie im Auftrag des Bundesministeriums für Familie und Senioren von 3,2 Millionen Menschen (Stand: Ende 1991) in privaten Haushalten aus. Davon sind 1,1 Millionen pflegebedürftig, während 2,1 Millionen eher hauswirtschaftlicher Hilfe bedürfen. 42 Prozent der Hilfe- und Pflegebedürftigen verfügen laut Infratest nicht über einen Schwerbehindertenausweis. Dies sind also weitere 1,34 Millionen behinderte Menschen und in der Summe etwa 8 Millionen. Damit wären wir schon bei den durchschnittlichen 10 Prozent einer Population.

Nach Schätzungen des Blüm-Ministeriums (BMA) wird in den nächsten Jahren eine weitere Million der 16,5 Millionen Bürgerinnen und Bürger über 60 Jahre pflegebedürftig. Also ist eine Schätzung von insgesamt neun bis zehn Millionen behinderten Menschen (11–12 Prozent der Bevölkerung) zum Ende der neunziger Jahre kaum zu hoch gegriffen. Dazu paßt ein Ergebnis aus dem Statistischen Amt der Europäischen Union, das bereits Anfang der 90er Jahre erstmals eine detaillierte Behindertenstatistik aufgestellt hat. Danach bewegt sich der Gesamtanteil der behinderten Menschen an der Gesamtbevölkerung der Mitgliedsstaaten zwischen 10 und 15 Prozent.

Bereits 1984 bezifferte eine Socialdata-Studie die Zahl der in ihrer Mobilität Behinderten auf 7,8 Millionen (was damals 13,54 Prozent der westdeutschen Bevölkerung entsprach); die Bundesarbeitsgemeinschaft Hilfe für Behinderte (BAGH) schätzte den Anteil der im Verkehr mobilitätsbehinderten Menschen 1989 sogar auf 16,6 Prozent für die alte Bundesrepublik, was hochgerechnet auf 80 Millionen Einwohner in Gesamtdeutschland einer Zahl von 13,28 Millionen entspräche.

Wendet man sich außerdem einmal den Zahlen der nicht sichtbaren körperlichen, geistigen und seelischen Beeinträchtigungen und der gesundheitlichen Einschränkungen zu, so wird noch deutlicher, daß sehr viele Menschen in einer westlichen Industriegesellschaft im weitesten Sinne betroffen sein können: So schwankt die Zahl der Menschen, die dringend psychiatrisch oder psychotherapeutisch behandelt werden müßten, zwischen einer (Psychiatrie-Enquete-Kommission 1975) und etwa zwei Millionen (Schätzung von Fachverbänden 1995), und die Zahl der hörgeschädigten Menschen wird in einem Antrag der SPD-Bundestagsfraktion (November 1995) mit ca. 16 Millionen angegeben. Die Zahl der chronischen Schmerzpatientinnen und -patienten, also Menschen, die unter Migräne, andauernden Kopfschmerzen oder medikamentenbedingten Kopfschmerzen leiden, wird von den Fachverbänden auf sechs bis sieben Millionen geschätzt. Die Zahl der Demenzerkrankten (vorwiegend Alzheimersche Krankheit) wird mit etwas über einer Million angegeben, im Jahr 2030 soll sie in der Bundesrepublik auf etwa 2,3 Millionen gestiegen sein. Von Allergien sind bundesweit sogar 20 bis 40 Prozent der Bevölkerung betroffen.

Allerdings wäre es angesichts solcher Zahlen nun falsch zu behaupten (wie es manche Politikerinnen und Politiker in Sonntagsreden gerne tun), daß «eigentlich jeder irgendwo behindert sei». Auch ist nicht deutlich, inwiefern sich Beeinträchtigungskreise überschneiden, etwa «Pflegebedürftigkeit im Alter» und «Demenzerkrankungen». Unter den Begriff «behindert» (an dem man wohl leider im Moment noch nicht vorbeikommt) fallen nach meinem Verständnis jedoch nur diejenigen Menschen, deren körperliche, geistige und seelische Beeinträchtigung auf Strukturen, Verhaltensweisen und Maßnahmen treffen, die sie ausgrenzen. Als brillentragender und allergiebetroffener Autor dieses Beitrages wäre ich erst dann «behindert», wenn mir die Gesellschaft die Beschaffung der Sehhilfe bzw. der Medikamente verweigerte. Dies ist zugegebenermaßen ein noch ungewohntes Verständnis des Begriffs. Doch es ist sehr hilfreich, wenn man Benachteiligungen und Diskriminierungen präzise wahrnehmen und effektiv dagegen vorgehen will.

Angesichts einer statistisch so unscharf umrissenen Zielgruppe, deren reale Größe irgendwo zwischen 6,38 und 13,28 Millionen liegt, ist es schwer möglich, gezielte Maßnahmen zur Verbesserung der Situation herbeizuführen. Natürlich liegt es mir fern, an dieser Stelle einer Totalerfassung aller sozialpolitischen Daten behinderter Menschen das Wort zu reden, denn darum geht es nicht. Dieser statistische Zustand belegt aber, daß die Behindertenpolitik längst eine lästige Randgröße der Regierungspolitik geworden ist. Ungeachtet aller Beteuerungen, was «für die Behinderten» alles geleistet und materiell aufgewendet wurde, ist er Ausdruck einer Praxis, in der Verwaltungsdenken dominiert und ein gesellschaftspolitisch tragfähiger Begriff der «Behinderung», also ein Konzept, das geeignet ist, den Abbau von Benachteiligungen zur Sache aller zu machen, fehlt. Da, wo die Statistiken und Definitionen präzise sind, grenzen sie den Kreis der «Betroffenen» (denn das ist gemeint: Einzelschicksale, die zu statistischen Merkmalsgruppen zusammengefaßt werden) ein. Da wo sie sich im Ungefähren verlieren, beginnt der gesellschaftliche und politische Gesprächs- und Handlungsbedarf. Eine Notwendigkeit, die in den Parteien erst von einigen wenigen Einzelkämpferinnen (meist sind es in der Tat Frauen) gesehen wird, wenn es um eine konsequent betriebene Behindertenpolitik geht.

Daß man eine Statistik auch ganz anders nutzen kann, zeigt wiederum das Beispiel Norwegen. Ole Jacob Frich, Staatssekretär im norwegischen Gesundheits- und Sozialministerium, führte im Oktober 1995 auf der Düsseldorfer REHA-Fachmesse aus, daß nach den Erhebungen seiner Regierung alle norwegischen Staatsbürgerinnen und Staatsbürger durchschnittlich 14 Jahre ihres Lebens «behindert» seien, wobei er ausdrücklich die Mobilitäts- und Demenzprobleme älterer Menschen in seine Betrachtungsweise einschloß. «Was liegt also näher», so der Staatssekretär, als «eine Politik zu machen, die für alle ist und die keine Menschen aussondert.»

Diskriminiert werden oder sich diskriminiert fühlen?

Eine weitere Begriffsklärung ist zum Wort «Diskriminierung» notwendig. Unter Diskriminierung versteht man ganz generell laut Fremdwörterduden «1. Herabsetzung, Herabwürdigung, 2. unterschiedliche Behandlung». Diese Herabwürdigung oder unterschiedliche Behandlung erfolgt aufgrund eines bestimmten Merkmales, in unserem Zusammenhang aufgrund eines körperlichen, geistigen oder seelischen Merkmales. Vergleichbar sind die bekannten Diskriminierungen aufgrund von Geschlecht, Hautfarbe, Nationalität oder sexueller Orientierung.

Den Aktiven, die sich für ein Antidiskriminierungsgesetz für behinderte Menschen einsetzen, wurde in der Vergangenheit oft entgegengehalten, daß der Begriff der «Diskriminierung» zu negativ für deutsche Ohren klinge. Im anglo-amerikanischen Sprachraum sei das ja gängig, aber für Deutschland nicht passend. Und wenn man schon um das «böse» Wort nicht herumkam, dann sprachen die Politikerinnen und Politiker lieber davon, daß sich jemand «diskriminiert fühlte» und nicht «diskriminiert wurde». Politisch bedeutet dies aber nichts anderes, als die eigene Verantwortlichkeit zu leugnen und den Betroffenen ein lediglich individuelles Gefühl zu unterstellen.

Im Geleitwort zur deutschen Übersetzung der neuen «Rahmenbestimmungen zur Herstellung von Chancengleichheit für Behinderte» der UN vermeidet auch Arbeitsminister Blüm das Wort «Diskriminierung». Er spricht vielmehr von «noch bestehenden Benachteiligungen» und «Problemen der Behinderten». Die Tatsache, daß das Ministerium ferner den verbindlich klingenden englischen Titel «Standard-Rules» (Standard-Regeln) in den unverbindlicher anmutenden Begriff «Rahmenbestimmungen» übersetzt hat und diese Bestimmungen, die Ende 1993 von der UN-Vollversammlung verabschiedet wurden, erst am 20. November 1995 auf deutsch veröffentlichte, sei nur am Rande vermerkt. Trotzdem oder gerade deswegen will ich an dem Begriff der Diskriminierung festhalten, da er besser als jeder andere den tatsächlichen Vorgang der gesellschaftlichen Ausgrenzung und der unterschiedlichen Behandlung beschreibt.

Der Begriff der «Diskriminierung» spielt außerdem eine zentrale Rolle im Gutachten «Invisible Citizens» (Unsichtbare Bürger), das Ende 1995 dem Europäischen Parlament übergeben wurde und den Status behinderter Menschen in den Europäischen Verträgen beschreibt. Die Rechtsprechung des Europäischen Gerichtshofes befaßt sich ebenfalls seit vielen Jahren mit Fragen der Diskriminierung aufgrund der Staatsangehörigkeit bzw. des Geschlechtes.

Fächert man den Diskriminierungsbegriff nun weiter auf, so wird in der Literatur die offene bzw. direkte Diskriminierung von der strukturellen Diskriminierung unterschieden. Unter *direkter Diskriminierung* sind Herabwürdigungen zu verstehen, die sich zum Beispiel in wüsten Beschimpfungen wie «Du blöder Spasti!» oder «Dich Krüppel nehme ich in meinem Bus nicht mit!» äußern. Der Rausschmiß aus Lokalen oder direkte gewalttätige Übergriffe sowie das In-Brand-Setzen von Behinderteneinrichtungen gehören natürlich auch hierher.

Versteckter sind die in Gesetzen und Verordnungen angelegten oder durch Unterlassung entstandenen *strukturellen bzw. indirekten Diskriminierungen*, um die es in diesem Buch vorwiegend gehen wird. Beispiele für die alltäglichen strukturellen Diskriminierungen gibt es in Hülle und Fülle, davon zeugen die folgenden Beiträge.

Der Diskriminierungsbegriff wird durch einige juristische Festlegungen aus jüngster Zeit noch deutlicher: In der US-Rechtsprechung, in der es seit den 70er Jahren eine Antidiskriminierungsgesetzgebung gibt, die 1990 mit dem ADA (Americans with Disabilities Act) ihren bisherigen Höhepunkt hatte, wurde festgelegt, daß eine Diskriminierung nicht nur ein Tun ist, sondern auch ein Unterlassen sein kann. Dies bekam ein kalifornisches Restaurant zu spüren, das schließen mußte, weil es den Auflagen eines Gerichtsbeschlusses, der die Zugänglichkeit für behinderte Menschen vorschrieb, nicht nachkam. Das Restaurant wurde von der Stadtverwaltung zweimal wegen «Unzugänglichkeit» angezeigt, da es seine Barrieren (20 cm hohe Eingangsstufe, keine zugänglichen WC-Anlagen) im Zuge einer Großrenovierung nicht beseitigt hatte. Ein anderes Restaurant wurde zu einer Geldstrafe von 735 000 Dollar verurteilt, weil es bei Renovierungsarbeiten versäumt hatte, behindertengerechte Einrichtungen zu schaffen.

In einem Kommentar der Zeitschrift *HELIOSCOPE* zu den bereits erwähnten UN-Standardregeln stellt die Juristin Theresia Degener fest: «Das in den Regeln festgeschriebene Konzept der Gleichberechtigung lehnt nicht allein direkte und offene Formen von Diskriminierung aufgrund einer Behinderung ab. Auch alle relativ subtilen Formen, die unter dem Ausdruck ‹Verweigerung zumutbarer Anpassung› zusammengefaßt werden können, fallen darunter. Das wohl bekannteste Beispiel für eine solche Haltung ist die Geschichte vom Schuldirektor, der behinderten Schülern den Zugang verweigert, indem er die Räumlichkeiten mit Absicht in einem baulich unzugänglichen Zustand beläßt.»

Diese Diskriminierungsauffassung hat sich auch schon in Kanada in Gerichtsurteilen niedergeschlagen: So hat der Oberste kanadische Gerichtshof bereits 1989 eine wichtige Feststellung getroffen: Für den Begriff der Diskriminierung ist nicht die Absicht entscheidend, sondern das Ergebnis. Konkretisiert wurde dies in einer Grundsatzentscheidung des höchsten Gerichtes der kanadischen Provinz Ontario, das in seinem Spruch vom 15. Februar 1995 den zwangsweisen Sonderschulbesuch für unvereinbar mit dem Artikel 15 der kanadischen Verfassung von 1982 hielt. Dieser Artikel enthält neben dem allgemeinen Gleichheitssatz ein Verbot jeglicher Diskriminierung aufgrund einer körperlichen, geistigen oder seelischen Beeinträchtigung.

Für die Bundesrepublik muß in kommender Zeit mit einer ähnlichen Rechtsprechung auf Basis des neuen Artikel 3 gerechnet werden. Eine erste Klage von zwei gehörlosen Menschen aus Hamburg gegen NDR und ZDF wegen Benachteiligung durch nicht vorhandene Gebärden-Einblendungen in Nachrichten- und Informationssendungen wurde Mitte 1995 eingereicht.

Die «letzte» Bürgerrechtsbewegung

Es ist an dieser Stelle nicht beabsichtigt, eine ausführliche Sozialgeschichte behinderter Menschen darzustellen. Dazu gibt es bereits genügend gute Literatur, etwa die Bücher von Klee, Jantzen, Jansen, Merkens oder Fandrey, um nur einige zu nennen.* Dort finden sich ausführliche Darstellungen der Geschichte von Aussonderung und Benachteiligung behinderter Menschen vom Mittelalter bis heute sowie über Zwangssterilisation und Euthanasie in der Zeit des deutschen Faschismus. Wichtig ist mir die Darstellung der Anfänge der Bürgerrechtsbewegung behinderter Menschen in Deutschland, die mit ihrem Kampf gegen Benachteiligung und Diskriminierung ihre Wurzeln (für die alte Bundesrepublik) Anfang/Mitte der 70er Jahre hatte. Dies zu verstehen ist vor allem für die «altgedienten und verdienten» Sozialpolitikerinnen und -politiker sowie die Einrichtungsträger wichtig, die sich mit Händen und Füßen und zum Teil irrationalen Ausfällen gegen die Infragestellung ihrer historischen Lebensleistung, gegen die Infragestellung all dessen wehren, was sie ja doch gerade «für» behinderte Menschen geschaffen haben. Viele verstehen nicht, daß gerade diese paternalistische Haltung das eigentliche Problem ist.

1. Phase: Kritik der bestehenden Institutionen

Die beginnende Bürgerrechtsbewegung wurzelte in der Kritik am bestehenden und sich immer mehr spezialisierenden Rehabilitationssystem. Natürlich war es im Nachkriegsdeutschland erst einmal wichtig, die Kriegsopferversorgung zu regeln. Einen – historisch gesehen –

* Ernst Klee: Behinderten-Report, Frankfurt 1974;
Ernst Klee: Behinderten-Report II, Frankfurt 1976;
Ernst Klee: Behindert sein ist schön, Düsseldorf 1974;
Wolfgang Jantzen: Sozialgeschichte des Behindertenbetreuungswesens, München 1982;
Jansen, G. W.: Die Einstellung der Gesellschaft zu Körperbehinderten, Neuburgweiher 1974;
Luise Merkens: Historische Entwicklung der Behindertenpädagogik, München 1988;
Walter Fandrey: Krüppel, Idioten, Irre. Zur Sozialgeschichte behinderter Menschen in Deutschland, Stuttgart 1990

qualitativen Sprung markierte zudem, daß durch die Arbeit engagierter Eltern ab 1960 der Bildungsanspruch geistig behinderter Kinder (in speziellen Institutionen) durchgesetzt werden konnte. Außerdem stand bereits ab Mitte der 50er Jahre die Neugründung von Selbsthilfeorganisationen behinderter Menschen auf der Tagesordnung, die von den faschistischen Machthabern zerschlagen oder gleichgeschaltet worden waren. Ferner trat 1961 das neue Bundessozialhilfegesetz (BSHG) in Kraft, in dem spezielle «Eingliederungshilfen für Behinderte» vorgesehen waren. Doch mit der zunehmenden Differenzierung von Sonderschulen, von Behindertenwerkstätten und Rehabilitationseinrichtungen begann auch die Kritik an den überdimensionierten und aussondernden Einrichtungen auf der «grünen Wiese».

Dem allgemeinen gesellschaftspolitischen Klima Anfang der 70er Jahre folgend («Mehr Demokratie wagen» – Wahlslogan der SPD 1972), gründeten sich die Clubs Behinderter und ihrer Freunde, kritische Sonderpädagogen forderten die Integration behinderter Schülerinnen und Schüler, und 1974 macht der «Behindertenreport» von Ernst Klee Furore. 1974 war aber auch das Jahr des Schwerbehindertengesetzes, das den von ihm geschützten Personenkreis auf alle Schwerbehinderten, unabhängig von Art oder Ursache, ausdehnte (Finalitätsprinzip). In den USA wurde 1973 erstmals in einem Rehabilitationsgesetz ein Diskriminierungsverbot festgelegt, und 1975 verabschiedeten die Vereinten Nationen die Deklaration «Rechte der Behinderten». In der Bundesrepublik sorgte 1975 der Bericht der «Psychiatrie-Enquête» für Aufsehen. 1976 beschloß die UNO, daß 1981 ein Inernationales Jahr der Behinderten sein sollte.

Die Organisationen behinderter Menschen in Deutschland konzentrierten ihre Kräfte aber noch vorwiegend auf sozialpolitische Fragestellungen, zum Beispiel auf Renten- und Sozialversicherung, Nachteilsausgleiche wie die Freifahrt im öffentlichen Personenverkehr, verbesserte Eingliederung in den Arbeitsmarkt, verbesserte Hilfsmittelversorgung. Sie konnten durch ihren Einsatz viel erreichen und haben wesentlich zum «sozialen Netz» für behinderte Menschen beigetragen.

2. Phase: Kritik des UNO-Behindertenjahres von 1981 – Beginn des Perspektivenwechsels

Das Internationale Jahr der Behinderten 1981 (dem eine ganze UNO-Dekade von 1982 bis 1992 folgte) ist in der Bundesrepublik mit Recht vielfach kritisiert worden. Ein Hauptkritikpunkt war, daß diejenigen, um die es eigentlich ging, nur am Rande eine Rolle spielten und nichtbehinderte Funktionsträgerinnen und Festredner sie in eine Objektrolle der «Einzugliedernden» drängten. Die Kritik hat einen, von den offiziellen Stellen nicht vorhergesehenen, positiven Effekt gehabt: Die Behindertenbewegung ist durch ihre Kritik gegen dieses Jahr politischer geworden. 1981 war somit auch das Jahr der Gründung der Krüppelbewegung. Bis zu diesem Zeitpunkt war oft nur von sogenannten dankbaren «Musterkrüppelchen» die Rede («dankbar, lieb, ein bißchen doof und leicht zu verwalten» hieß es dazu einmal in einem Buch von Ernst Klee), die sich mit der anklagenden Rolle oder der Rolle der Bittsteller zufriedengaben.

Auf seiten der Politik verflachte nach dem UNO-Jahr der Reformeifer, der sich zumindest in zahlreichen Dokumenten, etwa dem «Bericht und Empfehlungen der Nationalen Kommission» niedergeschlagen hatte. Zwar wurde 1980 noch das Amt eines Behindertenbeauftragten eingeführt, das seit dem Regierungswechsel 1982 der CSU-Bundestagsabgeordnete Otto Regenspurger innehat, und im Juni 1982 wurde vom Bundestag beschlossen, einmal in der Legislaturperiode einen «Bericht über die Lage der Behinderten» vorzulegen, aber das war es dann schon fast.

Der gesetzgeberische Schwung der 70er Jahre versandete in der Amtszeit der Regierung Kohl. Als einzige Novellierung ist die Überarbeitung des Schwerbehindertengesetzes (1986) festzuhalten, die jetzt von «Grad der Behinderung» spricht und von «Nachteilsausgleichen» und nicht mehr von «Minderung der Erwerbsfähigkeit» und «Vergünstigungen». Die Rechtsstellung der Vertrauensleute wurde gestärkt, der Zusatzurlaub für Schwerbehinderte jedoch gekürzt. Die Vereinheitlichung des Reha-Rechtes jedoch steht Mitte der 90er Jahre immer noch unerledigt auf der Tagesordnung; sie wurde bereits 1980 im Bericht der Nationalen Kommission gefordert. Positive Ausnahme: Durch das Betreuungsgesetz, das 1992 in Kraft trat, wurde der seit 1900 existierende Tatbestand der «Entmündigung» endgültig abgeschafft. Negative Ausnahme: Das Zustandekommen und der Inhalt des 1995 in Kraft getretenen Pflegeversicherungsgesetzes bedeuteten Verschlechterungen in Richtung verstärkter Abhängigkeit und Fremdbestimmung für viele Betroffene.

Der Gedanke des Perspektivenwechsels – weg vom Objekt der Fürsorge, hin zu Bürgerinnen und Bürgern mit gleichen Menschenrechten – wurde Mitte der 80er Jahre auch durch Besuche in den USA gefördert. Behinderte USA-Reisende kehrten regelmäßig begeistert zurück und forderten in den diversen Behindertenzeitschriften eine ähnliche Antidiskriminierungs-Gesetzgebung für die Bundesrepublik. Doch noch blieben alle diese Aufrufe vereinzelt und damit folgenlos. Gesellschaftspolitisch wehte Mitte/Ende der 80er Jahre ein schärferer Wind: Behinderte Menschen mußten sich zunehmend gegen die Diskussion ihres Lebensrechtes wehren, ausgelöst von «Sterbehelfern» und «Nützlichkeitsdenkern» wie Atrott und Singer.

3. Phase:
Die Gründung der ADG-Bewegung

Neuen Schwung in die Debatte um ein Antidiskriminierungsgesetz brachte der Bundesverband Selbsthilfe Körperbehinderter e. V. (BSK), dessen Bonner Büro im März 1990 – aufgrund einer Zeitungsmeldung über das bevorstehende neue Gesetz in den USA – eine verbandsübergreifende, sozialpolitische Tagung zu dem Thema veranstaltete. Über 50 Multiplikatorinnen und Multiplikatoren aus der Behindertenbewegung sowie Vertreter aus der Politik diskutierten miteinander. Zum Schluß waren die Aktiven sich einig: Auch in der Bundesrepublik brauche man ein umfassendes Antidiskriminierungsgesetz nach US-Vorbild, wünschenswert, wenngleich utopisch, sei auch eine Änderung des Grundgesetzes.

Doch diesmal blieb man nicht bei der bloßen Forderung stehen: Aus dem Kreis der Referentinnen und Referenten bildete das Bonner BSK-Büro eine Arbeitsgruppe, ein Bündnis von Personen aus verschiedenen Verbänden (unter anderem BAGH, BSK, BV Lebenshilfe, Interessenvertretung Selbstbestimmt Leben – ISL), das sich den Namen «Initiativkreis Gleichstellung Behinderter» gab. Dort wurden die Anforderungen an ein solches Gesetz vorberaten und die Aktionen zur Durchsetzung koordiniert. Ferner wurde von der ISL für den Initiativkreis ein viermal jährlich erscheinendes Infoblatt «Behinderte in action» versandt.

1990 war außerdem das Jahr der deutschen Vereinigung, das auch in bezug auf die Behindertenarbeit (zum Beispiel Gründung eines unabhängigen Behindertenverbandes in der DDR – ABiD) Umbruch und Neuanfang bedeutete. Auch in der alten Bundesrepublik formierten sich neue Behinderteninitiativen: 1990 gründete sich die Interessenvertretung Selbstbestimmt Leben (ISL), Mitte 1992 begannen behinderte Frauen, zunächst in Hessen, eigene landesweite Netzwerke zu gründen, da ihre Belange von den bestehenden, meist männerdominierten Behindertenorganisationen nicht berücksichtigt wurden. Außerdem gründete sich das Forum behinderter Juristinnen und Juristen, das konkrete Gesetzesformulierungen ausarbeitete.

Zur REHA-Hilfsmittelmesse im Oktober 1991 in Düsseldorf stellte der Initiativkreis mit dem «Düsseldorfer Appell» eine umfassende Diskussionsplattform vor, die auf eine überwältigende Resonanz stieß: Über 130 Organisationen und mehrere zehntausend Einzelpersonen unterzeichneten diesen Appell. Er beinhaltete zwei Hauptforderungen: erstens die Schaffung eines umfassenden Antidiskriminierungsgesetzes, auch Gleichstellungsgesetz genannt, zweitens die Ergänzung von Artikel 3 des Grundgesetzes. Die gesammelten Unterschriften wurden am 14. Januar 1993 der Vizepräsidentin des Deutschen Bundestages, Renate Schmidt, als Massenpetition übergeben.

Von den Erfahrungen der Aktiven in den USA profitierte die Bewegung ein weiteres Mal: Ohne eine Mobilisierung der Basis, ohne den medienwirksamen Protest der Betroffenen geht nichts. Aus diesem Grund rief der Initiativkreis aus Anlaß des Europatages am 5. Mai 1992 erstmals zu Protestaktionen auf. Mit durchschlagendem Erfolg: In vielen Städten gründeten sich Bündnisse, die mit phantasievollen Aktionen, Demonstrationen und Diskussionsveranstaltungen auf die Situation behinderter Menschen aufmerksam machten.

Bedingt durch den deutsch-deutschen Einigungsvertrag, begann 1992 die Überarbeitung des Grundgesetzes. Deshalb beschloß der Initiativkreis, sich aktiv an dieser Debatte zu beteiligen und den Einsatz für eine Verfassungsergänzung (das zweite Ziel des «Düsseldorfer Appells») für die nächste Zeit in den Vordergrund zu stellen. Im Initiativkreis war man sich einig, den Artikel 3, Absatz 3 des Grundgesetzes wie folgt zu ergänzen: «Niemand darf wegen seines Geschlechtes, seiner Abstammung, seiner... körperlichen, geistigen oder seelischen Beeinträchtigung... benachteiligt oder bevorzugt werden. Zum Ausgleich bestehender Ungleichheiten sind Maßnahmen des Nachteilsausgleichs und der Förderung zulässig.»

Vorbilder für eine solche Regelung gab es in der brandenburgischen Landesverfassung und in der Verfassung von Kanada. Mit seinem Textvorschlag wandte sich der Initiativkreis an die Verfassungskommission und verlangte eine Anhörung. Nach intensivem Ringen gelang es schließlich, wenn auch nicht vor der gesamten Kommission, so doch wenigstens vor den Berichterstattern zu Artikel 3 eine Anhörung durchzusetzen. Vom Initiativkreis wurden die Stellungnahmen der Selbsthilfeorganisationen gebündelt, so daß sich beim Anhörungstermin am 15. Januar 1993 in Bonn ein dichtes Bild der Geschlossenheit ergab: Von den autonomen Gruppen bis hin zum Kriegsopferverband VdK – alle waren für eine Ergänzung von Artikel 3 des Grundgesetzes. Selbst der Beauftragte der Bundesregierung für Behinderte, Otto Regenspurger, änderte unter dem Eindruck der Gemeinsamkeit unter den Betroffenen wenige Tage nach der Anhörung seine ablehnende Haltung. (Seine bei der Anhörung zunächst gezeigte Ablehnung war um so unverständlicher, da gerade er im Vorfeld ein Gutachten des Staatsrechtlers Prof. Dr. Herdegen zu dieser Frage veranlaßt hatte, das für die Änderung von Artikel 3 plädierte.)

Ferner konnte bei diesem Termin die SPD von der geplanten Verfassungsergänzung überzeugt werden. Die SPD erarbeitete in der Folge einen eigenen Textvorschlag («Niemand darf wegen seiner Behinderung benachteiligt werden»), PDS und Grüne waren schon vorher dafür, es galt also – für die notwendige Zweidrittelmehrheit in der Verfassungskommission – FDP und CDU/CSU zu überzeugen. Letztere glänzten bei der Anhörung allerdings durch Abwesenheit. In einzelnen Stellungnahmen erklärten Unionsabgeordnete eine Ergänzung der Verfassung für nicht notwendig, das Grundgesetz solle ja nicht zum «Warenhauskatalog» verkommen.

Parallel zur Anhörung startete der Initiativkreis eine Postkartenaktion: Rund 100 000 Karten mit einem Textvorschlag wurden über den Initiativkreisverteiler und über Behindertenzeitschriften versandt. Über 20 000 Karten landeten unterschrieben wieder bei der Kommission, weitere 15 000 Unterschriften gingen per Listen ein. Unter anderem wurden sie in der Aktionswoche im Mai 1993 gesammelt, deren Höhepunkt eine bundesweite Demonstration in Kassel war. Über 1000 Aktive forderten dort ihre Rechte.

Am 17. Juni 1993 war es dann soweit: Abschließende Sitzung der Verfassungskommission. Die SPD brachte ihren Vorschlag «Niemand darf wegen seiner Behinderung benachteiligt werden» zur Abstimmung. Zwar wurde eine gute relative Mehrheit von 30 : 22 Stimmen für diesen Vorschlag erreicht, doch die notwendige Zweidrittelmehrheit war verfehlt. Enttäuschung machte sich breit, und viele gaben den Kampf um die Verfassungsänderung schon verloren, zumal sich auch Wolfgang Schäuble, Exinnenminister, Vorsitzender der CDU/CSU-Fraktion und selbst Rollstuhlfahrer, vehement gegen die Grundgesetzergänzung wandte.

Im Oktober 1993 nutzte der Initiativkreis wieder die REHA in Düsseldorf, um mit seinen ersten Vorstellungen «Eckpunkte zu einem Gleichstellungsgesetz» an die Öffentlichkeit zu gehen. Auch hierin wurde erneut die Verfassungsergänzung gefordert, da der Textentwurf der Verfassungskommission noch von Bundestag und Bundesrat bestätigt werden mußte, wodurch sich erneut die Möglichkeit von Änderungsvorschlägen eröffnete.

So stand die dritte Aktionswoche im Mai 1994 ganz im Zeichen der endgültigen Entscheidung. Mittlerweile hatten sich auch die beiden großen Kirchen und die Wohlfahrtsverbände für die Aufnahme eines Diskriminierungsverbotes in die Verfassung ausgesprochen. Damit war das seltene Kunststück gelungen, einen bundesweiten behindertenpolitischen Konsens herzustellen. Nur die CDU/CSU-Fraktion verweigerte sich hartnäckig.

Wahrscheinlich wären alle Anstrengungen vergebens geblieben, wenn nicht im Mai 1994 der Wahlkampf zum neuen Bundestag begonnen hätte. Der Initiativkreis empfahl, alle Kandidatinnen, Kandidaten und Parteien daraufhin zu befragen, ob sie für die Gleichstellung seien. Vielleicht hat dies mit dazu beigetragen, daß Bundeskanzler Kohl über Nacht das behinderte Wählerpotential entdeckte. Auf einem Kongreß des VdK jedenfalls verkündete er am 20. Mai 1994, daß auch er für ein Diskriminierungsverbot Behinderter in der Verfassung sei.

Verwundert rieben sich die Aktiven die Augen und trauten ihren Ohren nicht. Gehorsam schwenkte nun die CDU/CSU-Fraktion um. Knapp sechs Wochen später, am 30. Juni 1994, beschloß der Bundestag im Berliner Reichstag fast einstimmig die neue Verfassung, und mit der Verkündung im Bundesgesetzblatt wenige Monate später trat der neue Text endgültig in Kraft.

Im Januar 1995 legten die behinderten Juristinnen und Juristen ein 25seitiges Papier mit Vorschlägen für Gleichstellungsvorschriften vor, denn nun gilt es, die Verfassungsnorm auf der gesetzlichen Ebene zu konkretisieren. Dieses Papier soll möglichst intensiv diskutiert werden, denn mit dem Kampf um ein Artikelgesetz geht die Bewegung in eine qualitativ neue Phase. Um dies auch organisatorisch abzusichern, wären «Büros für Behindertenrechte» auf Bundes- und Landesebene, die die Einhaltung des neuen Artikel 3 überwachen und Verstöße dokumentieren sollen, hilfreich. Bisher gibt es sie allerdings noch nicht. Außerdem gibt es eine Initiative, einen deutschen Behindertenrat zu gründen, denn für weitere Fortschritte als Bürgerrechtsbewegung ist es erforderlich, ein dauerhaftes Netzwerk von Behindertenorganisationen zu schaffen.

Perspektivenwechsel auch bei den Parteien erforderlich

Wenn aus «Behinderten» behinderte Bürgerinnen und Bürger mit gleichen Rechten werden, so ist von seiten der Parteien dazu eine Politik erforderlich, die über den reinen Gesundheits- und Sozialbereich hinausgeht – die Politik muß eine Menschenrechtsperspektive bekommen. Die im Bundestag vertretenen Parteien haben auf die Ergänzung des Grundgesetzes bislang in unterschiedlicher Weise reagiert: Die Regierungsparteien verweisen auf das neu zu schaffende Sozialgesetzbuch IX, ein Antidiskriminierungsgesetz sei nicht nötig, wie auf eine Große Anfrage der SPD im September 1995 ausgeführt wurde.

Die SPD hat (über die Anfrage hinaus) bislang zwei Initiativen gestartet: Die Abgeordnete Antje-Marie Steen hat einen Antrag zum Einsatz von Gebärdendolmetschern bei wichtigen Entscheidungsprozessen im Bundestag bzw. bei wichtigen öffentlichen Anhörungen eingebracht. Die Abgeordnete Margot von Renesse arbeitet am Entwurf eines Gleichbehandlungsgesetzes, das die Durchsetzung des Gleichstellungsgebotes für alle im neuen Artikel 3 genannten Gruppen (zuzüglich des nichtgenannten Kriteriums der «sexuellen Identität») zum Thema hat.

Bündnis 90/Die Grünen haben auf ihrem Parteitag 1995 in Bremen einen Satzungsänderungsbeschluß gefaßt: Demnach müssen alle Versammlungen des Bundesparteitages, des Länderrates und des Frauenrates in behindertengerechten Räumlichkeiten stattfinden. Gehörlosen und Hörbehinderten muß durch Höranlagen oder Dolmetscherinnen und Dolmetscher die Kommunikation und Sehbehinderten und Blinden der Zugang zu schriftlich vorliegenden Informationen möglich gemacht werden. Ferner wurde Anfang 1996 ebenfalls eine Große Anfrage zu den Konsequenzen des Benachteiligungsverbotes für Behinderte in den Bundestag eingebracht. Weiterhin ist die Erarbeitung eines umfassenden Antidiskriminierungsgesetzes vorgesehen.

Die Gruppe der PDS schlug die Einrichtung einer Enquête-Kommission «Gleichstellung von Menschen mit Behinderungen» vor. Dies wurde im zuständigen Ausschuß jedoch abgelehnt. Der Antrag sei kontraproduktiv, da es weniger an Kenntnis der Diskriminierungstatbestände mangele als an politischen Initiativen. Vom Initiativkreis Gleichstellung Behinderter wurde in diesem Zusammenhang die Bildung einer interfraktionellen Arbeitsgruppe unter Hinzuziehung von betroffenen Expertinnen und Experten vorgeschlagen, die die Konsequenzen aus dem geänderten Artikel 3 untersuchen und die nötigen gesetzlichen Änderungen herausarbeiten solle. Dieser Vorschlag wurde jedoch nur von Bündnis 90/Die Grünen ausdrücklich unterstützt.

Auf Landesebene haben SPD und Bündnis 90/Die Grünen in Hessen 1995 in ihrer Koalitionsvereinbarung festgehalten, daß die Hessische Landesregierung eine Bundesratsinitiative für ein Antidiskriminierungsgesetz einbringen will. Auf Landesebene soll durch ein weiteres Gesetz dafür Sorge getragen werden, daß das Diskriminierungsverbot in Landesrecht und -verwaltung Geltung erhält. Auf einem Werkstattgespräch mit Behindertenverbänden Anfang Februar 1996 hat die hessische Sozialministerin Barbara Stolterfoht die Absicht, ein Antidiskriminierungsgesetz zu schaffen, noch einmal bekräftigt. Ein konkreter Entwurf liegt jedoch noch nicht vor. Im Bundesland Bremen ist dagegen ein erster Entwurf zu einem Landesgleichstellungsgesetz von den Betroffenen selbst bereits erarbeitet und Anfang 1996 der Öffentlichkeit vorgestellt worden.

Ein weitergehendes Verständnis für den angestrebten Perspektivenwechsel ist – Mitte der 90er Jahre – eher auf internationaler Ebene zu beobachten: Die «Standard-Rules» der UNO von 1993 und der Europareport «Invisible Citizens» von 1995 geben die Richtung an, in die Änderung erfolgen müßte.

Die Fakten liegen auf dem Tisch

45 Jahre hat es in Deutschland gedauert, bis auch Menschen mit körperlichen, geistigen und seelischen Behinderungen die vollen Menschenrechte qua Verfassung zugestanden wurden. Es bleibt zu hoffen, daß die tatsächliche Gleichstellung im Alltag schneller erreicht wird. Die folgende Bestandsaufnahme zeigt auf, wo die Defizite liegen und wie dem abgeholfen werden könnte. Die Fakten liegen also auf dem Tisch, die Politikerinnen und Politiker können handeln.

Die Lage

Manfred Rosenberger

Gemeinsam leben – gemeinsam lernen

Plädoyer für ein integratives Schulsystem

Tim H., geboren 1982, lebt in Berlin. Er hat es schwerer als die meisten anderen Jungen seines Alters. Mit vier Monaten bekam er hohes Fieber, erbrach oft und war sehr matt. Die Ärzte vermuteten eine Gehirnentzündung (Enzephalitis). Nachdem er sich davon erholt hatte, wuchs er zwar körperlich kräftig, mit seiner motorischen Entwicklung ließ er sich aber mehr Zeit als die meisten Altersgenossen. Erst mit 15 Monaten krabbelte er, und zweieinhalb Jahre war er alt, als er selbständig laufen konnte. Wenn die Mutter ihm etwas sagte, verstand er sie gut, aber er selbst war nur schwer zu verstehen, da er oft sehr undeutlich sprach. Und noch etwas hatte schon beim Säugling Sorgen gemacht: Manchmal verfolgte er Dinge in seiner Nähe nicht mit den Augen, oder er wandte den Kopf nicht zu einem nahen Geräusch.

Als Tim fast drei Jahre alt war, brachte ihn seine Mutter in eine «Kinderladen»-Gruppe. In diesem privaten Kindergarten waren außer Tim noch zwei andere Kinder mit besonderen Problemen in der zwölfköpfigen Kindergruppe. Mit sechs Jahren besuchte er die Vorklasse, in der üblicherweise Fünfjährige auf die Grundschule vorbereitet werden. Nach einem Jahr wurde er eingeschult, und er ging gerne in eine «Integrationsklasse» seiner Grundschule – bis zur 5. Klasse.[1]

In der 5. Klasse änderte sich einiges: Die verbale Beurteilung wurde durch Ziffernzensuren ersetzt, und die Anforderungen an die Kinder stiegen. Tim wurde als «Lernbehinderter» unterrichtet und beurteilt. Dennoch, oder vielleicht deswegen: Tim verweigerte sich und störte häufig den Unterricht. Die Mutter vermutete, daß er sich zurückgesetzt fühlte. In der Schule wurde ihm angeboten, am «lebenspraktischen Unterricht» für einige Kinder mit starken intellektuellen Problemen aus einer 4. Klasse teilzunehmen. Die Mutter schlug ein Rechtschreibprogramm mit dem Computer vor, mit dem sie in den Ferien bei Tim große Fortschritte festgestellt hatte. Doch die Schule ging nicht darauf ein.

Im Halbjahreszeugnis der 6. Klasse war bei Tim recht oft die Note 6 zu lesen, und ein Gutachten der Schule attestierte ihm «Konzentrationsschwäche». Zu Hause hatte allerdings die Mutter ihren Sohn oft bei konzentrierten Tätigkeiten beobachten können. So beschäftigte er sich manchmal stundenlang, indem er seine Eisenbahn aufbaute und damit spielte. Auch am Computer spielte er mit großer Ausdauer. Offensichtlich war in den beiden letzten Grundschuljahren die Anpassung der schulischen Anforderungen an Tims Interessen und Fähigkeiten nicht mehr optimal gewesen. Das kommt – leider – auch bei vielen anderen Kindern vor. Doch bei Tim war dies die Grundlage für eine geradezu dramatische Entwicklung, die bis heute seine Lebenswelt und seine Zukunftschancen bedroht.

Die zentrale Berliner Schulverwaltung (Landesschulamt) ist dafür bekannt, daß sie der lernzieldifferenten, nichtaussondernden Beschulung in der Sekundarstufe, die damals nur im Rahmen eines Schulversuches möglich war, sehr zurückhaltend gegenübersteht. Das schlechte Grundschulzeugnis und das Gutachten wurden zum Anlaß genommen, der Aufnahme Tims in den Schulversuch nicht zuzustimmen. Es erging die Anordnung, Tim einer Sonderschule zuzuweisen.

Daß es im Berliner Schulgesetz seit 1990 heißt: «Der Unterrichts- und Erziehungsauftrag der allgemeinen Schule (Grund- und Oberschule) umfaßt auch Schülerinnen und Schüler mit sonderpädagogischem Förderbedarf» (§ 10a), und daß es zu den Zielen des noch vom rot-grünen Senat 1989/90 auf den Weg gebrachten Schulversuchs in der Sekundarstufe ausdrücklich gehörte, zu überprüfen, wie auch Schülerinnen und Schüler in den Unterricht einbezogen werden können, die den Rahmenplananforderungen der Sekundarstufe nicht oder nur teilweise entsprechen können, wurde von der Schulverwaltung mißachtet. Doch die Mutter war informiert, ließ sich nicht einschüchtern und behielt ihren Sohn zu Hause. Sie brachte ihm dort die Grundzüge des Lesens und Schreibens bei. Und sie ging vor Gericht. Sechs Wochen nach Schuljahresbeginn bekam sie recht.

Die 3. Kammer des Verwaltungsgerichts Berlin verpflichtete mit Beschluß vom 20. September 1995 (G 3 A 741.94) das Landesschulamt, Tim bis zum Ende des Schuljahres 95/96 in die gewünschte «Integrationsklasse» einer Gesamtschule zur Probe aufzunehmen. Der ablehnende Bescheid des Landesschulamtes sei ermessensfehlerhaft und damit rechtswidrig gewesen. Jetzt geht Tim in diese Klasse, die auch einige Kinder aus seiner früheren Grundschulklasse besuchen. An seinem ersten Schultag dort weinte er – vor Freude. Er fühlt sich wohl, arbeitet mit – so gut er es vermag –, und seine Mitschülerinnen und Mitschüler sind ein großer Ansporn für ihn.

Doch wie lange wird das so sein? Das Gericht verhalf ihm zu schulischem Lernen in der Regelschule, aber nur zur Bewährung. Im Beschluß des Gerichts heißt es: «Im Laufe des Schuljahres dürfte sich zeigen, ob der Antragsteller unter den Bedingungen des Schulversuchs in der Sekundarstufe weiterhin unterrichtet werden kann.»

Die Ungewißheit, das Bangen und Hoffen und Kämpfen gehen also weiter für Tim und seine Mutter.

Ich will im folgenden zeigen, daß Tims Geschichte kein Einzelfall ist, sondern daß solcher Diskriminierung ein weitverbreitetes System zugrunde liegt. Ich will erklären, warum dies eine Benachteiligung für die Betroffenen ist. Und ich will auch deutlich machen, daß dies nicht so sein müßte.

Die Aussonderung von Menschen mit besonderen Bedürfnissen hat Tradition in Deutschland, eine Tradition, die während der Herrschaft des Nationalsozialismus für viele Betroffene tödlich endete. Mehr als 100000 «unnütze Esser», darunter viele Kinder, wurden damals umgebracht. Die Sondereinrichtungen, in denen sie untergebracht waren, konnten sie davor nicht bewahren. Im Gegenteil: sie erleichterten den Zugriff der Mörder.

Dabei sind die Anfänge dieser Sondereinrichtungen im 18. und 19. Jahrhundert, als Heime für blinde und gehörlose, später auch für «geistig behinderte» Kinder eingerichtet wurden, durchaus positiv zu sehen, waren sie doch die professionelle Alternative zur privaten Verwahrlosung. Auch die «Hilfsschulen», die vor etwa 100 Jahren gegründet wurden, um die schlecht ausgestatteten Regelschulen von Kindern mit Lernproblemen zu entlasten, waren im Rahmen der damaligen Gesellschaftsordnung ein Fortschritt. Die besondere Unterrichtung war für diese Kinder allemal besser, als in den Regelklassen mit annähernd 100 Kindern und schlecht ausgebildeten Lehrern unterzugehen. Doch die Kehrseite dieser Praxis war, daß diese Menschen aus den alltäglichen Lebens-, Lern- und Arbeitszusammenhängen der Gesellschaft entfernt wurden. Und welchen Preis mußten die derart Abgesonderten während der Nazi-Zeit dafür bezahlen!

Wie selbstverständlich dieses Aussonderungssystem schon in der Weimarer Republik geworden war, wird daran deutlich, daß das Grundschulgesetz von 1920, das erstmals «für alle Kinder des Volkes eine gemeinsame Schule» für die Klassen 1 bis 4 wollte, den Kindern mit Behinderungen keinen Gedanken widmete. Für die damaligen Bildungspolitiker waren sie offensichtlich keine «Kinder des Volkes».

Auch die bundesrepublikanische Reforminitiative für Gesamtschulen Ende der sechziger und Anfang der siebziger Jahre schloß diesen Personenkreis weitgehend aus den Überlegungen aus. Die herkömmliche organisatorisch-administrative Lösung des Problems der Beschulung von Menschen mit besonderem Förderbedarf war zur Selbstverständlichkeit geronnen: Für Menschen mit besonderen Bedürfnissen wurden besondere Schulen bereitgehalten, in die irgendwie auffällige, anspruchsvolle und deshalb unbequeme Schülerinnen und Schüler überwiesen wurden. Zweifel an der Richtigkeit der Zuordnungsentscheidung zu insgesamt zehn verschiedenen Sonderschultypen wurden überwunden durch den Glauben an die wohltuende Wirkung der Sonderschulen und den Willen zur Aufrechterhaltung des gegliederten, leistungs- und selektionsorientierten Regelschulsystems. Zwar ist in der Empfehlung der Kultusministerkonferenz von 1972 «zur Ordnung des Sonderschulwesens» zu lesen, daß untersucht werden müsse, «ob die Gründe, die die Errichtung von einzelnen Sonderschultypen notwendig machten, durch die Gesamtschule hinfällig werden». Wirkmächtiger war jedoch diese Aussage: «Für die Beibehaltung eigenständiger Sonderschulen spricht die Notwendigkeit, eine umfassend angepaßte Hilfe für behinderte Schüler zu geben und gleichzeitig die allgemeine Schule von Schülern zu entlasten, denen sie nicht gerecht werden kann.»

Diese schulpolitische Fixierung auf die Institution Sonderschule wurde erst aufgegeben mit der 1994 herausgegebenen «Empfehlung zur sonderpädagogischen Förderung in den Schulen der Bundesrepublik Deutschland». Darin heißt es: «Die Erfüllung sonderpädagogischen Förderbedarfs ist nicht an Sonderschulen gebunden; ihm kann auch in allgemeinen Schulen vermehrt entsprochen werden.» Diese vorsichtige Abkehr von der institutionsbezogenen Sichtweise («Sonderschulwesen») und Hinwendung zur personenbezogenen, schulartenübergreifenden Sicht war der späte kultusministerielle Reflex auf eine Reformbewegung, die fast ein Vierteljahrhundert zuvor begonnen hatte, als die Kultusminister noch mit der Festigung des Sonderschulwesens beschäftigt waren.

Im Oktober 1973 hatte die Bildungskommission des Deutschen Bildungsrates unter Vorsitz des 1993 verstorbenen Jakob Muth die Empfehlung «Zur pädagogischen Förderung behinderter und von Behinderung bedrohter Kinder und Jugendlicher» herausgegeben, in der «soviel Integration wie möglich, soviel Separation wie nötig» gefordert wurde. Ab 1975 zeigte die Fläming-Grundschule in Berlin-Schöneberg als erste staatliche Schule mit einer «Integrationsklasse» im Rahmen eines Schulversuchs, daß es «möglich» war, Kinder mit unterschiedlichsten Problemen gemeinsam zu unterrichten. Seit 1983 zeigt die Uckermark-Grundschule, ebenfalls im Rahmen eines hart erkämpften Schulversuchs und ebenfalls in Berlin-Schöneberg, daß in einer Regelschule alle Klassen gut integrativ arbeiten können, wenn die Schulverwaltung eine solche «Schule ohne Aussonderung» zuläßt und die Politikerinnen und Politiker die dazu nötigen Mittel zur Verfügung stellen.

Dies blieb betroffenen Eltern natürlich nicht verborgen. Auf Wunsch von Eltern und bei Bereitschaft der Lehrerinnen und Lehrer wurden in vielen Orten der Bundesrepublik «Integrationsklassen» als Schulversuche eingerichtet, oft erst nach harten Auseinandersetzungen. Viele dieser zunächst noch sehr vereinzelten lokalen Elterninitiativen schlossen sich 1985 zur Bundesarbeitsgemeinschaft «Gemeinsam leben – gemeinsam lernen / Eltern gegen Aussonderung» zusammen, die innerhalb kurzer Zeit durch Landesarbeitsgemeinschaften ergänzt wurde. Diese Landesverbände sollen die Aktivitäten der lokalen Elterngruppen durch Vernetzung erleichtern und auf Landesebene ein wahrnehmbares politisches Gewicht entwickeln.

Der erste überregionale schulpolitische Erfolg war die Novellierung des Saarländischen Schulordnungsgesetzes 1986, wonach die «Integrationsklassen» nicht länger als relativ leicht zu verhindernde oder zu beendende «Schulversuche» galten. Erstmals wurde damit in einem deutschen Bundesland die noch auf das Reichsschulpflichtgesetz von 1938 zurückgehende schulgesetzliche Legalisierung der Aussonderung von Kindern mit zusätzlichem Förderbedarf überwunden. So hieß es zum Beispiel in Berlin, ähnlich auch in den übrigen Landesschulgesetzen: «Schulpflichtige, die bildungsfähig sind, aber wegen körperlicher, geistiger, seelischer oder sittlicher Besonderheiten auf dem allgemeinen Bildungsweg der Berliner Schule nicht oder nicht hinreichend gefördert werden können, sind zum Besuch einer ihrer Eigenart entsprechenden Sonderschule verpflichtet.»

Die saarländische Novelle postuliert zwar einen grundsätzlichen Anspruch von Kindern mit einer Behinderung auf eine Beschulung in der Regelschule, macht dessen Verwirklichung aber von den bereitzustellenden Ressourcen abhängig. Im § 4,1 heißt es: «Der Unterrichts- und Erziehungsauftrag der Schulen der Regelform umfaßt grundsätzlich auch die behinderten Schüler. Daher sind im Rahmen der vorhandenen schulorganisatorischen, personellen und sächlichen Möglichkeiten geeignete Formen der gemeinsamen Unterrichtung zu entwickeln.» Damit ist lediglich ein Antragsrecht der Eltern festgeschrieben, das in Zeiten knapper öffentlicher Kassen leicht zur vergeblichen Bittstellerei verkommen kann. Leider orientierten sich die Novellen in Schleswig-Holstein (1990), Brandenburg (1991), Hessen (1992), Niedersachsen (1993) und Nordrhein-Westfalen (1995) an diesem für die durchführende Verwaltung und die geldgebenden Politikerinnen und Politiker bequemen Modell.

Nur die Berliner Novelle vom 19. Oktober 1990 nähert sich dem «uneingeschränkten Wahlrecht der Erziehungsberechtigten», indem Politik und Verwaltung verpflichtet werden, dafür bis zum Schuljahr 1996/97 die Voraussetzungen zu schaffen. Doch dies scheint zumindest bei der Berliner Schulverwaltung in Vergessenheit geraten zu sein, wie die Probleme von Tim H. symptomatisch deutlich machten.

Die erneute Novellierung des Berliner Schulgesetzes vom 20. April 1996 erfüllte nicht die Hoffnung auf ein uneingeschränktes Elternwahlrecht. Dieses wird zwar zunächst zugestanden, doch gleich im nächsten Satz drastisch eingeschränkt: Wenn die Schulaufsicht Bedenken hat, kann sie den Wunsch der Eltern ablehnen. Zudem stehen alle integrativen Maßnahmen unter dem «Vorbehalt, daß der Haushaltsplan dafür entsprechende Stellen und Mittel vorsieht» (§ 10a).

Mit dieser Novelle wurde wieder einmal deutlich, daß den für die Gestaltung des Schulsystems Verantwortlichen in Deutschland offensichtlich der Mut fehlt, eine konsequente Kursänderung in Richtung auf ein integratives Schulsystem vorzunehmen. Allenfalls werden einige Zugeständnisse gemacht, die jedoch das auf Selektion orientierte Schulsystem möglichst unangetastet lassen sollen. Dies bestätigen auch die Zahlen der bisher erreichten «Integrationsquoten».

Nach fast einem Vierteljahrhundert «Integrationsprozeß» in Deutschland ist der Anteil der in den Regelschulen mit besonderer Unterstützung verbleibenden Schülerinnen und Schüler mit zusätzlichem Förderbedarf, der ehemaligen Sonderschüler also, noch beschämend niedrig.

In Berlin ist der Fortschritt noch am größten. Seit der Schulgesetznovelle von 1990 werden etwa 45 Prozent der Kinder mit besonderen Problemen integrativ eingeschult, wobei es auffällige West-Ost-Unterschiede gibt: 60 Prozent sind es in den westlichen Bezirken, 20 Prozent in den östlichen. Bezogen auf alle Jahrgänge sind etwa 23 Prozent der früheren Sonderschülerinnen und -schüler integriert. Das heißt aber auch, daß noch immer mehr als 75 Prozent der Kinder und Jugendlichen mit zusätzlichem Förderbedarf in Sonderschulen untergebracht sind. Schleswig-Holstein folgt dicht auf. Dort sind immerhin etwa 20 Prozent der früheren Sonderschülerinnen und -schüler integriert. Hamburg, Bayern und Baden-Württemberg melden 15 Prozent, wobei allerdings der Anteil lernzieldifferent unterrichteter Kinder in Bayern bei Null und in Baden-Württemberg nahe Null liegt. Das in der Integrationsbewegung altgediente Saarland und der Neuling Brandenburg liegen beide mit etwa 10 Prozent im Mittelfeld, ebenso Hessen. Und Niedersachsen, Sachsen-Anhalt und Nordrhein-Westfalen liegen abgeschlagen bei etwa 3,5 Prozent. Daß heißt, daß in diesen Ländern immer noch mehr als 95 Prozent der Schülerinnen und Schüler mit besonderen Problemen in Sonderschulen gehen. Ein Blick über die Grenze macht die Entwicklungsbedürftigkeit des bundesdeutschen Schulsystems besonders deutlich: In Dänemark liegt die Integrationsquote bei 95 Prozent, und in der Europäischen Union liegt sie bei immerhin 25 Prozent.

Dabei liegen in Deutschland bereits Organisationskonzepte vor, die nicht nur das Elternwahlrecht berücksichtigen, sondern auch eine integrative Regelschule für alle Kinder ermöglichen. Sonderpädagogisch geschultes Personal für die sehr häufigen Lern-, Sprach- und Verhaltensprobleme könnten in den Regelschulen eingesetzt werden. Etwa eine halbe Stelle pro Klasse setzt die Hamburger Schulbehörde für die so entstehenden «Integrativen Regelklassen» zusätzlich ein. Damit kann eine Förderung ohne Abstempelung zum «Behinderten» stattfinden bei gleichzeitig deutlicher Reduzierung der aufwendigen «Förderausschüsse». Für die Kinder mit gravierenden Beeinträchtigungen muß zusätzliches Personal aus «Förderzentren» abgerufen werden können, eventuell konzentriert auf bestimmte Regelschulen eines Stadtteils oder Landkreises, um eine ausreichende materielle und personelle Ausstattung gewährleisten zu können. Daß eine dadurch bewirkte Stärkung der integrativen Kraft der Regelschulen allen Kindern zugute kommt, belegen inzwischen zahlreiche wissenschaftliche Untersuchungen im In- und Ausland. Demgegenüber kann nicht wissenschaftlich belegt werden, daß durch Sonderbeschulung die Kinder mit besonderen Problemen besser gefördert werden können und die oft beschworene «Integration» in die Gesellschaft gelingt.

Damit stellt sich die Aufgabe, den Glauben an den Mythos Sonderschule abzulösen durch das Wissen vom Notbehelf-Charakter dieser Institution und durch das Wissen von der integrierenden Kraft eines nichtaussondernden Schulsystems. Dies um so mehr, als die Beschulung in oft weit vom Zuhause entfernten Sonderschulen mit gravierenden Nachteilen für die Betroffenen verbunden ist: Der längere Schulweg und die teilweise ganztägige Anwesenheit in der Schule verringern die zu Hause verbrachte Zeit erheblich und damit die Möglichkeit, Spielkameraden in der Nachbarschaft zu finden. Diese Entfremdung von der häuslichen Umgebung, ja von der eigenen Familie, ist bei einer Unterbringung im Internat auf die Spitze getrieben. Dazu kommt die Stigmatisierung der Eltern, die Antrag auf Sozialhilfe stellen müssen, etwa um «Eingliederungshilfe für Behinderte» zu erhalten, wobei zum Teil auf ihr Einkommen und Vermögen zurückgegriffen wird. Und schließlich sind durch derartige Absonderung von der Allgemeinheit sowohl bei den betroffenen Kindern und Jugendlichen als auch bei deren Eltern Minderwertigkeitskomplexe zu befürchten. Derartige Frustration schlägt leicht in (Selbst-)Aggression um.

Gesellschaftliches Integriertsein durch Absonderung erreichen zu wollen ist widersinnig. Ein selbstverständliches Miteinander-umgehen-Können kann nur aus einer Förderung erwachsen, die Absonderung weitestgehend vermeidet.

Damit dies gelingen kann, müssen eingefahrene Bahnen verlassen werden. Die Selbstverständlichkeit, mit der viele hundert Millionen Mark in Sondereinrichtungen fließen, muß hinterfragt werden. Und die liebgewordenen Denkschablonen vieler in den Sonderschulen Tätiger und auch vieler betroffener Eltern müssen überwunden werden. Für die Mitarbeiterinnen und Mitarbeiter in den Sonderschulen muß es attraktiv werden, ihren Arbeitsplatz in die Regelschulen zu verlegen, damit die vielbeschworene Beharrungskraft der Organisation überwunden wird. Dies ist eine lohnende Aufgabe für Schulpolitik und -verwaltung. Und für die Eltern muß klar sein, daß auch eine ganztägige Sonderbeschulung sich durch in der Regel halbtägige Beschulung in der allgemeinen Schule ohne Mehrbelastung der Familie ersetzen läßt, wenn zusätzlich integrative Hortplätze und familienentlastende Dienste angeboten werden. Dies ist vor allem eine Aufgabe für die Sozialpolitik in den Bundesländern.

Auch die gängige Praxis der Gesetzgeber, für die Unterstützung von Menschen mit besonderen Bedürfnissen besondere Gesetze zu verabschieden, sollte in Frage gestellt werden. «Sondergesetze» zur Durchsetzung der «Integration» scheinen insofern problematisch zu sein, als sie die Stigmatisierung der Betroffenen verstärken, auch wenn dies mit der Absicht «positiver Diskriminierung» geschieht. Der Idee der Nichtaussonderung und Nichtdiskriminierung entspricht eher eine Gesetzessystematik, bei der die derzeit für die Allgemeinheit gültigen Gesetze so umgestaltet werden, daß sie auch Menschen mit besonderen Bedürfnissen gerecht werden können. Dieses «Normalisierungsprinzip» wird bereits in der skandinavischen Sozialgesetzgebung berücksichtigt.

Grundlegend dafür ist das Menschenbild. Die Aufteilung der Menschheit in angeblich «Nichtbehinderte» und in «Behinderte», die integrationsbedürftig seien, muß überwunden werden. Denn solange wir diese Grenzziehung zulassen, wird diese Abgrenzung fragwürdig bis willkürlich sein. Zum Beispiel definierte einmal ein renommierter Professor für Sonderpädagogik «Lernbehinderte» so (ich zitiere sinngemäß): Lernbehindert ist der, der in eine Schule für Lernbehinderte geht. Damit wird die Hilflosigkeit der um Exaktheit bemühten Wissenschaft deutlich. Durch derartig theoretisch vage begründete Abstempelungen werden jedoch praktisch sehr konkrete Ausgrenzungen ermöglicht. Man hört dann recht häufig: «Diese Behinderten zu integrieren geht doch nicht...», oder: «Wir haben kein Geld für die Integration dieser Menschen...»

Um diese Argumentationsketten zu verhindern, müssen Gesetzgebung und Verwaltung auf vereinfachende Schablonen wie «geistig behindert» oder «verhaltensgestört» verzichten. Die Einteilung der Menschen in Kategorien, um sie besser verwalten zu können, muß überwunden werden, indem anerkannt wird, daß es ein weites Spektrum menschlicher Existenzformen gibt, aber keine davon Anlaß zur Aussonderung sein darf, sondern Ansporn für eine weitestmöglich nichtaussondernde Förderung sein muß. Das bedeutet, daß Schulverwaltungsbeamte, Lehrerinnen und Lehrer wieder ihren Blick schärfen müssen für das jeweilige menschliche Wesen mit seinen Schwächen und Stärken, und sie müssen dafür ein Förderkonzept entwickeln, das ohne Aussonderung auskommt.

Wenn diese Umorientierung im Denken vollzogen ist, die menschlichen Existenzformen als Kontinuum gesehen werden und die Menschheit nicht länger in «Behinderte» und «Nichtbehinderte» aufgeteilt wird – nicht einmal gedanklich –, dann ist nicht länger «Integration» begründungspflichtig, sondern die absondernde Förderung in

Sondereinrichtungen wäre zu begründen. Und das wäre nicht einfach. Die nichtaussondernde Förderung für alle Menschen in allen Lebensbereichen würde zur Normalität werden.

Im schulischen Bereich wird dann nicht länger nach der Integrationsfähigkeit des Kindes gefragt, sondern nach der Integrationsfähigkeit der Schule, die gegebenenfalls zu verbessern ist.

Aber: Ist das nicht viel zu teuer? – Meine erste Antwort darauf ist grundsätzlicher Art: Die Verwirklichung des Menschenrechts auf nichtaussondernde Förderung darf nicht am angeblich fehlenden Geld scheitern, schon gar nicht in einem so reichen Staat wie der Bundesrepublik Deutschland, der so wenig wie kaum ein anderes entwickeltes Land für die Bildung seiner heranwachsenden Staatsbürger ausgibt. Dies ist also kein primär monetäres, sondern ein humanitäres Problem unseres Staates!

Meine zweite Antwort läßt sich auf die monetäre Diskussion ein. Jedoch: Wenn man anfängt zu rechnen, darf man keine engstirnigen «Milchmädchenrechnungen» aufmachen, wie sie oft von Verwaltungen präsentiert werden, indem diese nur die Kosten für ihren Bereich vorrechnen, aber die Ersparnisse in den anderen Ressorts, zum Beispiel bei den Transportkosten, nicht für erwähnenswert halten. Fahrkosten zum Beispiel werden bei integrativer wohnortnaher Beschulung erheblich sinken. Außerdem werden integrativ erzogene Kinder und Jugendliche mit besonderem Förderbedarf später seltener die teuren Plätze in Sonder-Werkstätten und Heimen in Anspruch nehmen.

Bezogen auf das Schulsystem kommt Ulf Preuss-Lausitz, Professor an der TU Berlin, in einer Studie [2] zu folgendem Ergebnis:

«Werden nicht nur die Lehrerstunden berechnet, sondern weitere anteilige Personalkosten und vor allem die Betriebskosten der Gebäude, die Ausstattungen und die Transportkosten, dann belegen alle vorliegenden Studien, daß gemeinsame Erziehung nicht teurer ist. Die Kosten fallen dann besonders stark, wenn Integration weit vorangeschritten ist und einzelne Sonderklassen bzw. ganze Schulen geschlossen werden.»

Gesamtgesellschaftlich gesehen ist integrative Erziehung sogar ein Gewinn für unseren Staat. Dies nicht unbedingt monetär gedacht, denn das Geld, das jetzt noch in Sondereinrichtungen fließt, soll den Menschen mit besonderem Förderbedarf ja weiterhin zugute kommen, allerdings in den Regeleinrichtungen. Ein Gewinn für unseren Staat wird integrative Erziehung im humanitären Sinn werden. Gerade in einer

Zeit zunehmender Egoismen und Verrohung trägt integrative Erziehung zur Gewaltprävention bei. Jeder, der schon einmal eine integrative Klasse besucht hat, wird das veränderte, mitmenschliche Klima dort gespürt haben. Alle Kinder werden dort als Persönlichkeiten respektiert und können sich individuell entwickeln. Dies gestehen sie dann – in der Regel – auch ihren Mitschülern zu. Darauf kann man später aufbauen.

Integrative Erziehung ist also kein Luxus, auf den man in Zeiten knapper öffentlicher Kassen verzichten kann. Integrative Erziehung ist eine grundlegende Notwendigkeit für ein modernes Bildungswesen, das einem demokratischen und sozialen Rechtsstaat verpflichtet ist.

Für die Überwindung der tief verwurzelten «Apartheid» in Südafrika, der systematischen Trennung in Schwarze und Weiße mit den bekannten drastischen negativen Folgen für die Menschen mit schwarzer Hautfarbe, wurde 1994 mit den ersten demokratischen Wahlen der politische Grundstein gelegt. Für die Überwindung der Aufteilung der Menschen in angeblich «Nichtbehinderte» und in «Behinderte» in Deutschland könnte der im November 1994 vom Bundestag verabschiedete Verfassungszusatz «Niemand darf wegen seiner Behinderung benachteiligt werden» (Art. 3,3 GG) der juristisch zu nutzende Grundstein für eine umfassend nichtaussondernde Politik sein, mit Konsequenzen für die Schulpolitik der Bundesländer.

So sieht der Jurist Matthias Herdegen, Professor an der Universität Bonn, eine Benachteiligung vorliegen, wenn Kinder wegen ihrer Behinderung gegen ihren Willen bzw. den Willen ihrer Eltern auf Sondereinrichtungen verwiesen werden. Nur bei von der Schulverwaltung darzulegenden «zwingenden Gründen» sei weiterhin eine Überweisung in eine Sonderschule möglich.[3]

Gestärkt wird dieses juristische Fundament für klagewillige Eltern, wenn auch die Landesverfassung ein Diskriminierungsverbot enthält und darüber hinaus eine Handlungsaufforderung, wie der Artikel 11 der neuen Berliner Verfassung. Dort heißt es:

«Menschen mit Behinderungen dürfen nicht benachteiligt werden. Das Land ist verpflichtet, für die gleichwertigen Lebensbedingungen von Menschen mit und ohne Behinderung zu sorgen.»

Solche allgemeinen Staatszielbestimmungen bedürfen allerdings der Ergänzung durch konkrete gesetzgeberische Maßnahmen, damit in der Praxis «gleichwertige Lebensbedingungen» herzustellen sind. Ob diese Konkretisierung aber durch ein separates Antidiskriminierungs- und

Gleichstellungsgesetz erfolgen soll (vgl. dazu Andreas Jürgens in diesem Band) oder durch die entsprechende Umgestaltung der bisherigen Gesetze, sollte noch diskutiert werden.

Wahrscheinlich wird es bald auch in Deutschland zur juristischen Klärung der Frage kommen, ob eine erzwungene Sonderbeschulung nicht die Gleichheitsrechte der Betroffenen verletzt. In der kanadischen Provinz Ontario korrigierte Anfang 1995 das dortige höchste Gericht nach jahrelangem Rechtsstreit eine Entscheidung der Schulverwaltung. Gegen den Willen der Eltern hatte die Verwaltung ein Mädchen mit einer gravierenden intellektuellen Beeinträchtigung in eine Sonderschulklasse eingewiesen. Grundlage dieser gerichtlichen Entscheidung war das Diskriminierungsverbot der kanadischen Verfassung, das bei dieser Maßnahme der Schulverwaltung nicht beachtet worden sei. Das Gericht betonte in seiner Begründung die Vorteile integrativer Beschulung gegenüber der negativ stigmatisierenden Wirkung der aussondernden Beschulung. Das Schulgesetz sei verfassungswidrig, soweit es der Schulbehörde erlaube, gegen den Willen der Betroffenen Kinder mit Behinderung in Sonderschulklassen einzuweisen. Es sei so zu ändern, daß es die Beschulung in der allgemeinen Schule auf Elternwunsch in der Regel ermögliche. Im übrigen sei die Schulbehörde verpflichtet, die am wenigsten aussondernde Schulzuweisung vorzunehmen.

Da die juristische Ausgangslage in Deutschland mit dem Verfassungszusatz vom November 1994 der kanadischen sehr ähnlich geworden ist, besteht die Hoffnung, daß betroffene Eltern durch eine Vielzahl von Klagen vor den Verwaltungsgerichten bis hin zum Europäischen Gerichtshof auch hierzulande die Landesparlamente zu einer Änderung der Schulgesetze veranlassen werden. Diese Schulgesetznovellen müssen dann mindestens das uneingeschränkte Elternwahlrecht ermöglichen, besser noch die allgemeine Schule als «Schule ohne Aussonderung» gestalten.

Ein weiterer Blick über die Grenzen, diesmal in das australische Bundesland Victoria mit der Hauptstadt Melbourne, schärft den Blick für grundlegende Postulate, die der bundesdeutschen Schulreform zugrunde liegen sollten.[4] Nach dem Wahlsieg der Labour Party 1982 gab es in Victoria eine politische Mehrheit zur Durchsetzung einer allgemeinen integrativen Beschulung. Das Ministerium für Erziehung ließ von einem Gremium praktikable Vorschläge entwickeln. Der 1984 vorgelegte Bericht (Collins-Report) bildete die Grundlage für die praktische Umsetzung der integrativen Idee. Integrative Förderung wurde dabei als fundamentales Menschenrecht angesehen.

Fünf Leitsätze begleiteten die Reformarbeit:

1. Jedes Kind hat das Recht, in einer Regelschule unterrichtet und erzogen zu werden.

2. Ressourcen und Dienste werden bis zum größtmöglichen Ausmaß in der Regelschule angesiedelt.

3. Auf eine Kategorisierung nach Behinderungsarten wird verzichtet, da sie pädagogisch nicht hilfreich ist.

4. Entscheidungen werden nicht nur durch professionelle Helfer, sondern in einem kooperativen Prozeß durch die Betroffenen selbst gefällt.

5. Alle Kinder können lernen und unterrichtet werden.

Diese fünf Leitsätze australischer Schulreformpolitik sollten auch die Grundlinien deutscher Schulreform bilden. Denn sonst besteht die Gefahr, daß die Länder der Bundesrepublik Deutschland international gesehen im schulpolitischen Abseits bleiben.

Im Sommer 1994 erklärten Vertreter von 92 Regierungen und 25 internationalen Organisationen anläßlich einer Konferenz der UNESCO in Salamanca (Spanien): «Schulen sollen darin unterstützt werden, allen Kindern gerecht zu werden... Wir anerkennen die Notwendigkeit und Dringlichkeit, Kinder, Jugendliche und Erwachsene mit besonderen Bedürfnissen innerhalb des Regelschulwesens zu unterrichten. (...) Mögen Regierungen und Organisationen von ... (dieser) Gesinnung... geleitet sein.»

Gerade in Deutschland sollte dieses Ziel bald erreicht werden. Ansporn dafür ist ein Blick auf die deutsche Vergangenheit. Es darf nicht in Vergessenheit geraten, daß von der Ausgrenzung zur «Ausmerzung» der Weg weniger weit ist, als viele es wahrhaben wollen. Darauf wies Otto Herz vom GEW-Hauptvorstand anläßlich des zehnjährigen Bestehens der Bundesarbeitsgemeinschaft «Gemeinsam leben – gemeinsam lernen / Eltern gegen Aussonderung» im April 1995 hin – 50 Jahre nach Beendigung des Nazi-Terrors in Deutschland. Viele Eltern und Betroffene schöpfen ihre Kraft daraus, daß eine Wiederkehr dieser Bar-

barei verhindert werden muß. Eine nichtaussondernde Förderung für alle Menschen mit besonderem Förderbedarf in allen Lebensbereichen, beginnend in Kindergärten und Schulen, könnte wesentlich zu ihrem Schutz beitragen – in der Mitte unserer Gesellschaft, nicht in «goldenen Käfigen» im gesellschaftlichen Abseits.

Anmerkungen

1 In Berlin gehören 5. und 6. Klasse noch zur Grundschule. Der Übergang in die Sekundarstufe erfolgt erst nach der 6. Klasse.

2 Ulf Preuss-Lausitz: Integration Behinderter zwischen Humanität und Ökonomie. Zu finanziellen Aspekten der sonderpädagogischen Unterrichtung. Veröffentlicht in: Pädagogik und Schulalltag, 1/96 (Luchterhand)

3 M. Herdegen: Der neue Diskriminierungsschutz für Behinderte im Grundgesetz, hrsg. v. Beauftragten der Bundesregierung für die Belange der Behinderten, Otto Regenspurger, Postfach 140280, 53107 Bonn

4 Vgl. Norbert Myschker: Integration in Australien, in: Info der Arbeitsstelle Integrationspädagogik an der FU Berlin, Königin-Luise-Str. 24, 14195 Berlin

Literatur

Rosenberger, Manfred: Ratgeber gegen Aussonderung, Heidelberg 1988.

Schöler, Jutta: Integrative Schule – integrativer Unterricht. Ratgeber für Eltern und Lehrer, Hamburg 1993

Heyer, P. u. a.: Zehn Jahre wohnortnahe Integration, Arbeitskreis Grundschule, 1993

Eberwein, Hans: Behinderte und Nichtbehinderte lernen gemeinsam. Handbuch der Integrationspädagogik, Weinheim u. Basel 3. Auflage 1994

Füssel, H.-P./Kretschmann, R.: Gemeinsamer Unterricht für behinderte und nichtbehinderte Kinder. Pädagogische und juristische Voraussetzungen, Witterschlick/Bonn 1993

Meister, Hans/Sander, Alfred (Hrsg.): Qualifizierung für Integration, St. Ingbert 1993

Berichte zur aktuellen Entwicklung in den Bundesländern in: «Gemeinsam leben. Zeitschrift für integrative Erziehung» (Luchterhand Verlag, Postfach 2352, 56513 Neuwied), viermal jährlich (Jahresabonnement 78,– DM)

Andreas Oechsner/Hans-Günter Heiden

«Sie sind systemfremd!»
Über die systematische Verletzung des Menschenrechts auf Mobilität

Zwei Rettungsautos stehen quer auf dem Bürgersteig und behindern vorbeigehende Fußgänger. Während ich einen Parkplatz suche, frage ich mich, was passiert ist. Zugegeben, ich bin voyeuristisch veranlagt. Ich schaue sofort nach. Fehlanzeige! Nichts ist passiert. Im Gegenteil! Ein ganz gewöhnlicher Vorgang. Andrea und Manuela sind gekommen. Heute haben wir ja eine Sitzung, fällt mir ein. Da die beiden Frauen sich rollend fortbewegen, sind sie auf Sanitätsfahrzeuge angewiesen. Die öffentlichen Verkehrsmittel sind nicht behindertengerecht, und somit sind Andrea und Manuela von diesem System ausgeschlossen.

Eine Alternative bietet der Sonderfahrdienst an. Natürlich zu den Bedingungen des Betreibers. Die Betriebszeiten sind beschränkt, die Kapazität begrenzt, die meisten Fahrzeuge mit Blaulicht versehen, damit sie auch für den Rettungseinsatz genutzt werden können. Infolgedessen tragen Fahrer und Beifahrer einheitliche Arbeitskleidung, damit sie auffallen und erkannt werden. Was für die Betreiber und deren Personal Ehre und Prestige bedeutet, heißt für Manuela und Andrea alltägliche Diskriminierung.

Am Vortag konnten beide noch nicht sagen, ob sie auch wirklich zur Sitzung kommen. Um sieben Uhr morgens müssen sie beim Fahrdienstbetreiber die Fahrt für den jeweiligen Tag bestellen. Keine Minute früher und keine Minute später. Andrea hatte einmal schon um 6.53 Uhr eine Verbindung zur Einsatzstelle. Leider rufen Sie etwas zu früh an, probieren Sie es um sieben, so die Reaktion des zuständigen Herrn in der Zentrale. Um 7.00 Uhr gleicht die Fahrdienstbestellung einem Lotteriespiel. Wer als erstes durchkommt, hat die freie Wahl von 8.00 morgens bis 22.00 Uhr abends. Öffentliche Personennahverkehrsmittel bedienen ihre Kunden in der Regel von fünf Uhr morgens bis nachts um zwölf oder eins. Danach stehen Nachtschwärmern, die nicht im Rollstuhl sitzen, Nacht-Taxen zu günstigen Tarifen, in größeren Städten auch Nachtbusse zur Verfügung. Da Andrea einen Elektro-Rollstuhl benutzt und sich auch nicht umsetzen kann, ist es ihr nicht möglich, Nacht-Taxen in Anspruch zu nehmen.

Ich betrachte die zwei quergeparkten Rettungsautos auf dem Gehweg, die Männer steigen in ihr Fahrzeug und füllen in Ruhe ihre Formulare aus. Alles muß stimmen. Abholort und Zielort, Uhrzeit, Datum, Name und Versicherungsnummer des Patienten werden erfaßt. Schließlich sind es die Helfer ja so von ihren Rettungseinsätzen gewöhnt.

Doch diese Diskriminierung durch das unterlassene Installieren vorhandener Technik muß nicht sein: «Ich habe mich noch niemals so frei gefühlt», so Brigitte nach einem Besuch in Bremen. Sie wohnt auf dem Land und ist auf einen Elektro-Rollstuhl angewiesen, um mobil zu sein. In ihrer Heimatstadt kann Brigitte kein öffentliches Verkehrsmittel außer der Bahn benutzen und diese nur mit erheblichen Schwierigkeiten. «Den ganzen Tag bin ich in Bremen hin und her gefahren, alleine, selbstbestimmt und selbständig.» Eine Reise in eine andere Welt, neu und abenteuerlich.

Im norddeutschen Bremen sind 75 Prozent der Busflotte sowie 60 Prozent der Straßenbahnen mit Niederflurtechnik ausgestattet. Diese Fahrzeuge haben ausnahmslos einen Hublift an der Vordertür. Jede Straßenbahn und jeder Bus, der in Bremen neu angeschafft wird, ist mit einem Hublift versehen. Das war nicht immer so. Noch Mitte der 80er Jahre sperrten auch die Bremer rollende Menschen von ihrem öffentlichen Verkehrssystem aus. Bis zu diesem Zeitpunkt waren Rollstuhlfahrerinnen, Rollstuhlfahrer und gehbehinderte Menschen genauso wie in anderen Städten in Deutschland auf einen besonderen Fahrdienst angewiesen. Da es keinen Rechtsanspruch auf diesen gibt, handelt es sich um eine freiwillige Leistung der Landkreise und Kommunen. Dementsprechend unterschiedlich ist auch das Angebot. Von der jeweiligen politischen Situation, vom politischen Druck der Betroffenen, hängt es ab, wie mobil behinderte Menschen sind. Weitere Unterschiede im Angebot hängen von der geographischen Lage ab. Es gibt außerdem gewaltige Unterschiede zwischen den städtischen und den ländlichen Regionen. In letzteren ist das Mobilitätsangebot oft schlechter als in der Stadt.

Ohne massiven Protest bewegt sich nichts

Ein Verhandlungsergebnis führte (jedoch erst nach massiven Protesten der Betroffenen) 1987 zu einem Beschluß in der Bremer Bürgerschaft, daß zukünftig im öffentlichen Personennahverkehr bei Neuanschaffungen nur noch behindertengerechte Fahrzeuge angeschafft werden dürfen. Konkret nur noch Niederflurfahrzeuge mit Hublift. Dieser Beschluß ist noch heute bindend.

Nicht nur Brigitte machte die Erfahrung von Freiheit in Bremen. Touristen im Rollstuhl, die die Hansestadt besuchen, schwärmen vom Bremer Mobilitätsangebot: Nicht mehr überlegen, wie ich ins Kino komme oder zum Café, flexibel sein, Unabhängigkeit genießen, Normalität erleben ist das Credo dieser Stadt.

Dieses Angebot entwickelt eine Nachfrage. Je besser das System ausgebaut ist, um so mehr wird es auch genutzt. Heute benutzen täglich im Durchschnitt 42 rollende Menschen Busse und Straßenbahnen in Bremen. Die Tendenz ist steigend. Wenn man Bremen und seine Verkehrspolitik für behinderte Menschen als Pilotprojekt betrachtet, so sind dessen Ergebnisse eindeutig positiv. Die logischen Schlußfolgerungen und politischen Handlungsstrategien müßten zu einem konsequenten Ausbau barrierefreier Verkehrssysteme führen. Vorausgesetzt, der gesellschaftspolitische Wille für dieses Szenarium ist vorhanden. Integration und volle Bürgerrechte behinderter Menschen, die eine gleichberechtigte Teilnahme am gesellschaftlichen Leben beinhalten, wären Bestandteil des politischen Handelns.

Der Weg in diese Richtung ist schwer und wird immer wieder mit Barrieren zugestellt. Folgendes Beispiel verdeutlicht diese These. In Berlin wurde 1987 der Sonderfahrdienst Telebus massiv eingeschränkt. Das Angebot des Sonderfahrdienstes wurde von einem Tag auf den anderen halbiert. Telebus-Benutzerinnen und -benutzer, die vorher 50 Fahrten im Monat in Anspruch nehmen konnten, mußten sich nun mit 24 Fahrten begnügen. Konkret bedeutete dies, die Hälfte des Monats zu Hausarrest verurteilt zu sein.

Die Forderung der Betroffenen war klar und verständlich: Mobilität für alle – unbegrenzte Telebus-Fahrten, solange behinderte Menschen nicht das Berliner öffentliche Personennahverkehrssystem benutzen können. Zugute kam den Aktivisten, daß in jenem Jahr Berlin 750 Jahre alt wurde und der Senat dieses Ereignis in Saus und Braus feierte. Bei den behinderten Menschen 800000 Mark zu sparen, dafür aber Millionenbeträge für diese Feierlichkeiten auszugeben leuchtete auch der Berliner Bevölkerung nicht ein. Dieses Klima kam den Betroffenen entgegen. Bei Protesten, Blockaden sowie Verhandlungen wurde immer wieder diese Argumentation verwendet. Die Regierung geriet unter Druck. Arbeitskreise wurden gebildet. Verhandelt wurde auf höchster Ebene.

Vertreter der Berliner Verkehrsbetriebe, der Senatsverwaltungen für Soziales und Verkehr sowie die Vertreterinnen und Vertreter der Protestbewegung «Mobilität für alle» saßen im Frühjahr 1988 wieder einmal an einem Tisch. Betroffene forderten, daß zukünftig nur noch Niederflurfahrzeuge mit Hubliften angeschafft werden. Der Vertreter der Senatsverwaltung fragte den Vertreter der Berliner Verkehrsbetriebe, ob es diese Busse in Deutschland bereits gäbe und wer sie bauen würde. Nein, derzeit gebe es noch keinen einzigen solchen Bus in Deutschland, der in Betrieb ist, auch keinen Prototyp. Plötzlich ging die Tür auf, herein rollte Michael Eggert, einer der maßgeblichen Aktivisten in Berlin. Er entschuldigte sich für seine Verspätung, aber er wäre am Vortag kurz nach Bremen geflogen, hätte fotografiert, und diese Bilder wären jetzt erst aus der Entwicklung gekommen.

Die Bilder zeigten Niederflurbusse mit Hublift, die in Bremen schon einige Monate eingesetzt wurden. Die Berliner Verkehrsbetriebe hatten die Aktivisten, aber auch die politisch Verantwortlichen falsch informiert. So kam es, daß auch in Berlin 1989 vom Abgeordnetenhaus ein Grundsatzbeschluß verabschiedet wurde, daß zukünftige Fahrzeuge nur noch mit Niederflurtechnik und Hublift eingesetzt werden dürfen. Heute sind in Berlin über 400 Niederflurbusse mit Hublift im Einsatz. Diese Busse (meist Niederflurgelenkbusse) haben an der Vordertür den besagten Hublift und an der Mitteltür eine Rampe. Ende 1995 wurde diese Technik auch bei den bekannten Berliner Doppeldeckerbussen eingeführt.

Behinderte Menschen in anderen Städten fordern bis heute vielfach vergeblich, daß die Verkehrsmittel barrierefrei zugänglich gemacht werden. In Städten, in denen es eine gut organisierte Behindertenbewegung gibt, ist es oft gelungen, durch Grundsatzbeschlüsse der politischen Gremien die Weichen in Richtung eines behindertengerechten öffentlichen Nahverkehrs zu stellen. Mehr und mehr kommen auch Niederflurstraßenbahnen mit geeigneter Einstiegshilfe zum Einsatz.

Doch jedesmal muß in der Diskussion mit den Verantwortlichen das Rad quasi wieder neu erfunden werden: «Ja, ein Hublift ist wirklich notwendig», «Ja, auch das Angebot für ältere Fahrgäste, für Eltern mit Kinderwagen etc. wird verbessert». Die Aktivistinnen und Aktivisten sind oft gezwungen, sich mit technischen Details zu rüsten und den Verantwortlichen deutlich zu machen, «daß es doch geht», obwohl dies nicht ihre Aufgabe, sondern die der Verkehrsbetriebe wäre. Positiv ist in diesem Zusammenhang das novellierte Gemeindeverkehrsfinanzierungsgesetz zu erwähnen, das Zuschüsse für Busse, Straßenbahnen, Haltestellen, Betriebseinrichtungen und Umbaumaßnahmen vorsieht, wenn die Verkehrsbetriebe nachweisen, daß die Belange mobilitätsbehinderter Personen berücksichtigt werden. Nach Angaben des 3. Berichtes der Bundesregierung zur Lage der Behinderten von 1994 ist mit einem Anteil von 20 Prozent Mobilitätsbehinderter in der Bevölkerung zu rechnen, in den neuen Ländern sogar mit 30 Prozent.

«Sie sind systemfremd!»

Trotzdem gibt es immer noch Kommunen, die heute Niederflurfahrzeuge ohne Hublift anschaffen, wohl wissend, daß diese Systeme 30 Jahre im Einsatz bleiben werden, wohl wissend, daß eine spätere Nachrüstung teurer wird als die direkte Bestellung eines barrierefreien und kundenfreundlichen Fahrzeuges. Ein flächendeckendes und verläßliches Angebot, geschlossene Beförderungsketten, wie sie «Fußgängern» im öffentlichen Nahverkehr zur Verfügung stehen, sind jedoch noch in weiter Ferne. An der Technik liegt es jedenfalls nicht, da bereits Niederflurbusse für den Überlandbetrieb erprobt werden. Auch für den Schienenbereich ist schon eine Niederflur-Triebwagenfamilie konzipiert worden. Nach der Regionalisierung des ÖPNV steht also einem konsequenten Umstieg auf die Niederflurtechnik nichts mehr im Wege. Die Konstrukteure sagen in diesem Zusammenhang, daß sie auch «die Räder aufs Dach» montieren würden, es müsse nur im Pflichtenheft des bestellenden Verkehrsbetriebes stehen, was dieser wünsche. Die größten Fortschritte gibt es derzeit im S-Bahn-Bereich, wo die Wagen der Deutschen Bundesbahn entweder mit Rampen (bei kleinen Höhendifferenzen) oder mit Hubliften (bei größeren Höhendifferenzen) ausgestattet werden sollen.

Alle Verkehrsplaner wissen, daß sich bei stark reduziertem Angebot kaum eine Nachfrage entwickeln kann. Trotzdem wird diese Binsenweisheit nicht konsequent auf das Mobilitätsverhalten behinderter

Menschen angewandt. Oder doch? Es gibt Planer, die nicht handeln, gerade weil sie sich dessen bewußt sind. Behinderte Menschen sind unerwünscht. «Sie sind systemfremd», brachte es der Verhandler eines Verkehrsbetriebes im Gespräch gegenüber einem Mann, der im Rollstuhl sitzt, auf den Punkt. In dem sicherlich emotionsgeladenen Dialog kam die Wahrheit zum Vorschein. Behinderte Menschen passen nicht in eine Norm. Sie sind Exoten!

Leit- und Orientierungssysteme sind unverzichtbar

Ebenso vernachlässigt wie Menschen im Rollstuhl werden auch Menschen mit Sinnesbeeinträchtigungen. Blinde Menschen finden sich im öffentlichen Personennahverkehr nur schwer zurecht. Flächendekkende Leit- und Orientierungssysteme fehlen. Dabei gibt es sie. Punktuell werden Haltestellen «blindengerecht» gestaltet. Solche Musterprojekte werden dann entsprechend mediell verkauft. Gleichzeitig zeigen sich die Verantwortlichen verwundert, daß eine solche «Musterstation» von blinden Menschen nur selten aufgesucht wird. Leit- und Orientierungssysteme werden nicht angenommen, lautet dann die gängige Schlußfolgerung. Dabei liegt doch wohl auf der Hand, daß eine solche Form der Erprobung ebenso sinnvoll ist wie der Versuch, zum Beispiel ein Parkleitsystem für Autos zu testen, indem man irgendwo in der Stadt ein einzelnes Hinweisschild aufstellt.

Unerwartete und auch unerwünschte Verteidigung ihrer Bedürfnisse erhielten sinnesbeeinträchtigte Menschen, wenn es um die Forderungen von Menschen im Rollstuhl geht. Als es in Berlin um die Entfernung der Mittelstange, im Fachjargon Haarnadel, im Bus ging, schienen auf einmal die Rollstuhlfahrerinnen und Rollstuhlfahrer blinde Menschen auszugrenzen. Vertreter von Verkehrsbetrieben verteidigten die Mittelstange mit der Begründung, blinde Menschen benötigten sie zum Einsteigen. Da sich aber rollende und blinde Menschen mit ihren Bedürfnissen und Forderungen untereinander koordinierten, löste sich das «Argument» der dringend für blinde Menschen gebrauchten Mittelstange in Wohlgefallen auf. Für blinde Menschen ist es wichtig, daß sie wissen, wo sich die Haltegriffe befinden. Deswegen müssen sie aber nicht in der Mitte der Türöffnung sein. Die Verkehrsbetriebe fanden ein neues Argument: Die Mittelstange könne aus statischen Gründen nicht entfernt werden; das Fahrzeug würde in sich zusammenbrechen.

Ganze vier Wochen predigten die Verkehrsanbieter diesen Unsinn. Dann verschwand die Mittelstange. Kein Fahrzeug brach zusammen. Nun kamen aber Menschen mit Kinderwagen, Männer wie Frauen im Rollstuhl, Personen mit Kleinkindern, Einkaufswütige mit Gepäck leichter in das Fahrzeug. Der Verdacht liegt nahe, daß genau dies den Hintergrund für den hinhaltenden Widerstand der Verkehrsbetriebe für eine einfach umzusetzende Erleichterung bildete. Verschiedenen Kunden gerecht zu werden, macht Arbeit... Diese Personengruppe könnte ja den Verkehrsablauf stören.

Im Zeitalter der Elektronik ist es in Mode gekommen, auf einem Display Haltestellen im Fahrzeug und Umsteigemöglichkeiten sowie Wartezeiten an der Haltestelle anzuzeigen. Dieser Service nutzt vor allem den gehörlosen Menschen – ein eher zufälliger Nebeneffekt, der sich einer Modeerscheinung verdankt und nicht bewußter Planung. Allerdings müssen nun blinde Menschen befürchten, daß die akustischen Informationsquellen gegen die optischen eingetauscht werden.

Die Deutsche Bundesbahn: Wenn Reisen zum Abenteuer wird

Wenden wir uns nun dem Fernreiseverkehr, dem System Deutsche Bundesbahn zu, so sind bei den Mobilitätsfragen drei Problemzonen zu unterscheiden: die Bahnhofsgestaltung, der Wagenpark und der Einstieg.

- Bahnhofsgestaltung

Im Zuge von Neubaumaßnahmen und Umbauten werden mehr und mehr Bahnhöfe – besonders in Großstädten – so umgebaut, daß (endlich) auch mobilitätsbehinderte Menschen ohne fremde Hilfe in den Bahnhof gelangen, dort auch auf eine Toilette gehen können und auf den Bahnsteig kommen. Probleme bestehen bei alten Anlagen, die auf absehbare Zeit nicht renoviert werden. So muß man im sonst vorbildlicheren Bremen, was den Fernverkehr mit der Bahn angeht, immer noch von Bahnbeamten oder Mitarbeiterinnen der Bahnhofsmission durch die Katakomben der Gepäckaufbewahrung mit dem Lasten(!)-aufzug zum Gleis gebracht werden. Wehe, wenn beim Gepäckservice keiner Dienst hat! Gerade an Sonntagen können Reisende im Rollstuhl oft unangenehme Erfahrungen machen: «Warum müssen Sie auch heute fahren!» wurde einer Reisenden in Köln gesagt.

Problematisch ist oft auch die Situation in kleineren Städten, wo es keine Gepäckaufzüge gibt. Dort werden behinderte Reisende wohl auf mehrere Jahrzehnte hinaus nicht alleine zusteigen können.

- Wagenpark

Erst Mitte der achtziger Jahre konnte die Bundesbahn durch massive Proteste der Betroffenen und durch Petitionen beim Bundestag dazu verpflichtet werden, zumindest in jedem IC-Zug einen Wagen bereitzustellen, der für Reisende im Rollstuhl im Innern nutzbar ist (Bewegungsfläche/Toilette). Dieser Bewegungsradius ist aber auf wenige Quadratmeter begrenzt, ins Zugrestaurant kommt man dann immer noch nicht. Beim neuen ICE ist dies besser gelöst. Man kann zumindest in den Bistrobereich rollen, in den Bereich mit Bedienung kommen nur Reisende mit äußerst schmalen Rollstühlen. Während man beim ICE sicher sein kann, daß der reservierte Reiseplatz auch auf dem Bahnhof einrollt, da er im wichtigen Servicewagen 9 angesiedelt ist, geschieht es im IC-Bereich häufiger, daß der rollstuhlgängige Waggon (entgegen der Aussage des Wagenstandsanzeigers) nicht in den Zuglauf eingefügt ist, weil er entweder defekt oder beim Rangieren nicht vorhanden war.

Gut ist das Platzangebot auch in den Interregios oder den Doppelstockwagen, einem Überbleibsel der DDR-Reichsbahn. Bei neuen DB-Angeboten wie dem IC-Night ist zwar ein fast niederfluriger Einstieg vorhanden, und auch im Bereich der Großraumsessel sind Stellplatz(!) und Toilette für die Nacht vorhanden, doch im bequemen Liegebereich sind rollstuhlfahrende Reisende nicht vorgesehen. Ebenso nicht im nagelneuen (!) Touristik-Zug der Bahn, der durch zu schmale Türen und zu schmale Gänge wieder nur für Fußgänger geeignet ist.

Einmal abgesehen davon, daß der für die Zukunft vorgesehene Transrapid nach Einschätzung von vielen Reisenden kein sinnvolles neues Verkehrsmittel darstellt, ist auch hier nach Befürchtungen von Expertinnen und Experten eine reibungslose Beförderung behinderter Menschen in den Konzepten der Planungsgesellschaft nicht gewährleistet.

- Einstiegssituation

Dies ist nach wie vor der kritischste Punkt. Lange Zeit bevorzugte die Bahn die «personengebundene» Einstiegshilfe durch kräftige Beamte oder Mitreisende. Mittlerweile ist auf IC-Bahnhöfen erreicht, daß «fahrzeugungebundene Einstiegshilfen», also mobile Hublifte, angeschafft worden sind. Diese müssen von den Reisenden aber vorbestellt werden, wobei diese Vorbestellung nach den Erfahrungen der rollstuhlfahrenden Reisenden in etwa der Hälfte aller Fälle auch klappt. Alle Behindertenorganisationen fordern seit Jahren die «fahrzeuggebundene Einstiegshilfe», die im Waggon installiert ist und idealerweise dann auch von den Reisenden ohne fremde Hilfe in Anspruch genommen werden kann. Ein solcher Lift für den ICE wurde Mitte 1995 von einem Hersteller präsentiert. Doch diese Lifte sollen nur im Nahverkehr (S-Bahn-Bereich) installiert werden, im Fernverkehr werden sie von der Bahn weiterhin verweigert.

Auch aus rein ökonomischen Gründen ist diese Haltung kurzsichtig: Denn falls die Verantwortlichen der DB-AG ein Interesse daran haben sollten, den ICE auch in den USA zu verkaufen, so muß dieser Zug eine solche Einstiegshilfe vorweisen – das amerikanische Antidiskriminierungsgesetz schreibt dies verbindlich vor. Mittlerweile ist aber schon die zweite Generation der ICE-Waggons bestellt worden – erneut ohne fahrzeuggebundene Einstiegshilfe.

Mobilität mit Schiff und Flugzeug

In der Schiffahrt und beim Flugverkehr ist eine durchgehende Mobilitätsgarantie ebenfalls noch nicht gegeben. Vor allem auf skandinavischen Schiffen gibt es die bisher größten Fortschritte in puncto Einstieg, Aufzüge und Kabinengestaltung (es gibt sogar Kabinen für allergieanfällige Personen!). In den Flugzeugen sind es die zu engen Gänge, der oft fehlende Bordrollstuhl (vor allem bei kürzeren Flügen) und die absolut unzureichende Toilettensituation.

Weiter beeinträchtigen unsinnige Vorschriften die Mobilität behinderter Menschen: Bei innerdeutschen Flügen mit Propellermaschinen (!) existiert die Vorschrift, daß eine Person, die nicht laufen kann, nicht alleine mitfliegen darf. Hintergrund: Bei Propellermaschinen werden weniger Flugbegleiterinnen eingesetzt als bei Düsenmaschinen. Einer rollstuhlfahrenden Passagierin wurde bei einem geplanten Flug von Berlin nach Nürnberg gesagt, daß sich bei einer Notwasserung (!) keine Flugbegleiterin um sie kümmern könne. Ferner sind die medizinischen Fragebögen der Lufthansa («Betreuungshinweis kranker Fluggast») willkürlich gestaltet und medizinisch veraltet. So muß ein Fluggast bei Erkrankung an Multipler Sklerose ein ärztliches O.k. erhalten, ein Mensch mit Polioerkrankung nicht.

«Barrierefreies Bauen» kommt allen zugute

Gravierende Einschränkungen ihres Menschenrechtes auf Mobilität erfahren behinderte Menschen durch die allgegenwärtigen architektonischen Barrieren: Stufen, Treppen, keine oder zu kleine Lifte, keine benutzbaren Toiletten. Ferner verhindern oft «feuerpolizeiliche Bestimmungen», die aber nirgends niedergeschrieben sind, den Zugang zu Kino, Theater oder anderen Versammlungsstätten. Darüber ist schon genug geschrieben worden, es soll an dieser Stelle nicht wiederholt werden. Es wundert aber, daß immer noch keine durchschlagenden Verbesserungen vorgenommen wurden. Mittlerweile kann kein Architekt oder keine Baubehörde mehr ernsthaft behaupten, sie hätte es «nicht besser gewußt».

Zu all den genannten Problempunkten, angefangen vom Stadtbus über das Flugzeug hin zum abgesenkten Bordstein gibt es entsprechende Normen und Empfehlungen, und auch der Bundestag hat sich schon viele Gedanken dazu gemacht. So existieren einstimmige Beschlüsse, die Reise- und Verkehrsmöglichkeiten zu verbessern, gravierende Änderungen sind bisher aber nicht erfolgt (vgl. etwa Beschluß des Deutschen Bundestages vom 31.10.1990 oder die Große Anfrage der SPD «Reisemöglichkeiten für behinderte Menschen» vom 20.10.93 und die Antwort der Bundesregierung darauf – Bundestagsdrucksache 12/3649–12/5086). Wenn die Verantwortlichen es wirklich ernst meinen, dann müssen sie weitere Beschlüsse fassen: Etwa den, daß die entsprechenden DIN-Normen im Bau- und Wohnungsbereich (DIN 18024 und 18025, die in den letzten Jahren in vorbildlicher Weise neu gefaßt wurden) auch wirklich verbindlich werden.

Solange sie zum Beispiel nicht in den jeweiligen Landesbauordnungen verankert sind, flankiert durch ein Verbandsklagerecht von Behindertenorganisationen und spürbare Sanktionen bei Nichtbefolgung, können noch Tonnen von Papier, bedruckt mit unverbindlichen Beschlüssen, produziert werden – am alltäglichen Ausschluß durch bauliche Barrieren wird sich wenig ändern.

Seit dem 1.1.1996 gibt es in der baden-württembergischen Bauordnung eine – zumindest auf der textlichen Ebene – sehr fortschrittliche Regelung. Der alte § 40 «Bauliche Anlagen für besondere Personengruppen» wurde in einen neuen § 39 «Barrierefreie Anlagen» umgewandelt. Die Art und Anzahl der dafür in Frage kommenden Anlagen wurde erheblich erweitert. Neu aufgenommen wurden unter anderem Erholungsanlagen, Schwimmbäder, Kureinrichtungen, Campingplätze, Ladenpassagen, Praxen der Heilberufe. Außerdem wurden die beiden erwähnten DIN-Normen als technische Baubestimmungen verbindlich eingeführt. Jetzt kommt es darauf an, wie sich diese Neuregelung in der Praxis durchsetzen wird.

Eine wesentliche Rolle kommt – als Gestaltern auf der Praxisebene – auch den Bauaufsichtsämtern zu. Bei entsprechender Auslegung könnten sie heute schon darauf dringen, daß bei Neu- und Umbauten auch im privaten, halböffentlichen Bereich barrierefrei gebaut wird, das Gegenteil ist oft der Fall. So wurden einem kleinen italienischen Restaurant in Berlin im Zuge eines Erweiterungsumbaues von seiten der Bauaufsicht lediglich die Mindestmaße für die Toilettentüren im Sanitärbereich vorgegeben. Der Besitzer wurde nicht auf die Notwendigkeit der Benutzbarkeit für Gäste im Rollstuhl hingewiesen, obwohl die Bauordnung und eine berlinweite Empfehlung der Senatsverwaltungen dies eigentlich vorsehen. Dabei wäre der Besitzer des (ebenerdigen) Restaurants zu einem anderen Einbau durchaus bereit gewesen, und auch der nötige Platz war vorhanden. In einem solchen Fall müßte eigentlich – leider ist so etwas im Gesetz bisher nicht vorgesehen – die Bauaufsicht verklagt werden können.

Auch das Grips-Theater, das weit über die Grenzen Berlins bekannt ist (unter anderem durch emanzipatorische Stücke zu Behindertenthemen), hat bei einem durch Lottomittel finanzierten Anbau – fertiggestellt Ende 1995, bei dem auch der Sanitärtrakt neu gestaltet wurde – keine rollstuhlzugänglichen Toiletten eingebaut. Das Theater argumentiert damit, daß es eine Kostenfrage gewesen sei, außerdem gäbe es ja 50 Meter weiter eine öffentliche Behindertentoilette, für die alle Behinderten einen Schlüssel hätten. Fragt sich nur, warum das Theater überhaupt noch eigene Toiletten betreibt und nicht an alle Gäste direkt einen Schlüssel aushändigt, damit diese auch auf die öffentlichen Toiletten gehen können.

Nun könnte man ja wirklich – so wie das Grips-Theater – einwenden, daß barrierefreies Bauen teurer sei und man sich dies in Zeiten knapper Kassen nicht leisten könne. Zum einen hat bereits 1990 eine durch das Bundesbauministerium veranlaßte Studie (die leider nur in Fachkreisen bekannt wurde!) belegt, daß barrierefreies Bauen nur im Skontobereich (ca. zwei Prozent) Mehrkosten verursacht. Zum anderen kann durch rechtzeitiges barrierefreies Bauen eine viel teurere spätere Nachrüstung von Wohnungen, Straßen und Plätzen vermieden werden. Welche Ersparnisse hier möglich sind, wurde noch nicht ausgerechnet. Hinzu kommt jedoch der Vorteil, daß ein solches barrierefreies Bauen allen Menschen zugute kommt.

Was in Fragen des «Menschenrechts auf Mobilität» möglich ist, wenn man es nur will, zeigt abschließend der Auto-Rollstuhl-Vergleich einer (rollstuhlfahrenden) Journalistin, den diese einmal bei einem Seminar gezogen hat:

> «Beide Fahrzeuge haben vier Räder und befördern Menschen. Die Unterschiede sind: ein Rollstuhl ist wesentlich leichter und kleiner als ein Auto, und – so paradox es klingen mag: mit einem Auto kommt man überall hin, mit einem Rollstuhl nicht!
>
> - Garagen, egal wie hoch oder tief gebaut, sind über Schrägen erreichbar, Häuser in gleicher Höhe nur über Stufen
> - Bei Garageneinfahrten sind die Bürgersteige grundsätzlich abgesenkt, an Kreuzungen nur hin und wieder
> - Mit dem Auto kann man am Drive-in-Schalter einen Hamburger kaufen oder Bankgeschäfte tätigen, mit dem Rollstuhl kommt man oft nicht ins Restaurant oder in die nächste Sparkasse
> - Ein Kinobesuch per Auto ist kein Problem im nächsten Autokino; als Rollstuhlnutzerin scheitere ich an der Treppe oder spätestens an den feuerpolizeilichen Bestimmungen
> - Autoreisezüge belegen seit langem, daß Züge berollbar sind. Hublifte für rollstuhlfahrende Gäste sind aber angeblich noch nicht ausgereift.»

Um die Diskriminierung behinderter Menschen im Mobilitätsbereich abzubauen, seien auf gesetzlicher Ebene fünf Forderungen exemplarisch genannt, die im Eckpunktepapier des Initiativkreises Gleichstellung Behinderter von 1993 enthalten sind:

1. Unternehmen, die öffentlichen Personenverkehr betreiben, haben zu gewährleisten, daß dieser generell auch für behinderte Menschen

ohne fremde Hilfe nutzbar ist; ohne diesen Nachweis wird keine Betriebserlaubnis erteilt.

2. Eine Ausnahmegenehmigung auf Dauer von fünf Jahren ist möglich, wenn der verbindliche Nachweis beabsichtigter Umrüstungsmaßnahmen innerhalb eines Jahres vorgelegt wird. Anderenfalls ist die Betriebserlaubnis zu widerrufen.

3. In der Musterbauordnung (MBO), die als Richtschnur für die Landesbauordnungen gilt, ist eine barrierefreie Bauweise zwingend vorzuschreiben. Die Baunormen DIN 18024/18025 sind als verbindliche Normen aufzunehmen.

4. In das Bundesbaugesetz ist eine Generalklausel aufzunehmen, die sicherstellt, daß bauliche Anlagen so herzustellen und zu unterhalten sind, daß sie von Menschen mit Beeinträchtigungen ohne fremde Hilfe zweckentsprechend genutzt werden können. Der Umbau bereits bestehender baulicher Anlagen wird nur unter der Voraussetzung mit Bundesmitteln finanziell gefördert, daß sie den oben beschriebenen Anforderungen genügen.

5. In die jeweiligen Bauordnungen der Länder ist eine Generalklausel über barrierefreies Bauen für alle Gebäude festzuschreiben. Die entsprechenden Normen sind verbindlich vorzusehen, und ein Verbandsklagerecht ist einzurichten.

Über diese Forderungen hinaus kann sich jedes Gremium natürlich Selbstverpflichtungen auferlegen, wie es das Menschenrecht auf Mobilität behinderter Menschen umgehend und dauerhaft sicherstellen will. Der Phantasie ist hierbei keine Grenze gesetzt.

Sigrid Arnade

Arbeitsförderung in der Krise

Neu Wege sind erforderlich

Als sich die Journalistin Susanne N. vor zweieinhalb Jahren arbeitslos meldete, wurde ihr auf dem Arbeitsamt geraten, die Rente zu beantragen. Grund: Sie ist behindert, und sie hat zwei Kinder. Damit sei sie nicht zu vermitteln, hieß es, und schon gar nicht mit ihrem Wunsch nach Teilzeitbeschäftigung. Sogar von Fortbildungs- oder Umschulungsmaßnahmen riet man der damals 35jährigen Frau ab, da sich ihre Chancen auf dem Arbeitsmarkt dadurch angeblich nicht verbesserten. Das war nach zwölf Berufsjahren Susannes erste Erfahrung mit dem Arbeitsamt.

Erfahrungen mit dem bundesdeutschen System der beruflichen Rehabilitation hat die inzwischen 37jährige Doris K.: Nach einem nicht abgeschlossenen Jurastudium entschloß sich die körperbehinderte Frau aus Hessen, Sozialarbeit zu studieren. Dem wurde von der Berufsberatung nur mit Bedenken und nur unter der Voraussetzung zugestimmt, daß Doris K. im Berufsförderungswerk Heidelberg mit Internatsunterbringung studiert. Das kam für die autonome Frau nicht in Frage. Das Arbeitsamt war zwar bereit, für die Ausbildung in Heidelberg monatlich 4500 DM zu zahlen, nicht aber, ihr Studium in Kassel mit 1500 Mark im Monat zu unterstützen. Doris K. mußte fünf Jahre lang gegen das Arbeitsamt prozessieren – sie gewann in zwei Instanzen.

Nachdem Andrea N. eine Sonderschule für Lernbehinderte besucht hatte, versuchte sie sich auf dem allgemeinen Arbeitsmarkt. Sie putzte in Geschäftshaushalten, Hotels und Altenheimen. Dabei fühlte sie sich ständig überfordert und verlor ihre Arbeitsplätze. Nach neun Monaten Arbeitslosigkeit verbrachte sie ein Jahr in einer psychiatrischen Klinik. Anschließend arbeitete sie vier Jahre lang in einer Werkstatt für Behinderte (WfB). Vor allem wegen des geringen Verdienstes wurde sie zunehmend unzufrieden und immer häufiger krank. Jetzt arbeitet die inzwischen 36jährige bei der «Cooperative Beschützende Arbeitsstätten» in der Selbsthilfefirma «Putzblitz» mit Arbeitsassistenz, eine Form der ‹unterstützten Beschäftigung›. Das bedeutet, daß Andrea bei Arbeitsbeginn regelmäßig von einer Arbeitsassistentin begleitet wurde, mit der sie ihre Arbeit besprach und Wochenpläne aufstellte. Auch jetzt noch schaut hin und wieder eine Arbeitsassistentin, die sich insgesamt um acht Mitarbeiterinnen kümmert, während der Arbeitszeit vorbei. Dann können Fragen oder Unstimmigkeiten mit den Arbeitgebern geklärt werden. Andrea ist nur noch halbtags tätig, verdient mehr Geld als vorher, ist zufriedener geworden und seltener krank.

Für behinderte Männer gelten die beschriebenen Strukturen im Prinzip genauso. Es wurden drei Frauen-Beispiele gewählt, weil sich bei behinderten Frauen die schwierige Situation oft zuspitzt und dadurch noch deutlicher wird.

Drei Beispiele, hinter denen sich ein Bündel von Problemen verbirgt:

1. Das Thema ‹Erwerbstätigkeit behinderter Menschen› umfaßt eine Vielzahl unterschiedlicher Aspekte, die in einem kurzen Buchbeitrag nicht alle umfassend und schon gar nicht abschließend behandelt werden können;

2. Das bundesdeutsche System der beruflichen Rehabilitation krankt an vielen Stellen, wobei sich die festgefahrenen Strukturen oft weder an den Menschen noch an rational nachvollziehbaren Kriterien orientieren;

3. Eine Vielzahl von Forderungen müssen in einzelgesetzlichen Bestimmungen umgesetzt werden, damit kostenneutrale, menschenfreundliche Modelle endlich Normalität für alle behinderten Menschen werden.

Zahlen und ihr Hintergrund

Die anhaltend dramatische Arbeitsmarktsituation betrifft behinderte Menschen in besonderem Maße. Während die Arbeitslosenquote im Jahresdurchschnitt 1995 bei insgesamt 9,4 Prozent lag, schwanken Berechnungen für behinderte Menschen zwischen 16 und 17 Prozent. Die Bundesanstalt für Arbeit ermittelt die Arbeitslosenquote behinderter Menschen nicht, sondern veröffentlicht lediglich Absolutzahlen. So lang die Zahl arbeitsloser Schwerbehinderter im Jahresdurchschnitt 1995 bei 176 118 und damit um 1,2 Prozent höher als im Vorjahr. (Die Situation in den neuen Bundesländern stellt sich noch katastrophaler dar als in der alten Bundesrepublik, vgl. den Beitrag von Andrea Schatz in diesem Buch.) Das sind die offiziellen Zahlen. Die Realität sieht noch düsterer aus, denn:

- in die Statistiken gehen keine Arbeitssuchenden über 58 Jahre ein;

- es werden nicht diejenigen mitgezählt, die in kurzfristigen Förderprojekten untergebracht sind;

- in Zeiten schwieriger konjunktureller Lage werden behinderte Menschen massenhaft in die Erwerbsunfähigkeitsrente (EU-Rente) gedrängt. Das trifft in besonderem Maße für Menschen in den neuen Bundesländern zu, die sich bei der Anpassung ihrer Invalidenrente an die Weststrukturen oft unversehens als EU-Rentnerinnen oder -Renter wiederfanden. Für behinderte Frauen im Osten Berlins wurde in einer Studie eine offizielle Arbeitslosenquote von sieben Prozent ermittelt; gleichzeitig gaben aber 44 Prozent der befragten Frauen an, gerne wieder arbeiten zu wollen (Kies 1995).

Die Tendenz sinkender Erwerbstätigkeit behinderter Menschen zeigt sich auch in der Entwicklung der Beschäftigungsquote. Laut Schwerbehindertengesetz sind alle Unternehmen mit mehr als 16 Beschäftigten verpflichtet, mindestens sechs Prozent behinderte Arbeitnehmerinnen und Arbeitnehmer zu beschäftigen. Dieses Ziel wurde bislang nie erreicht. Ihren bisherigen Höchststand erreichte die Beschäftigungsquote 1982 mit 5,9 Prozent. Seitdem ist sie kontinuierlich gesunken und erreichte 1994 vier Prozent (4,3 Prozent in den alten; 2,8 Prozent in den neuen Bundesländern). Private kamen ihrer Beschäftigungspflicht mit 3,6 Prozent noch weniger nach als öffentliche Arbeitgeber, die immerhin 5,2 Prozent der Arbeitsplätze mit behinderten Arbeitnehmerinnen und Arbeitnehmern besetzten.

Der Bund gibt für 1994 stolz bekannt, die Beschäftigungsquote mit 6,4 Prozent überzuerfüllen. Diese Entwicklung ist durch die Privatisierung der Bahnen (die traditionell niedrige Beschäftigungsquoten hatten, z.B. 1992: Deutsche Bundesbahn 4,6 Prozent, Deutsche Reichsbahn 2,6 Prozent) und durch Neuanerkennungen der Schwerbehinderteneigenschaft zu erklären. Bei den 22 580 Neueinstellungen, die es 1994 in Bundesdienststellen gab, lag der Anteil bei vier Prozent.

Arbeitgeber, die die Pflichtquote von sechs Prozent nicht erfüllen, müssen pro nicht besetztem Pflichtplatz eine monatliche sogenannte Ausgleichsabgabe von 200 Mark zahlen. Die öffentlichen Arbeitgeber zahlen die Ausgleichsabgabe natürlich aus Steuergeldern. Aus den Mitteln der Ausgleichsabgabe wird die Arbeits- und Berufsförderung behinderter Menschen finanziert. Bei sinkenden Beschäftigungszahlen behinderter Menschen steigen die Etats der Ausgleichsabgabe.

Für Arbeitgeber gibt es Möglichkeiten, weniger Ausgleichsabgabe zu zahlen: Zum einen können sich Firmen teilweise von ihrer Beschäftigungspflicht freikaufen, indem sie Aufträge an Werkstätten für Behinderte vergeben. Für die Firmen lohnt sich das Geschäft: Sie bekommen gute Arbeit zu Billigpreisen und können 30 Prozent des Rechnungsbetrages auf die Ausgleichsabgabe anrechnen lassen. Zum anderen wird die Einstellung eines behinderten Menschen je nach Schwere der Beeinträchtigung mehrfach angerechnet, um etwaige besondere Belastungen der Arbeitgeber auszugleichen. So wird die Beschäftigung eines rollstuhlfahrenden Richters aus Kassel gewertet, als habe der öffentliche Arbeitgeber gleich drei Pflichtplätze besetzt. Dabei steht fest, daß der Richter seinen Beruf vollwertig ausüben kann.

Obwohl die meisten Arbeitgeber die Ausgleichsabgabe aus der «Portokasse» zahlen und Behindertenorganisationen ihre Anhebung auf einen durchschnittlichen Monatslohn fordern, plädieren Arbeitgeberverbände schon seit längerem dafür, die Ausgleichsabgabe und die Pflichtquote zu senken. Ein Argument besagt, es gäbe gar nicht genug behinderte Arbeitssuchende, um die Pflichtquote zu erfüllen. Nach den offiziellen Zahlen stimmt das zwar rein rechnerisch; wie oben bereits erläutert, steigt aber die verdeckte Arbeitslosenzahl, wenn sich die konjunkturelle Lage verschlechtert. Während die Arbeitgebervorschläge bislang von allen politischen Parteien strikt abgelehnt wurden, plädiert neuerdings auch Baden-Württembergs Finanzminister Gerhard Mayer-Vorfelder dafür, Ausgleichsabgabe und Pflichtquote zu senken.

Besonders betroffen von der schlechten Arbeitsmarktsituation sind behinderte Frauen. Die meisten offiziellen Statistiken unterscheiden nach Frauen, Männern und Behinderten und differenzieren innerhalb der Gruppe der behinderten Menschen nicht mehr nach Frauen und Männern. Daher ist aktuelles Zahlenmaterial zu diesem Thema nicht verfügbar. Einen Einblick gibt aber der Mikrozensus von 1992: Demnach bestreiten 27,9 Prozent der behinderten Männer ihren überwiegenden Lebensunterhalt aus einer Erwerbstätigkeit, aber nur 16,1 Prozent der behinderten Frauen. Die schlechte Erwerbssituation behinderter Frauen spiegelt sich in der Einkommenslage: 38 Prozent der behinderten Frauen müssen laut Mikrozensus 1992 mit einem monatlichen Nettoeinkommen von unter 1000 Mark auskommen. Dasselbe trifft auf 11 Prozent der behinderten Männer zu. Hingegen verfügen 10,8 Prozent der behinderten Männer monatlich über ein Nettoeinkommen von mehr als 3500 Mark, aber nur 2,1 Prozent der behinderten Frauen.

Je schlechter die Arbeitsmarktsituation für behinderte Menschen wird, desto größer wird ihre Präsenz im Rehabilitationsbereich. So ist die Zahl der Eintritte in Rehabilitationsmaßnahmen von 1984 bis 1994 um über 60 Prozent gestiegen, wobei es sich um einen kontinuierlichen Anstieg ohne quantitativen Sprung durch die deutsche Vereinigung handelte. Der Frauenanteil hat sich in diesem Zeitraum lediglich von 31,4 auf 33,7 Prozent erhöht. Hier ist eine deutliche Ost-West-Differenz zu verzeichnen: Der Frauenanteil lag 1994 bei 36,4 Prozent im Osten, im Westen dagegen bei 32,9 Prozent.

Der Druck des Arbeitsmarktes wirkt weiter bis zum unteren Ende der Arbeitsmöglichkeiten in den Werkstätten für Behinderte (WfB). Ende 1993 waren ca. 151000 behinderte Menschen in 590 anerkannten WfB beschäftigt, wobei davon ausgegangen wird, daß in den nächsten Jahren ein Bedarf von etwa 50000 Plätzen hinzukommt. Jeder neue Werkstatt-Platz kostet mindestens 80000 Mark. Über den Frauenanteil in den WfB gibt es keine offiziellen Zahlen. Schätzungen bewegen sich um 40 Prozent.

Allgemeiner Arbeitsmarkt

Wenn mobilitäts- oder sinnesbehinderte Menschen auf dem allgemeinen Arbeitsmarkt arbeiten, so wird ihnen häufig zunächst nicht viel zugetraut. Aus Unternehmen mit entsprechender Erfahrung wird jedoch oft berichtet, daß die behinderten Mitarbeiterinnen und Mitarbeiter besonders motiviert, leistungsstark und verhältnismäßig selten krank sind. Der Leistungswille behinderter Menschen führt nicht selten zu Selbstausbeutung; sie wollen beweisen, daß sie mindestens so gut sind wie ihre nichtbehinderten Kolleginnen und Kollegen.

Mit öffentlichen Mitteln, vor allem aus der Ausgleichsabgabe, wird behinderten Menschen der Weg ins Erwerbsleben geebnet: So werden behinderungsbedingte Arbeitsplatzanpassungen und auch Wohnungsumbauten recht großzügig finanziert, entweder von den Hauptfürsorgestellen, die Mittel der Ausgleichsabgabe verwalten, oder von den

Arbeitsämtern. Von verschiedenen Kostenträgern werden auch Zuschüsse zum Kauf eines Kraftfahrzeuges gewährt; die behinderungsbedingten Fahrzeugumrüstungen werden einkommensunabhängig übernommen. Das alles gilt für behinderte Menschen, die einen unbefristeten Arbeitsvertrag haben. Bei AB-Maßnahmen, die eigens auch für die benachteiligte Gruppe schwerbehinderter Arbeitnehmerinnen und Arbeitnehmer eingerichtet wurden, werden diese Leistungen nicht erbracht. So wurde einer blinden Frau in Berlin vor einigen Jahren eine ABM bewilligt. Da sie aber keinen entsprechenden Computer und keine Arbeitsassistenz bekam, war sie quasi arbeitsunfähig. Tatsache ist, daß die Zahl derjenigen, die einen unbefristeten Arbeitsvertrag haben, ständig sinkt. Viele, wenn nicht die meisten behinderten Menschen hangeln sich von einem befristeten Arbeitsverhältnis zum nächsten.

In den verschiedenen Bundesländern existieren Förderprogramme zur Einstellung behinderter Arbeitnehmerinnen und Arbeitnehmer, die durch Lohnkostenzuschüsse motivieren sollen, verstärkt behinderte Menschen einzustellen. Auch die Bundesanstalt für Arbeit und die Hauptfürsorgestellen gewähren Lohnkostenzuschüsse. Behinderte Menschen, deren Arbeitsplätze auf diese Weise weitgehend finanziert werden, empfinden das teilweise als diskriminierend: Sie leisten mindestens ebensoviel wie ihre nichtbehinderten Kolleginnen und Kollegen, ihr Arbeitgeber muß aber fast nichts dafür bezahlen. Oft bekommen sie das auch unterschwellig in ihrem Arbeitsumfeld zu spüren: Was nichts kostet, ist auch nichts wert.

Ausbildung

Die meisten behinderten Jugendlichen werden nach dem Abschluß einer Sonderschule vom Arbeitsamt beraten. Dafür gibt es bei den Arbeitsämtern spezielle Berufsberatungen für behinderte Menschen. Es werden medizinische und psychologische Tests durchgeführt, um festzustellen, wozu die oder der Einzelne neigt. Nicht immer beruht die Beratung auf Freiwilligkeit, obwohl im AFG (Arbeitsförderungsgesetz) § 27, Abs. 2 ausdrücklich vom Einverständnis der Betroffenen die Rede ist. Außerdem werden nicht immer die Wünsche der Betroffenen berücksichtigt. Beispielsweise wollte Yvonne D. aus Berlin nach dem Abschluß einer Sonderschule für Lernbehinderte einen handwerklichen Beruf ergreifen. Davon wurde ihr mit dem Argument abgeraten, solch ein Männerberuf sei nichts für eine Frau. Nur ihrer Hartnäckigkeit und der Unterstützung durch ihre Mutter ist es zu verdanken, daß sie dem einjährigen Versuch des Arbeitsamtes, ihr diesen Berufswunsch auszutreiben, standhielt.

Die Berufsausbildung selbst findet meist in einem der 49 bundesdeutschen Berufsbildungswerke (BBW) mit 15 000 Plätzen (Stand Januar 1994) statt. Die Ausbildungszeit beträgt je nach angestrebtem Berufsziel ein bis dreieinhalb Jahre. In den BBW werden außerdem Maßnahmen der Berufsfindung und Arbeitserprobung durchgeführt. In den BBW ist eine Internatsunterbringung möglich. Sozialdienst, Ärztlicher Dienst und Psychologischer Dienst sollen die Auszubildenden unterstützen.

Das angebotene Berufsspektrum in den Berufsbildungswerken umfaßt mit regionalen Abweichungen vor allem traditionelle «Männerberufe» aus dem technischen Bereich. Für die jungen Frauen sind mit regionalen Abweichungen meist Ausbildungen im Verwaltungs-/Bürobereich, in der Hauswirtschaft oder im textilverarbeitenden Gewerbe vorgesehen. Die Berufsaussichten sind in diesen Bereichen nicht gut. Während man mit teuren Investitionen in neueste Technik bemüht ist, hochqualifizierte Ausbildungen in den technischen Berufen anzubieten, herrscht bei den typischen «Frauenberufen» eine bemerkenswerte Phantasielosigkeit. Man beschreitet kaum neue Wege. Denkbar wären beispielsweise Berufe im Pflege- oder Kommunikationsbereich.

Trotz oft hochqualifizierter Ausbildungen sinkt auch die Vermittlungsquote von Absolventinnen und Absolventen der BBW: Während aus dem Jahrgang 1991 noch 78 Prozent einen Arbeitsplatz gefunden haben, waren es ein Jahr später nur noch 63 Prozent.

Umschulung

Wenn jemand den erlernten Beruf aufgrund einer Beeinträchtigung nicht mehr ausüben kann, dann sieht das bundesdeutsche Rehabilitationssystem eine Umschulung in einem der 28 bundesdeutschen Berufsförderungswerke (BFW) mit 14 500 Ausbildungsplätzen vor. Ähnlich wie in den Berufsbildungswerken gibt es Maßnahmen der Berufsfindung, Arbeitserprobung, Rehabilitationsvorbereitung und die Bildungsangebote an sich. Dabei müssen meist Berufe, die eigentlich eine dreijährige Ausbildungszeit haben, innerhalb von zwei Jahren erlernt werden. Wieder werden Sozialer Dienst, Ärztlicher Dienst und Psychologischer Dienst vorgehalten. Eine Internatsunterbringung gehört fast selbstverständlich dazu.

Das angebotene Berufsspektrum umfaßt wie in den Berufsbildungswerken hauptsächlich traditionelle «Männerberufe». Für Frauen bleibt meist der Verwaltungsbereich. In einer Studie gaben Frauen als Wunschberufe häufig Berufe aus dem Sozialbereich oder Gesundheitswesen an (BMA, 1988). Aber Arzthelferin, Logopädin, Ergotherapeutin, Augenoptikerin, Hörgeräteakustikerin, Medizinlaborantin kann man jeweils nur in einem der Berufsförderungswerke erlernen. In der Berufsberatung der Arbeitsämter werden die Umschülerinnen jedoch meist nur auf das Angebotsspektrum im nächstgelegenen BFW aufmerksam gemacht.

Ähnlich wie die BBW verschlingen die BFW ungeheure Summen. Eine zweijährige Ausbildung im BFW kostet rund 120000 Mark, die oft von den Arbeitsämtern oder sonstigen Kostenträgern finanziert werden. Außerdem orientieren sich diese Maßnahmen nicht unbedingt an den Interessen der Betroffenen, die als Erwachsene zwei Jahre lang Familie und soziales Umfeld verlassen müssen. Besonders hart trifft es Frauen mit Familienpflichten, die deshalb oft auf die Maßnahme verzichten. Obwohl wohnortnahe Rehabilitation nach Angaben der Bundesarbeitsgemeinschaft für Rehabilitation wesentlich kostengünstiger wäre, setzen die Träger der BFW alles daran, die institutionalisierte Umschulung auch für Frauen attraktiver zu machen. So ist es in vielen Berufsförderungswerken inzwischen möglich, Kinder mitzubringen, die tagsüber betreut werden. Das kommt sicherlich den Berufsförderungswerken zugute, die um ihre Klientel bangen, den Frauen und Kindern aber nicht unbedingt: Auch für die Kinder ist es nicht unproblematisch, zwei Jahre aus dem gewohnten sozialen Umfeld gerissen zu werden. Und die Frauen haben mit ihrer Beeinträchtigung, der verkürzten ganztägigen Ausbildung und den Kindern eine Dreifachbelastung zu bewältigen.

Die Chancen, nach Abschluß einer Bildungsmaßnahme in einem BFW einen Arbeitsplatz zu finden, sind immer noch gut, jedoch mit rückläufiger Tendenz: Von den Absolventinnen und Absolventen des Jahres 1992 fanden 72 Prozent innerhalb eines Jahres einen Arbeitsplatz. In den Jahren zuvor waren es jeweils noch über 80 Prozent gewesen.

Zusammenfassend läßt sich feststellen, daß die berufliche Rehabilitation in der Bundesrepublik sich primär auf ein institutionalisiertes, männerorientiertes System stützt. Die Kritik daran ist nicht neu. Dennoch wird viel Geld investiert, um in den neuen Bundesländern dasselbe System zu etablieren (8 BBW, 7 BFW) und die bestehenden Einrichtungen zu optimieren. Hingegen ist es sehr schwierig, Gelder für die menschenfreundlicheren, kostengünstigeren Modelle einer wohnortnahen Rehabilitation zu bekommen.

Werkstätten für Behinderte (WfB)

«In die Werkstatt gibt es einen Eingang, aber keinen Ausgang», sagen Fachleute aus dem Reha-Bereich. Obwohl die WfB laut Gesetz eine Übergangsform zur Integration auf dem allgemeinen Arbeitsmarkt darstellen soll, ist sie de facto für viele behinderte Menschen, insbesondere mit geistigen oder psychischen Beeinträchtigungen, die Endstation. Trotz einiger Bemühungen, behinderte Menschen aus den WfB auf den allgemeinen Arbeitsmarkt zu vermitteln, strömen wesentlich mehr Menschen in die WfB hinein, als sie verlassen. Allein zwischen 1980 und 1990 hat sich die Zahl der WfB-Plätze von 60000 auf 120000 verdoppelt. Die Bilanz eines an der Universität Frankfurt a. M. angesiedelten Projektes, das speziell zur Integration behinderter Mitarbeiterinnen und Mitarbeiter aus den WfB auf den allgemeinen Arbeitsmarkt eingerichtet wurde, bestätigt den Befund: Innerhalb von fünf Jahren gelangen in Hessen 194 Vermittlungen aus den WfB auf den allgemeinen Arbeitsmarkt. Gleichzeitig rechnete der Projektleiter Prof. Dr. Kurt Jacobs 1993 damit, daß sich die Zahl der behinderten Mitarbeiterinnen und Mitarbeiter in hessischen WfB in wenigen Jahren von 12000 auf 16000 erhöhen würde.

Meist sollen diejenigen auf den allgemeinen Arbeitsmarkt vermittelt werden, die am wenigsten beeinträchtigt sind. Das sind aber in den WfB-Abteilungen die Leistungsträgerinnen und -träger, weshalb die jeweiligen Gruppenleiterinnen und -leiter sie nur ungern gehen lassen. Und manchmal wollen sie auch selbst die WfB nicht verlassen: Ihr sozialer Status innerhalb der WfB-Gruppe ist hoch. Auf dem allgemeinen Arbeitsmarkt fürchten sie, in der sozialen Hierarchie das Schlußlicht zu bilden, was ohne weitere Unterstützung oft der Fall ist.

Der Hauptkritikpunkt der behinderten Mitarbeiterinnen und Mitarbeiter ist der geringe Verdienst. In der Regel verdienen die behinderten

Menschen nicht mehr als wenige hundert Mark im Monat, bei einem durchschnittlichen Stundenlohn von 1,50 Mark. Außerdem gelten für sie nicht die üblichen Arbeitnehmerrechte. So werden keine Beiträge zur Arbeitslosenversicherung abgeführt, die übliche Arbeitnehmervertretung ist nicht vorgesehen, und wie mit schwangeren Mitarbeiterinnen hinsichtlich des Mutterschutzes umgegangen wird, bleibt dem Ermessen des jeweiligen WfB-Trägers überlassen. Dachorganisationen bemühen sich zwar um einheitliche Regelungen, bislang sind sie jedoch noch nicht realisiert. Bei einer Novellierung des BSHG (Bundessozialhilfegesetz) sollten solche Mißstände geändert und ein Grundlohn gesichert werden, hieß es jahrelang aus Regierungskreisen. Momentan werden diese Vorhaben allerdings wieder in Frage gestellt. (Vgl. dazu den Beitrag von Ulrich Hellmann in diesem Buch.)

Ein weiteres Unding sehen viele Betroffene und ihre Angehörigen darin, daß behinderte WfB-Mitarbeiterinnen und Mitarbeiter, die Vermögen haben, quasi ihren Arbeitsplatz selber finanzieren müssen. Der Vermögensschonbetrag ist zwar zum 1. September 1994 von 4500 Mark auf 49 500 Mark angehoben worden, die Bundesregierung ist aber nicht bereit, auf einen Vermögenseinsatz generell zu verzichten.

Es geht auch anders

1. Unterstützte Beschäftigung

Unterstützte Beschäftigung kommt in erster Linie geistig behinderten und auch psychisch behinderten Menschen zugute und basiert auf dem Normalisierungsprinzip. Demnach sollte es auch Menschen mit schweren Beeinträchtigungen möglich sein, mit individuell abgestimmter Unterstützung in Form von Arbeitsassistenz auf dem allgemeinen Arbeitsmarkt tätig zu sein. Unterstützte Beschäftigung umfaßt die berufliche Vorbereitung, die Arbeitsplatzbeschaffung, die Vermittlung, die Ausbildung am Arbeitsplatz und die langfristige Stabilisierung des Arbeitsverhältnisses.

Der Begriff «Unterstützte Beschäftigung» ist die Übersetzung des amerikanischen «supported employment». In den USA haben mit diesem Programm in den vergangenen zehn Jahren über 90 000 behinderte Menschen einen Arbeitsplatz auf dem allgemeinen Arbeitsmarkt gefunden.

Bislang ist die Finanzierung unterstützter Beschäftigung in der Bundesrepublik meist ein akrobatischer Akt, da es noch keine durchgängige Regelfinanzierung gibt. Zur Zeit existieren 85 Integrationsfachdienste (November 1995), die die unterstützte Beschäftigung behinderter Menschen fördern. Für 1996 ist die Gründung mindestens 26 weiterer ambulanter Integrationsfachdienste geplant. Behinderte Menschen, die mit Arbeitsassistenz nach den Kriterien der Unterstützten Beschäftigung auf dem allgemeinen Arbeitsmarkt arbeiten, werden tariflich entlohnt und verdienen durchschnittlich 13,50 Mark pro Stunde (im Gegensatz zu 1,50 Mark Stundenlohn in der WfB).

Behinderte Frauen, die nach diesem Modell arbeiten, verdienen meist weniger als behinderte Männer. Das ist ein Erfahrungswert, der bisher nicht statistisch zu belegen ist. Zu erklären ist dieser Umstand damit, daß behinderte Frauen mit Arbeitsassistenz meist in traditionellen «Frauenberufen» arbeiten, also im Hauswirtschafts- oder Gaststättenbereich. Diese Tätigkeiten sind schlechter bezahlt als typische «Männerberufe» auf demselben Qualifikationsniveau. Dazu ein führendes Mitglied der Bundesarbeitsgemeinschaft Unterstützte Beschäftigung: «Es wäre quasi eine doppelte Emanzipation, wenn die Frauen nicht nur die WfB hinter sich lassen, sondern auch noch in ‹Männer›domänen eindringen. Das trauen sich die meisten nicht zu.»

2. Selbsthilfefirmen

Seit mehr als 15 Jahren werden Selbsthilfefirmen, auch Integrationsbetriebe genannt, aufgebaut, um für psychisch behinderte Menschen, neuerdings auch für andere Gruppen von behinderten Menschen, Dauerarbeitsplätze außerhalb von WfB zu schaffen. Selbsthilfefirmen sind in der Regel kleine Unternehmen, in denen behinderte und nichtbehinderte Menschen unter den normalen Bedingungen des Arbeitsmarktes zusammenarbeiten. Es gibt zur Zeit 134 Selbsthilfefirmen (1995).

Bislang ist es nicht gelungen, eine einheitliche Förderung der Selbsthilfefirmen zu erreichen. Derzeit werden von den Selbsthilfefirmen 19 verschiedene Fördermöglichkeiten in Anspruch genommen. Nach dem Schwerbehindertengesetz sind Zuschüsse zu Investitionen der Arbeitsplatzausstattung, Lohnkostenzuschüsse und Erstattung außergewöhnlicher Belastungen wie des Betreuungsaufwandes vorgesehen. Von Hauptfürsorgestellen (die sich aus Mitteln der Ausgleichsabgabe finanzieren) und Arbeitsämtern werden diese Förderungen jedoch recht unterschiedlich gehandhabt.

Zusammenfassung und Forderungen

Erwerbsarbeit ist ein wesentlicher Teil unseres Lebens und für das Selbstwertgefühl der Menschen von großer Bedeutung. Die bislang praktizierten Formen der institutionalisierten Rehabilitation stoßen bei den Betroffenen zunehmend auf Widerstand. Sowohl wohnortnahe Modelle der beruflichen Ausbildung und Umschulung als auch die Alternativen zur WfB sind menschenfreundlicher und darüber hinaus mindestens kostenneutral zu realisieren. Während die staatlichen Institutionen bisher wenig bereit sind, grundsätzlich umzudenken, geht die von Betroffenen oft gescholtene «Aktion Sorgenkind» jetzt schon neue Wege: Sie hat die WfB-Förderung erheblich eingeschränkt. Vorrangig werden innovative Arbeitsprojekte bezuschußt.

Das Grundgesetz verbietet die Benachteiligung aufgrund von Behinderung. Der Geist des Grundgesetzes verbietet somit die Ausgrenzung behinderter Menschen und gebietet vielmehr die gleichberechtigte Teilhabe in allen gesellschaftlichen Bereichen, also auch in der Erwerbsarbeit. Um dieses Anliegen des Grundgesetzes wirksam werden zu lassen, müssen durch einzelgesetzliche Bestimmungen einklagbare Normen geschaffen werden. Dazu exemplarisch zehn Forderungen:

1. Im Sinne des selbstbestimmten Lebens müssen behinderte Menschen ein Wahlrecht zwischen verschiedenen akzeptablen Alternativen haben;

2. Berufsberatung vorrangig durch behinderte Beraterinnen und Berater, Qualifizierung der Berufsberater unter besonderer Berücksichtigung frauenspezifischer Aspekte;

3. Erhöhung der Ausgleichsabgabe auf einen durchschnittlichen Monatsverdienst;

4. Die Hälfte der Pflichtplätze ist mit behinderten Frauen zu besetzen; die Hälfte der Ausgleichsabgabe ist für behinderte Frauen zu investieren;

5. Gewährung begleitender Hilfen im Arbeits- und Berufsleben auch bei befristeten Stellen;

6. Vorrang für wohnortnahe Rehabilitation, die auch als Teilzeitmaßnahme mit Kinderbetreuung, Haushaltshilfe und eventuell einer Kraftfahrzeugfinanzierung anzubieten ist;

7. Unabhängig von voriger Erwerbstätigkeit ist ein Mindestübergangsgeld zu zahlen;

8. Recht auf Arbeitsassistenz;

9. Regelfinanzierung für Unterstützte Beschäftigung und Selbsthilfefirmen, dieser Arbeitsmarkt ist dauerhaft genauso zu subventionieren wie z. B. die Landwirtschaft oder Schwerindustrie;

10. Statistische Erhebungen sind geschlechtsdifferenziert vorzunehmen. Von der Bundesanstalt für Arbeit sind auch für behinderte Menschen geschlechtsdifferenzierte Arbeitslosenquoten zu errechnen und zu veröffentlichen.

Literatur

Antwort der Bundesregierung auf die Große Anfrage von SPD-Abgeordneten: Arbeitswelt und Behindertenpolitik. Deutscher Bundestag, Drucksache 13/2441, 1995.

Bundesanstalt für Arbeit: Berufliche Rehabilitation. Statistik über berufliche Rehabilitation – St 37. Berichtsjahr 1994. Nürnberg, 1995.

Bundesminister für Arbeit und Sozialordnung: Forschungsbericht: Frauen in der beruflichen Rehabilitation. Bonn, 1988.

Deutscher Bundestag: Dritter Bericht der Bundesregierung über die Lage der Behinderten und die Entwicklung der Rehabilitation. Drucksache 12/7148, 1994.

Doose, S. und D. Mank: Die Zukunft von unterstützter Beschäftigung. In: Trost, R. (Hrsg.): Unterstützte Beschäftigung. Bundesverband für Körper- und Mehrfachbehinderte, Düsseldorf, (erscheint 1996).

Horizon-Arbeitsgruppe: Unterstützte Beschäftigung. Institut für Sozialforschung und Betriebspädagogik, Berlin, 1995.

Kies, S.: Die Veränderung der Lebenssituation von Frauen mit Beeinträchtigungen im Ostteil Berlins seit der Wiedervereinigung Deutschlands. Technische Universität, Berlin, 1995.

Statistisches Bundesamt: Mikrozensus 1992. Wiesbaden, 1994.

Uwe Frevert

«Der Pflegebedürftige ist bei der Essensauswahl zu beraten»

Pflegeversicherung: Fortschritt der Entmündigung

Frau B., 1947 geboren, ist nach einer Kinderlähmung «rund um die Uhr» in allen Bereichen des täglichen Lebens auf personelle Hilfen (Pflege) angewiesen. Auch ihre Atemmuskulatur ist betroffen. Deshalb ist sie chronisch unterbeatmet und benutzt zeitweise ein Beatmungsgerät. Weil sie nicht genug personelle Hilfe (Pflege) hatte, mußte ihr eine Niere entfernt werden: Sie hatte nicht in ausreichendem Umfang trinken bzw. die Toilette benutzen können. So kam es zu Nierensteinbildungen und zum Versagen einer Niere.

Die Assistenz wurde innerhalb der Wohnung bis zur Trennung im Jahr 1989 von ihrem Ehemann geleistet, außerhalb der Wohnung von Zivildienstleistenden. Im Mai 1990 stellte Frau B. beim örtlichen Sozialhilfeträger (Kreis Schwalm-Eder) einen Antrag auf «Hilfe zur Pflege» nach dem Bundessozialhilfegesetz (BSHG). Der Hilfebedarf «rund um die Uhr» wurde durch Gutachten der Gesundheitsbehörde und des medizinischen Dienstes der Krankenkassen bestätigt. Im September 1990 präzisierte Frau B. ihren Antrag und teilte dem Sozialhilfeträger mit, daß sie ihre persönliche Assistenz von derzeit sechs Stunden täglich in Höhe von monatlich 2232 Mark mit Hilfe ihrer Rente und Rücklagen finanziere. Dabei fungiere sie als Arbeitgeberin ihrer persönlichen Assistenten (Pflegekräfte) und sorge eigenständig für die Dienstplangestaltung und das Abführen der Sozialversicherungsbeiträge und der Lohnsteuer. Sie betonte, daß sie die selbstorganisierte Hilfe nicht länger finanzieren könne.

Ende Oktober 1990 erhielt sie einen Bewilligungsbescheid von der zuständigen Behörde über ein pauschales Pflegegeld nach dem BSHG in Höhe von 856 Mark. Nach drei Widerspruchsschreiben wurden ab Januar 1991 1500 Mark für «besondere Pflegekräfte» (eine sogenannte Sachleistung) gewährt, gleichzeitig wurde das pauschale Pflegegeld um 50 Prozent gekürzt. Dies bedeutete, daß nach dem Willen der Sozialhilfebehörde die personelle Hilfe (Sachleistung) mit 8,20 Mark je Einsatzstunde vergütet und die restlichen 18 Stunden Hilfebedarf des

Tages mit einer Pauschale von 428 Mark gesichert werden sollten! Die Leistungen der Krankenkasse wegen Schwerstpflegebedürftigkeit (nach § 57 SGB V) wurden zudem mit denen der Sozialbehörde verrechnet. Im Februar 1991 präzisierte Frau B. daher nochmals ihren Antrag vom September 1990 und begehrte nun Assistenzleistungen (personelle Hilfe) über 20 Stunden täglich.

Im September 1992 wurde darüber vor dem Verwaltungsgericht verhandelt. Der Sozialhilfeträger konnte einen gerichtlichen Vergleich erreichen. Ergebnis: Es wurden täglich nur zehn Stunden «Betreuung durch einen ambulanten Hilfsdienst» mit Zivildienstleistenden anerkannt, und 25 Prozent der monatlichen Kosten des ambulanten Hilfsdienstes seien von Frau B. als Eigenanteil zu finanzieren. Die verbleibenden zehn Stunden Hilfebedarf pro Tag sollten mit dem (um 50 Prozent gekürzten) pauschalen Pflegegeld von 428 Mark finanziert werden.

Dazu muß man wissen, daß Frau B. bereits im September 1990 deutlich gemacht hatte, daß sie nicht über ehrenamtliche Pflegepersonen verfüge, die sie mit Hilfe des pauschalen Pflegegeldes in ausreichendem Maße motivieren könnte. Aber es blieb ihr keine Wahl. Sie sah sich gezwungen, den Vergleich einzugehen. Denn die Alternative wäre gewesen, ohne Hilfe auskommen zu müssen, was in Hinblick auf ihre erhebliche Behinderung nicht möglich war. Jedoch war Frau B. jetzt auf einen teuren ambulanten Hilfsdienst verwiesen, ein eindeutiger Nachteil, weil sie in der Vergangenheit, wegen der eigenständigen Organisation ihrer personellen Hilfe, ein erheblich höheres Maß an Selbständigkeit hatte.

Frau B. hatte auch keinen Einfluß auf die Preisentwicklung des ambulanten Hilfsdienstes, was auf Dauer zu höheren finanziellen Belastungen führte. Wenn man die Leistungen der Krankenkasse wegen Schwerstpflegebedürftigkeit als Eigenleistung von Frau B. betrachtet, kann man zusammenfassend sagen, daß von den beantragten 20 Stunden Hilfe pro Tag nicht einmal sieben vom Sozialhilfeträger finanziert wurden.

Frau B.kam im Herbst 1992 zu mir in die Beratungsstelle, um für sich wieder die Anstellung von persönlichen Assistenten (Pflegekräften) im Privathaushalt zu organisieren. Außerdem wollte sie nicht länger in Bereichen der Körperpflege und Hygiene junge Männer (Zivildienstleistende!) haben. Inzwischen hatte sich Frau B. wegen der laufenden Kosten ihrer Assistenz in Höhe von ca. 17000 Mark verschuldet. Wegen der mangelnden personellen Hilfen hatten sich weitere medizinische Probleme eingestellt, und Frau B. zeigte deutliche Spuren psychischer Belastung. Frau B. war auch körperlicher Gewaltanwendung von seiten eines Zivildienstleistenden ausgeliefert, Prellungen und Zerrungen waren die Folge. Dieser gewalttätige Zivildienstleistende hatte gemeint, daß man «mit Frau B. nur richtig umgehen müßte».

Die Situation von Frau B. konnte über unsere Beratung soweit verbessert werden, daß sie sich von der Hilfe des ambulanten Dienstes mit Zivildienstleistenden befreien konnte. In Hinblick auf ihren täglichen Hilfebedarf wurde jedoch kein ausreichendes Ergebnis erreicht. Wir gehen davon aus, daß Frau B. in gewisser Weise erschöpft ist und nicht länger mit den zuständigen Behörden streiten kann.

Die Situation pflegeabhängiger Menschen

Das Beispiel zeigt, daß und wie Sozialhilfeträger notwendige Hilfen verringern können und welche Folgen dies hat. Erschwerend war für Frau B., daß weder die Anwälte noch der Richter über die Regelungen «Hilfe zur Pflege» im Rahmen des Bundessozialhilfegesetzes dezidiert Bescheid wußten, was nach unserer Erfahrung allzu häufig der Fall ist. So konnte der Sozialhilfeträger den beschriebenen Vergleich erwirken, obwohl eigentlich über einen Antrag auf «Hilfe zur Pflege» über 20 Stunden täglich zu entscheiden gewesen wäre. Das selbstgewählte Hilfeprinzip der behinderten Arbeitgeberin, das am umfassendsten ihre Eigenständigkeit und ihr Selbstbestimmungsrecht gewährleistet hatte, wurde durch ein Modell größerer Abhängigkeit und Fremdbestimmung ersetzt.

Dies ist kein Einzelfall, und ich habe bewußt ein Beispiel ausgesucht, bei dem die Probleme der neuen Pflegeversicherung zunächst keine Rolle gespielt haben. Es ging mir darum aufzuzeigen, daß behinderte Menschen, die auf personelle Hilfen / Pflege) angewiesen sind, allzuoft einen fürchterlichen Kampf führen müssen.

Auf personelle Hilfe angewiesene Menschen werden im Rahmen solcher Verwaltungsvorgänge oft selbst «entpersonalisiert», zu nichtmenschlichen Wesen gemacht. Ihre besondere Lebenssituation wird zum «Fall», sie werden von vielen als Träger des Merkmals «pflegebedürftig» oder «hilflos» gesehen, das sie vom Menschsein der Nichtbehinderten angeblich trennt. Ihr Leben wird zu einer verfügbaren Sache, die gleichberechtigte Teilnahme am täglichen Leben wird ihnen als «Behinderten» abgesprochen. Und so darf auch das noch als «Hilfe» gelten, was längst schon Unrecht ist.

Im Rahmen des neuen Pflegeversicherungs-Gesetzes (PflegeVG)[1] wird dies besonders deutlich. Gerade Geist und Buchstaben dieses neuen Gesetzes fassen pflegebedürftige Menschen als passive, zu versorgende, ohne Eigeninitiative lebende Objekte auf, die der Fürsorge ihrer Pfleger und Pflegerinnen ausgeliefert sind.

Mit der Pflegeversicherung wurde ein ganzes Netz von Ausführungs- und Umsetzungsbestimmungen geschaffen: von den Pflegebedürftigkeitsrichtlinien über die Rahmenverträge und Qualitätssicherungsmaßstäbe bis zu Versorgungsverträgen und Vergütungsvereinbarungen – ein unüberschaubares Regelwerk, das behinderte Menschen zum Objekt der Fürsorge von Pflegekassen, Medizinischem Dienst, Pflegeeinrichtung und Sozial- bzw. Gesundheitsbürokratie degradiert.

Nur bei den Pflegebedürftigkeitsrichtlinien «sind Bundesverbände der Behinderten zu beteiligen», und bei den Qualitätssicherungsmaßstäben sind die Vertragspartner «zu enger Zusammenarbeit mit Verbänden der Behinderten verpflichtet». Eine Beteiligung von Organisationen älterer Menschen ist überhaupt nicht vorgesehen. Im übrigen wird das gesamte Geschäft im Rahmen des Pflegeversicherungsgesetzes durch die Kostenträger (Pflegekassen) auf der einen und die Leistungsanbieter (ambulante Dienste) auf der anderen Seite gestaltet. Eine Beteiligung der Betroffenen findet praktisch nicht statt.

Während Politiker bisher verkündeten, «allen werde es besser gehen bei Einführung der Pflegeversicherung», müssen heute die meisten behinderten Menschen in der täglichen Realität darum kämpfen, daß wenigstens der vorher erreichte Stand erhalten bleibt.

Das Stichwort «Pflegeversicherung» wurde für viele behinderte Menschen zum Synonym für ein alt bekanntes Gefühl der Bedrohung ihrer Selbstbestimmung. Entgegen allen amtlichen Beteuerungen kann die Interessenvertretung «Selbstbestimmt Leben» in Deutschland – ISL e.V. angesichts ihrer Erfahrung mit Sicherheit bestätigen, daß diese Bedrohung zur Realität geworden ist. Das Pflegeversicherungsgesetz schreibt eine Reduzierung menschlichen Daseins fest: nämlich auf das einer rein «passiv definierten, bürokratisch erfaßten und fiskalisch geknebelten Pflegebedürftigkeit».[2]

Denn mit Einführung des Gesetzes, das in 112 Paragraphen regelt, wer unter welchen Voraussetzungen welche Hilfe bekommen kann, soll vor allem ein Modell ambulanter Sachleistungserbringung abgeschafft werden, das an sich das größte Maß an Selbstbestimmung gewährleistet, über einen ausgesprochen hohen Qualitätsstandard verfügt und zudem in der Regel auch preiswerter ist als die Inanspruchnahme ambulanter Hilfsdienste (Institutionen): Es ist eben jenes Modell, das auch Frau B. aus dem Eingangsbeispiel wählte.

Dabei werden von den behinderten Personen selbständig Personalanwerbung, Personalanleitung, Personalführung und Personalverwaltung mittels angemeldeter Betriebe ausgeübt, um alle Einsatzbereiche (Grundpflege, Haushalt, Freizeit, Ausbildung und Beruf) auf die persönlichen Bedürfnisse abgestimmt zu organisieren. Die personelle Hilfe (Pflege) kann dabei ortsunabhängig gesichert werden, also auch in kleinen Städten, in denen kein Ambulanter Hilfsdienst existiert, auf Reisen oder am Arbeitsplatz. Bei dieser Lösung, auch «Arbeitgebermodell» genannt, übernimmt die behinderte Person praktisch den gesamten Verwaltungsaufwand selbst, der sonst bei Hilfsdiensten durch Mitarbeiter erledigt werden muß, die auch über den Pflegesatz finanziert werden.

Es versteht sich eigentlich von selbst, daß dieses Hilfeprinzip eine Gewähr für die größtmögliche Qualitätssicherung im Sinne der behinderten Person ist, welche kaum ein anderes Modell in dieser leistungsfähigen und wirtschaftlichen Form bieten kann. Für Pflegeeinsätze über Ambulante Dienste oder Sozialstationen werden für die Erbringung dieser «Sachleistung» monatlich bis zu 2800 Mark, in Härtefällen bis zu 3750 Mark gewährt, jedoch bei Anstellung einer Pflegekraft im Privathaushalt («Pflegegeld für selbst beschaffte Pflegehilfen») maximal nur 1300 Mark.

Die bei den zuständigen Arbeitsämtern angemeldeten «Betriebe im Privathaushalt» der behinderten Arbeitgeberinnen und Arbeitgeber zur Beschäftigung von persönlichen Assistenten (Pflegekräften) werden aber von den Pflegekassen nahezu ausnahmslos nicht als Anbieter der «höheren Sachleistung» anerkannt. Und dies, obwohl es unter den derzeitigen gesetzlichen Bestimmungen[3] durchaus möglich ist, diese Beschäftigungsverhältnisse im Privathaushalt auch im Rahmen der Sachleistung des PflegeVG zu sichern.

Ursache hierfür sind Positionspapiere[4] und Rundschreiben des Bundesministerium für Arbeit und Sozialordnung (BMA), wonach die selbstbeschafften Pflegehilfen grundsätzlich aus dem geringeren Pflegegeld zu finanzieren sind. Diese zusätzlichen Papiere haben keinerlei

Gesetzesrang, werden aber in auffälliger Weise von den Pflegekassen, Medizinischen Diensten, Pflegeeinrichtungen sowie der Sozial- bzw. Gesundheitsbürokratie in einer Art opportunistischer Obrigkeitshörigkeit wie ein Gesetz gegen das Selbstbestimmungsrecht der behinderten Personen verwendet.

Eine gezielte Ausrichtung auf das Pflegegeld nach SGB XI, wie sie das BMA wünscht, würde zur Kürzung entsprechender Anteile für die «Hilfe zur Pflege» nach dem BSHG führen. Denn das Pflegegeld aus der Pflegeversicherung kann nur dann gewählt werden, wenn dadurch «keine zusätzlichen Sozialhilfeaufwendungen im Bereich der Hilfe zur Pflege erforderlich» werden.[5]

Die behinderten Arbeitgeberinnen und Arbeitgeber müssen zudem zunächst die vorrangigen Sachleistungen des Pflege VG ausschöpfen, ehe sie ergänzende Mittel zur Finanzierung der besonderen Pflegekräfte vom Sozialhilfeträger (nach § 69 b Abs. 2) erstattet bekommen können. Da die Sozialhilfeträger jedoch nicht bereit sein werden[6], Differenzbeträge zwischen Pflegegeld und Sachleistung (von 350, 1000, 1500 bzw. bis zu 2450 Mark) zu übernehmen, ist eine unfreiwillige Anbindung an ambulante Dienste (Institutionen) die Folge. Es wird mit dem Pflegeversicherungsgesetz also wirtschaftlicher Anreiz für Institutionen geschaffen, den es bisher nicht gab.

Einerseits werden behinderte Menschen also de facto durch das Pflegeversicherungsgesetz auf die höheren Sachleistungen ambulanter Hilfsdienste festgelegt, andererseits fehlen dem Gesetz aber bestimmte Komponenten, so daß von einer Selbstbestimmung behinderter Menschen nicht gesprochen werden kann. Konkret haben die behinderten Versicherten kein Recht darüber zu bestimmen, wer, was, wann für sie leistet, denn nach Paragraph 71 SGB XI muß die Hilfe «unter ständiger Verantwortung einer ausgebildeten Pflegefachkraft» erfolgen. Somit werden die behinderten Leistungsempfänger zu Objekten der Hilfsdienste und nicht die Subjekte, die darüber entscheiden können, wer, was, wann für sie leisten soll. Den behinderten Arbeitgeberinnen und Arbeitgebern wird von den Pflegekassen selbst dann die eigenständige Erbringung der Sachleistung verweigert, wenn sie selbst eine langjährige Berufserfahrung als Pflegefachkraft vorweisen können.

Die höheren Sachleistungen nach dem Pflege VG dürfen nur von Pflegediensten (oder geeigneten Einzelpersonen) erbracht werden, die mit den Pflegekassen Versorgungsverträge abgeschlossen haben. Welche Personen von diesen ambulanten Diensten eingesetzt werden, bestimmen die ambulanten Hilfsdienste und nicht die behinderten Hilfeempfänger selbst. Es drängt sich der Eindruck auf, als ginge es schlicht darum, das Selbstbestimmungsrecht behinderter Menschen exemplarisch auszuschließen, ihnen in ganz persönlichen Lebensbereichen ein fremdbestimmtes Leben auf Dauer aufzuzwingen.

In den Bundesempfehlungen für die Rahmenverträge über die Leistungen der ambulanten Pflegeeinrichtungen ist folgendes nachzulesen: «Im Rahmen der Planung von Mahlzeiten und der Hilfe bei der Nahrungsaufnahme ist eine ausgewogene Ernährung anzustreben... Der Pflegebedürftige ist bei der Essens- und Getränkeauswahl... zu beraten.» Wer personelle Hilfe beim Essen und Trinken benötigt, muß sich also grundsätzlich rechtfertigen können, wenn er oder sie etwas Bestimmtes essen möchte.

Oder: «Das An- und Auskleiden umfaßt auch die Auswahl der Kleidung gemeinsam mit dem Pflegebedürftigen.» Auch hier ist eine Alleinentscheidung der behinderten Person nicht vorgesehen. Und weiter: «Beim Aufstehen und Zubettgehen sind Schlafgewohnheiten, Ruhebedürfnisse und evtl. Störungen angemessen zu berücksichtigen.» Auch dies bedeutet, daß der Zeitpunkt des Aufstehens und Zubettgehens vom ambulanten Dienst bestimmt wird, von den jeweiligen organisatorischen Zwängen zur Einhaltung von Dienstplänen. Die Bedürfnisse der Leistungsempfänger sind nur zu «berücksichtigen».

Damit wird einer Politik der Fremdbestimmung über die Persönlichkeitsrechte der behinderten Menschen der Weg geebnet, die in der Praxis bedenken- und rücksichtslos umgesetzt werden dürfte. Teuer ist sie außerdem: Die Vergütung der Leistungsanbieter wird allein zwischen dem ambulanten Dienst und der Pflegekasse geregelt: ohne Beteiligung der behinderten Leistungsempfänger. Dies bedeutet in der Praxis, daß der Versicherte keinerlei Möglichkeit hat, zum Beispiel eine mangelhafte Leistung eines ambulanten Dienstes durch Kürzung der Vergütung zu sanktionieren.

Wie steht es nun um die vom Gesetzgeber so offenkundig bevorzugten ambulanten Dienste? – Hier werden sich weitere Probleme ergeben: durch mangelhafte Beschäftigungsvoraussetzungen bei allzu vielen, von den Kassen anerkannten ambulanten Diensten, was zu auffällig hoher Fluktuation von Pflegekräften und somit zu Qualitätseinbußen führt. Viele Hilfsdienste erfahren schon seit Jahren eine Duldung von den Krankenkassen, wenn sie unter Hinweis auf sogenannte Honorarempfänger («Betreuer»/Pflegekräfte) Steuerabzugsbeträge und auch Sozialversicherungsbeiträge einbehalten und nicht abführen. Deutlicher ausgedrückt: Obwohl Honorartätigkeiten im Bereich der Pflege unzulässig sind, haben ambulante Dienste nur selten mit Problemen zu rechnen, wenn sie Personal illegal beschäftigen.

Im Rahmen der Pflegeversicherung wird die personelle Hilfe rein medizinisch definiert. Ein so hoher Qualitätsstandard wie das Arbeitgebermodell, das alle Einsatzbereiche (Grundpflege, Haushalt, Freizeit, Ausbildung und Beruf) umfassen kann, wird mit dem Standard des Pflege VG, der sich der Beeinflussung und Beurteilung des Versicherten entzieht, bei weitem nicht erreicht. Die Gründe dafür, von dem Juristen Andreas Jürgens erläutert:

«Die Mißachtung jeder Individualität setzt sich fort in der Art und Weise, wie die Pflegesachleistungen erbracht werden. Dem Gesetz ist nicht zu entnehmen, in welchem Umfange, mit welchem konkreten Inhalt und von wem die Hilfe erbracht wird. Es ist allein festgelegt, daß sie im Monat nicht mehr als einen je nach Pflegestufe festgelegten Betrag kosten darf. Für den Gesetzgeber steht im Vordergrund nicht der Bedarf des Pflegebedürftigen, nicht die Erbringung bestimmter Hilfen, nicht die Sicherung konkreter Pflegestandards, sondern allein die hierdurch verursachten Kosten und deren Begrenzung. Innerhalb dieses vorgegebenen Finanzrahmens bleibt es Angelegenheit der Pflegekassen und der Leistungserbringer, durch die Vergütungsvereinbarungen zu bestimmen, welche Hilfen ein Pflegebedürftiger konkret für die im Gesetz festgelegten Beträge erwarten kann. Nach den inzwischen in den meisten Ländern abgeschlossenen Vereinbarungen wird auch bei der Leistungserbringung durch die ambulanten Dienste auf jede Individualität verzichtet.

Es wird vielmehr so verfahren, wie es bei den Leistungen der gesetzlichen Krankenversicherung schon immer war, nämlich nach sogenannten Leistungseinheiten. Die Dienste werden nicht etwa nach dem tatsächlichen Zeitaufwand für die Pflege bezahlt, sie erhalten vielmehr für bestimmte Leistungen eine vorgegebene Zeitvergütung nach sogenannten Leistungskomplexen. Ich wähle hier beispielhaft die Vereinbarung in Hessen, weil ich diese gut kenne. In den meisten anderen Bundesländern gibt es aber vergleichbare Regelungen. Danach werden sogenannte Leistungskomplexe gebildet, denen bestimmte Punktwerte zugeordnet werden, wobei 10 Punkte einem Zeitaufwand von einer Minute entsprechen. Diese Punktwerte werden dann mit dem auf Landesebene vereinbarten Stundensatz von 51 DM für die Grundpflege und 28 DM für hauswirtschaftliche Hilfen multipliziert.

Zum Beispiel: Die Leistungseinheit 3 (Kleine Pflege) beinhaltet Hilfe beim Aufsuchen oder Verlassen des Bettes, An- und Auskleiden, Teilwaschen, Mund- und Zahnpflege sowie Kämmen. Hierfür ist ein Punktwert von 300, also eine halbe Stunde festgesetzt. Der Pflegedienst erhält also für diese Leistung 25,50 Mark. Dieser Wert gilt in jedem Falle, unabhängig davon, in welcher Zeit die Leistungen tatsächlich erbracht wurden. Oder Leistungseinheit 6 (Hilfe bei Ausscheidungen) beinhaltet Inkontinenzversorgung, zur Toilette bringen, Transfer vom und zum Nachtstuhl, Versorgung von Ausscheidungen und Intimpflege. Hierfür ist festgesetzt ein Punktwert von 150, also eine viertel Stunde, entsprechend 12,75 Mark.»[7]

Ein weiteres Beispiel: der Leistungskomplex (II). in Hessen (Hilfestellung beim Verlassen und Wiederaufsuchen der Wohnung) beinhaltet Hilfen beim An- und Auskleiden sowie im Zusammenhang mit dem Verlassen und Wiederaufsuchen der Wohnung und hat einen Punktwert von 100, also zehn Minuten – zu einem Gegenwert von 8,50 Mark!

Grundsätzlich ist die Tendenz wahrnehmbar, daß das Leben der auf personelle Hilfe angewiesenen Menschen auf die Wohnung bzw. den eigenen Haushalt und seiner Angehörigen reduziert werden soll. Der Anspruch auf Eigenständigkeit erschöpft sich darin, daß jeder in seinen vier Wänden bleiben soll. «Dies wirft ein bezeichnendes Licht auf das in der Pflegeversicherung dokumentierte Menschenbild ihrer Macher.»[8]

Die Minutenpflege, die von der Interessenvertretung «Selbstbestimmt Leben» in Deutschland – ISL e. V. immer als menschenverachtend bekämpft wurde, wird heute von den Verantwortlichen zum Prinzip erhoben.

Geistig behinderte oder altersverwirrte Menschen haben deshalb künftig nur noch geringe Chancen, im Rahmen dieser Art von Pflege gefördert zu werden. So ist es ambulanten Diensten kaum möglich, geistig behinderte Menschen zum eigenständigen Aus- bzw. Anziehen anzuleiten, da es schlicht schneller geht, wenn Pflegekräfte die behinderten Leistungsempfänger aus- bzw. anziehen.

Die hier praktizierte Reduzierung von behinderten Menschen offenbart eine erschreckend technokratische und unmenschliche Sichtweise, die viele Versicherte Schlimmes erleben läßt. Was immer durch eine bessere sozialrechtliche Absicherung der Pflegebedürftigkeit vermieden werden sollte, nämlich die Herabstufung von Menschen zum «Pflegefall», wird durch die Pflegeversicherung geradezu perfektioniert. Nicht die individuellen Bedürfnisse des einzelnen, sondern seine Fremdbestimmung sind Leitmotiv aller Vorschriften und ihrer Umsetzung.

Wieder wird der Mensch definiert durch seine medizinischen Defekte, zurückgeworfen auf seine Hilflosigkeit in einem willkürlich definierten Teilbereich seines Daseins. Vor dem Hintergrund der heute wieder zunehmenden Euthanasie-Diskussion, auch im Hinblick auf Bestrebungen, im Rahmen der Sozialhilfereform die systematische Ausgliederung einer kleinen Anzahl sehr schwer behinderter Menschen in Anstalten zu legalisieren[9], verstehen wir das Pflegeversicherungsgesetz als Wegbereiter einer grausamen Politik, da es eben im PflegeVG eine Reduzierung menschlichen Daseins, nämlich auf eine rein passiv definierte Pflegebedürftigkeit gibt, die einen menschenunwürdigen Umgang mit behinderten Menschen erlaubt.

So wie lange Zeit allen Beteiligten vom Bundesministerium für Arbeit und Sozialordnung vorgegaukelt werden konnte, daß mit den Änderungsanträgen zum Pflegeversicherungsgesetz das «Arbeitgebermodell gesichert werden soll», so sollen die behinderten Arbeitgeberinnen und Arbeitgeber damit eigentlich in eine hinterhältige Kostenfalle gelockt werden. Das Begehren der verantwortlichen Regierung wird deutlich, wenn man neben dem Ausschluß des Arbeitgebermodells aus der Pflegeversicherung einen gleichzeitig vorgelegten Antrag[10] im Rahmen der Sozialhilfereform und dessen Begründung berücksichtigt: Angestrebt wird, daß durch eine Änderung des § 3 a BSHG die Durchschnittspflegesätze einer Anstalt (beschönigend: «Heim») mit den realen Kosten im ambulanten Bereich der behinderten Menschen verglichen werden können. Für die oft sehr schwer behinderten Arbeitgeberinnen und Arbeitgeber hätte ein solcher Vergleich zwangsläufig eine Anstaltszwangseinweisung oder die ambulante Unterversorgung zur Folge. Besonders ungerecht wird dieser Vergleich, wenn berücksichtigt wird, daß die Gesamtkosten für einen Anstaltsplatz in der Regel zusätzlich subventioniert werden, da laufende Kosten, Renovierungen oder der Bau separat mit öffentlichen Mitteln gefördert wurden.

Mindest-Forderungen

1. Die behinderten Arbeitgeberinnen und Arbeitgeber wollen weiterhin die personellen Hilfen eigenständig vertraglich regeln. Sie fordern die gleiche Palette an Wahl- und Kontrollmöglichkeiten bezüglich der eigenen Lebensführung, wie sie nichtbehinderte Menschen genießen. Somit müssen die behinderten Arbeitgeberinnen und Arbeit-

geber als Anbieter von Pflegesachleistung für ihren persönlichen Bedarf anerkannt werden, um ihre Eigenständigkeit und ihr Selbstbestimmungsrecht nicht einzuschränken.

2. Die Einführung von sogenannten Leistungskomplexen (Minutenpflege) in Bereichen der persönlichen Assistenz ist zu unterlassen, da die Individualität menschlichen Daseins nicht auf bestimmte Bereiche beschränkt werden darf.

3. Alle Kostenträger müssen verpflichtet werden, daß erforderliche Hilfen soweit wie möglich außerhalb von Heimen oder gleichartigen Einrichtungen gewährt werden.

4. Es muß sichergestellt werden, daß ausschließlich abhängige Beschäftigungsverhältnisse im Bereich der Pflegesachleistung zugelassen werden, um den erreichten hohen Qualitätsstandard von Assistenzleistungen nicht zu verschlechtern.

5. Die ausschließliche Zulassung einer medizinisch ausgebildeten Pflegefachkraft, eines Heilerziehers oder Heilerziehungspflegers als Leiterin oder Leiter ist abzuschaffen, da dies, im Umgang mit behinderten und alten Menschen, eine Reduzierung menschlichen Daseins bedeutet. Vielmehr ist behinderten Menschen selbst die uneingeschränkte Kontrolle der Hilfsdienste, die ihre Person und/oder ihren Körper betreffen, zu garantieren. Nur dies gibt ihnen die Möglichkeit, für sich selbst die optimale Hilfe und Förderung zu erhalten.

6. Die Einstellung personeller Hilfen (Pflegesachleistung des PflegeVG) bei Auslandsaufenthalten von mehr als 6 Wochen wie zum Beispiel bei Urlaubsreisen und Dienstreisen ist aufzuheben.

Anmerkungen

1 11. Sozialgesetzbuch: SGB XI

2 Dr. Andreas Jürgens, Referat auf dem Münchner Behindertentag am 13. Nov. 1995

3 Vgl. Stellungnahme des niedersächsischen Sozialministeriums vom 19.07.1995 von Ministerialrat Helmut Möller

4 So vom 17.11.94 zum Zusammentreffen von Leistungen der Eingliederungshilfe für Behinderte mit Leistungen der Pflegeversicherung

5 Positionspapier der «BAG der überörtlichen Träger der Sozialhilfe» vom 19.10.94

6 Weil Leistungen nach dem Bundessozialhilfegesetz grundsätzlich erst dann bezogen werden können, wenn alle anderen möglichen Leistungsträger ausgeschöpft worden sind. Und auch die Neuregelung des § 69c Abs. 4 BSHG, welche im Vermittlungsausschuß zwischen Bundestag und Bundesrat am 22.05.96 beschlossen wurde, ändert daran nichts, denn das Pflegegeld der Pflegekasse «ist vorrangig auf die» realen Lohnkosten für Pflegekräfte «nach § 69b Abs. 1 BSHG anzurechnen».

7 Dr. jur. Andreas Jürgens, a. a. O.

8 Dr. jur. Andreas Jürgens. a. a. O.

9 Z. B. Novellierung zu § 3a BSHG in Gesundheits-Ausschußdrucksache 96/336

10 Gesundheits-Ausschußdrucksache – 336

Birgit Schopmans

Mit uns ist zu rechnen!

Initiativen gegen die doppelte Diskriminierung behinderter Frauen

Anja N., 30, wuchs als Älteste von drei Geschwistern in einer norddeutschen Kleinstadt auf. Von Kind an war sie es gewöhnt, auf dem Hof ihrer Eltern bei den vielfältigen Arbeiten in der Landwirtschaft mit anzupacken. Sie hatte gerade die sechste Klasse der Hauptschule absolviert, als sie mit 12 Jahren durch einen Autounfall erblindete. Nach monatelangen Krankenhausaufenthalten, vielen Selbstzweifeln und Momenten der Mutlosigkeit und des Nicht-wahrhaben-Wollens der Blindheit («Mein Sehen muß doch wiederkommen»; «Wieso mußte es denn ausgerechnet mich treffen?») begann sie mit Hilfe ihrer Eltern, ihr Leben wieder in die Hand zu nehmen.

Sie besuchte dann ein Jahr nach der Erblindung einen Rehabilitationslehrgang zum Erlernen von Blindentechniken. Dabei war für sie der Austausch mit anderen Blinden – zu erkennen, daß das Leben «trotzdem» Spaß macht – fast wichtiger als Blindenschrift oder Mobilitätstraining mit dem Blindenstock.

Nach diesem Rehabilitationskurs stellte sich die Frage, wie nun Anjas Zukunft aussehen sollte. Da Anja zu diesem Zeitpunkt sehr unentschlossen war, übernahmen die Eltern die Regie. Für ihre Eltern war vorher selbstverständlich gewesen, daß Anja heiraten und Kinder bekommen würde. Da dies ihrer Ansicht nach durch die Behinderung nicht mehr möglich sein würde, sollten Anja doch wenigstens im Beruf alle Chancen offenstehen. Deshalb wurde sie mit 14 in ein Aufbaugymnasium für Blinde und Sehbehinderte in Marburg eingeschult. Dies war ein zweiter Einschnitt in ihrem Leben. Es fiel ihr schwer, sich dort einzuleben und nur noch an manchen Wochenenden und in den Schulferien als «Besucherin» nach Hause zu kommen. Aber irgendwie schaffte sie es trotzdem!

Nach dem Abitur studierte sie Jura. Entgegen den Prognosen ihrer Eltern heiratete sie auch und bekam eine Tochter. Sie blieb ein Jahr zu Hause und begann anschließend, als Juristin zu arbeiten, während ihr Mann ein Jahr Erziehungsurlaub nahm. Danach wollen sie gemeinsam weitersehen, wie beide Kindererziehung und Beruf unter einen Hut bringen können. Inzwischen hat Anja es immer mehr geschafft, ihre Blindheit zu akzeptieren. Mit ihrem Leben ist sie zur Zeit sehr zufrieden.

Diese Kurzbiographie ist *nicht* repräsentativ für die Situation behinderter Frauen. Bewußt wurde dieses Beispiel gewählt, um nicht immer nur zu zeigen, was nicht geht. Wichtig ist, Mut zu machen, obwohl die Chancen für uns behinderte Frauen, sich in der Familie, zum Beispiel als Mutter, zu verwirklichen oder im beruflichen Bereich Karriere zu machen, nicht sehr gut sind. Wenn überhaupt, gibt es bei Frauen mit Behinderung wesentlich häufiger als bei nichtbehinderten Frauen nur das eine – entweder den Beruf oder die Mutterschaft. Von der Gesellschaft wird ihnen oft beides sehr erschwert.

In der Bundesrepublik leben ca. vier Millionen Frauen mit Behinderung. Sie alle sind einer doppelten Diskriminierung ausgesetzt, da wir als Frauen gegenüber Männern und als Behinderte gegenüber Nichtbehinderten benachteiligt werden. Die Verbindung von Behinderung und Frausein macht den Unterschied aus zu behinderten Männern und nichtbehinderten Frauen. Unsere Situation ist erst in letzter Zeit vor allem durch Initiativen behinderter Frauen stärker an die Öffentlichkeit gebracht worden. Da wir Frauen mit Behinderung jedoch noch nicht genügend als spezielle Gruppe wahrgenommen werden, stehen unsere Belange bisher zu wenig im Blickpunkt der Frauenpolitik und finden auch in der Behindertenpolitik und -arbeit nicht ausreichend Berücksichtigung.

Das abgesprochene Geschlecht

Die behinderte Frau als «geschlechtsloses Wesen»?! Behinderte Autorinnen des Buches «Geschlecht: Behindert – Besonderes Merkmal: Frau» sprechen davon, daß behinderte Frauen in erster Linie als Behinderte angesehen werden, die nebenbei weiblich sind.[1] Dieses Absprechen von Weiblichkeit wirkt sich auf verschiedene Bereiche unseres Lebens aus:

Eine behinderte Mädchenerziehung

Schon unsere Erziehung verläuft nicht durchgängig wie die nichtbehinderter Mädchen. Sexualität, Partnerschaften bzw. eigene Kinder sollen die behinderten Mädchen zum Beispiel nicht anstreben. Im Gegensatz zu nichtbehinderten Mädchen fördern die Eltern behinderter Mädchen in erster Linie deren schulische Leistungen und berufliche Perspektiven. «Unsere Erziehung zur Selbständigkeit diente nicht dem Aufbau einer Familie, sondern war mit dem Gedanken an unsere Zukunft verbunden; mit den Gedanken, daß wir unabhängig leben und keinem zur Last fallen sollen, wenn unsere Eltern nicht mehr für uns da sein sollten», schrieb Gisela Hermes 1984 dazu.[2]

Hinsichtlich unseres Aussehens werden wir allerdings sehr geschlechtstypisch erzogen. Es wird versucht, uns um jeden Preis und so weit wie möglich dem gängigen Schönheitsideal anzupassen. In dem bereits erwähnten Buch «Geschlecht: Behindert – Besonderes Merkmal: Frau» erinnern sich mehrere behinderte Frauen, die orthopädische Schienen trugen, übereinstimmend daran, «daß häufig eine Hose mit einem Rock oder einem Kleid darüber kombiniert wurde. Die Hosen sollten die ‹unförmigen› Beine mit den orthopädischen Schienen verbergen. Hübsche Kleider und niedliche Röcke ließen uns wie ‹richtige›, d. h. nichtbehinderte Mädchen aussehen. Zu einer Zeit, in der weder Hosenröcke noch Hosenkleider modern waren, muß diese eigenartige Kombination dennoch auffällig gewesen sein.»[3] Doch die Versuche, über Kleidung oder auch über Schminke bis hin zu kosmetischen Prothesen die Behinderung zu verbergen oder von ihr abzulenken, sind meist vergeblich und haben nur den schmerzlichen Effekt, daß behinderte Mädchen sich nicht als ‹richtige› Mädchen fühlen, weil sie die Anpassungsleistungen nicht erfüllen, die ihnen die nichtbehinderte Umwelt abverlangt.

Partnerschaft: «Mit mir als Behinderte könnte er ja rumschäkern, da würde seine Freundin nicht eifersüchtig...»

Als Neutrum behandelt zu werden bedeutet für eine behinderte Frau auch, für viele Männer nicht als potentielle Partnerin in Betracht zu kommen. Oft sind wir für Männer bestenfalls der «gute Kumpel» und scheinen mit nichtbehinderten Frauen nicht konkurrieren zu können.

So erzählt eine behinderte Studentin von einem nichtbehinderten Mann, der mit ihr flirtete: «Und dann sagt er einfach mal, als wir Arbeitsgruppe haben, mit mir als Behinderte könnte er ja rumschäkern, da würde seine Freundin nicht eifersüchtig werden, da hätte sie keine Angst, es könnte was passieren.» [4]

Da Frauen immer noch hauptsächlich nach ihrem Aussehen beurteilt werden, sind die Abweichungen vieler behinderter Frauen von den Schönheitsnormen ein entscheidender Grund, der sie für viele Männer als Partnerinnen unattraktiv erscheinen läßt. Da das Aussehen von Männern weniger wichtig ist – bei ihnen kommt es auf andere Werte an… – wird hier ein wesentlicher Unterschied in der Wertschätzung behinderter Männer und Frauen sichtbar.

Falls sich eine behinderte Frau eine Partnerschaft mit einem Mann wünscht, ist es also für sie schwieriger, diesen Wunsch zu realisieren, als für den behinderten Mann, der eine Partnerin sucht. Diese Tendenz wird deutlich, wenn man die Häufigkeiten von Eheschließungen – als einer Form von Partnerschaft – miteinander vergleicht: Laut einer Heiratsquote bei poliomyelitisch Gelähmten sind 75 Prozent der Männer, dagegen nur 45 Prozent der Frauen mit poliomyelitischen Lähmungen verheiratet. Zudem ist die Quote der Nichtverheirateten bei behinderten Frauen zwischen 30 und 50 Jahren nahezu doppelt so hoch wie bei den gleichaltrigen nichtbehinderten Geschlechtsgenossinnen.[5]

Facetten der (sexuellen) Gewalt

Die Frauenbewegung hat seit über zehn Jahren sexuelle Gewalt gegen Mädchen und Frauen aufgedeckt und öffentlich bekannt gemacht. Sexuelle Gewalt gegen behinderte Mädchen und Frauen fand dabei bisher kaum Beachtung – ein Tabu im Tabu. Dabei bedeutet für behinderte Frauen, als Neutrum angesehen zu werden, keinen Schutz vor sexueller Gewalt. Wegen unserer scheinbaren Wehrlosigkeit werden wir hier noch schneller zum Opfer.

Mädchen und Frauen mit Behinderung erleben tagtäglich Grenzüberschreitungen und Eingriffe in die Privatsphäre. Sexuelle Übergriffe sind dann «nur» noch eine Grenzüberschreitung mehr. So finden sexuelle Übergriffe nicht selten in Einrichtungen, durch meistens männliche Pflegekräfte, statt. Auch aus diesem Grund fordern behinderte Frauen, zwischen männlichen und weiblichen Assistenz-/Pflegepersonen wählen zu können. Auch Grenzüberschreitungen bzw. sexuelle Übergriffe durch Ärzte und Orthopäden, zum Beispiel beim Anpassen von Beinprothesen, sind keine Seltenheit.

Über die Gefahr sexueller Gewalt hinaus, der jedes Mädchen und jede Frau ausgesetzt ist, sind dies zusätzliche Bedrohungen, die sich aus den Lebensumständen vieler behinderter Mädchen und Frauen ergeben. Auch ist die Chance einer Aufdeckung bei ihnen nicht sehr groß: Wenn sich etwa eine Frau aufgrund einer Behinderung nicht oder nur eingeschränkt verbal mitteilen kann, ist es sehr schwierig für sie, Erfahrungen mit sexueller Gewalt auszudrücken. Dadurch ist das Risiko für den Täter sehr gering.

Auch fühlen sich Täter bei uns behinderten Frauen sehr sicher, weil sie von uns keinen Widerstand erwarten. Und nach der Tat... Hat eine behinderte Frau die Möglichkeit und den Mut, Anzeige zu erstatten, erlebt sie noch häufiger als nichtbehinderte Frauen, daß ihr nicht geglaubt wird. Denn allgemein wird angenommen, daß «so eine» doch sowieso keiner anrührt.

Und trotzdem sind wir keine «wehrlosen Opfer». Es gibt viele Möglichkeiten, sich auch als Frau mit Behinderung gegen sexuelle Angriffe zur Wehr zu setzen bzw. Grenzüberschreitungen entgegenzuwirken. Selbstbehauptungs- und Selbstverteidigungskurse für behinderte Mädchen und Frauen sind dabei für viele sehr nützlich. Dort lernen wir neben Selbstverteidigungstechniken, an unsere eigene Kraft und Stärke zu glauben, eine wesentliche Voraussetzung für jede Gegenwehr!

Abtreibung, Sterilisation... Nur keine Kinder

Vielen erscheint Behinderung und Mutterschaft undenkbar, zum Beispiel dem Arzt, der erstaunt feststellt: «Ja tatsächlich, das ist eine Schwangerschaft.» Oder einem Passanten, der fragt: «Ist das Ihr Kind... das glaube ich nicht!» Eine behinderte Mutter erzählt über ihre Schwangerschaft: «Leute, die mich nicht kannten, dachten, dieser dicke Bauch gehöre zu meiner Behinderung.» [6] Nicht selten wird uns sogar das Recht auf eigene Kinder abgesprochen. Bei einer möglicherweise vererbbaren Behinderung verstärkt sich für die behinderte Frau der gesellschaftliche Druck, keine Kinder zu bekommen.

Von nichtbehinderten Frauen wird erwartet, daß sie Kinder bekommen. Auch soll mit Hilfe von Maßnahmen der Bundesregierung wie der

«Stiftung Mutter und Kind» oder dem Erziehungsgeld Mutterschaft wieder attraktiver gemacht werden. An uns werden solche Erwartungen in der Regel nicht gerichtet; eher wird davon ausgegangen, daß wir keine Kinder bekommen. Entsprechend wird uns im Gegensatz zu nichtbehinderten Frauen bei einer Schwangerschaft oft von Verwandten, Bekannten, Ärztinnen, Ärzten und Beratungsstellen zu einer Abtreibung geraten. Ähnlich wird auch in bezug auf eine Sterilisation behinderter Frauen verfahren. Durch die Möglichkeiten der Gen- und Reproduktionstechnologie wird diese Tendenz verstärkt, da der «perfekte Mensch» geschaffen werden soll.

Behinderte und nichtbehinderte Frauen werden so in ihrer Entscheidungsfreiheit eingeschränkt, indem die einen Kinder bekommen sollen und die anderen nicht.

Das Wagnis: Mutter mit Behinderung

Trotz vieler Vorurteile finden einige von uns den Mut, Mutter zu werden. Dabei ist es für viele sehr anstrengend, sich als Mutter ständig beweisen zu müssen. Sie erleben oft, daß ihnen Kompetenzen der Kinderpflege und -erziehung grundsätzlich abgesprochen werden. Einer blinden Mutter etwa wurde von einem «wohlmeinenden» Passanten auf der Straße vorgeschlagen, ihr Kind in ein Heim zu geben, da sie sich wegen ihrer Behinderung nicht darum kümmern könnte.[7] Leider keine seltene Auffassung. Deshalb fühlen sich viele Mütter mit Behinderung nicht in erster Linie durch die Behinderung, sondern durch diese gesellschaftliche Geringschätzung eingeschränkt.

Für Einschränkungen aufgrund der Behinderung gibt es oft eine Lösung: So kann das Kind einer blinden Mutter mit anderen Bezugspersonen Bilder malen, oder Hausaufgabenhilfen wären durch Eltern in der Nachbarschaft abzudecken. Für körperbehinderte Frauen sind oft technische Lösungen sehr nützlich, für Rollstuhlfahrerinnen etwa der unterfahrbare Wickeltisch. Eine Mutter im Rollstuhl muß für ihr Kind einen Kindergarten bzw. eine Schule finden, die rollstuhlzugänglich ist, damit sie das Kind dort abholen und auch bei Elternaktivitäten mitmachen kann.[8] Für geistig behinderte Mütter wurden inzwischen einige wenige Wohnprojekte geschaffen, in denen sie mit ihren Kindern leben können und die notwendige Unterstützung bekommen.[9] Statt ihnen das Recht auf eigene Kinder abzusprechen – selbst in progressiven

Kreisen gängige Meinung –, müßten weitere Unterstützungsmöglichkeiten für Mütter mit einer geistigen Behinderung entwickelt werden.

Je nach Bedarf reichen die Möglichkeiten der Entlastung behinderter Mütter von Hilfsmitteln über die Unterstützung durch Freunde/ Verwandte bis hin zur bezahlten Assistenz. Nicht zuletzt ist gerade für behinderte Frauen die Forderung nach stärkerer Einbeziehung der Väter – noch besser, nach gleichberechtigter Aufgabenverteilung – besonders wichtig. Denn Muttersein mit Behinderung bedeutet noch mehr Kraft, Zeit und Organisationstalent aufzuwenden, als «dieser Allroundjob» ohnehin schon erfordert.

Auf dem Arbeitsmarkt: «Es ist ein Wunder, daß es berufstätige behinderte Frauen überhaupt gibt!»

Im Vergleich zu nichtbehinderten Frauen und behinderten Männern haben wir Frauen mit Behinderung auf dem Arbeitsmarkt besonders schlechte Karten. So sind nur ca. 16 Prozent der behinderten Frauen und etwa 28 Prozent der behinderten Männer erwerbstätig (gegenüber 34 Prozent der nichtbehinderten Frauen und 57,5 Prozent der nichtbehinderten Männer).[10]

Die berufliche Benachteiligung behinderter Mädchen und Frauen beginnt bereits im Bereich der Berufsausbildung und Umschulung, die behinderte Menschen vorwiegend in Berufsbildungs- und Berufsförderungswerken absolvieren.

Bei solchen berufsfördernden Rehabilitationsmaßnahmen lag 1988 im früheren Bundesgebiet der Frauenanteil bei 29,3 Prozent.[11] In den Werkstätten für Behinderte, die im Gegensatz zu den genannten Rehaeinrichtungen Behinderte nicht für den freien Arbeitsmarkt ausbilden und die unterste Stufe der beruflichen Rehabilitation bedeuten, liegt der Frauenanteil mit 40 Prozent vergleichsweise höher.[12] Der geringe Frauenanteil in Berufsbildungs- und Berufsförderungswerken hängt unter anderem damit zusammen, daß diese Maßnahmen wohnortfern mit internatsmäßiger Unterbringung stattfinden und zumeist nicht mit Familie bzw. Kindern zu vereinbaren sind. Kinderbetreuung während der Reha, oder Halbtags-Umschulung, wohnortnahe Maßnahmen – alles das gibt es bestenfalls in Ansätzen. Resümee einer behinderten Frau zur beruflichen Situation: «Es ist ein Wunder, daß es berufstätige behinderte Frauen überhaupt gibt! Aber wir tun etwas dafür, daß wir mehr werden und es leichter für uns wird.»

Trotzdem keine aussichtslose Lage: Behinderte-Frauen-Bewegung

Inzwischen sehen immer mehr von uns Frausein mit Behinderung auch als Chance, eigene Werte und Utopien für unser Leben zu entwickeln, da wir uns nicht länger um jeden Preis den herrschenden Schönheits- und Leistungsnormen anpassen wollen. Für unsere Identitätsfindung als Frau mit Behinderung und zur Stärkung unseres Selbstbewußtseins ist für viele von uns der Austausch mit anderen behinderten Frauen sehr wichtig geworden. Anfang der 80er Jahre gründeten sich aus diesem Grund in mehreren Städten erstmals Krüppelfrauengruppen, womit der Beginn einer «Behinderte-Frauen-Bewegung» auszumachen ist. Das erste bundesweite Krüppelfrauentreffen fand dann 1982 in Marburg statt. Dort bildeten sich zwei Interessensrichtungen heraus: Die einen wollten in erster Linie Selbsterfahrung, für die anderen stand der politische Kampf gegen ihre Benachteiligung in allen Lebensbereichen im Vordergrund.

Die Spannbreite unserer Initiativen reicht inzwischen von örtlichen Selbsthilfegruppen bis hin zu internationalen Zusammenschlüssen. Interessant ist, daß sich gerade auf Landesebene in letzter Zeit sehr viel getan hat. Behinderte Frauen gründeten bisher in fünf Bundesländern – in Hessen, Nordrhein-Westfalen, Niedersachsen, Berlin und Hamburg – Netzwerke, die wichtige Instrumente der Interessenvertretung geworden sind. Im Bundesgebiet einzigartig ist bisher das Hessische Koordinationsbüro für behinderte Frauen, ein seit 1993 existierendes Modellprojekt mit einer hauptamtlichen «Beauftragten für behinderte Frauen» zur Informationsverbreitung und zur Interessenvertretung. Im Gegensatz zu diesen Entwicklungen auf Landesebene gibt es bisher noch kein Instrument der Interessenvertretung behinderter Frauen auf Bundesebene, obwohl immer mehr von uns dies einfordern.

Projekte bzw. Unterstützungsangebote behinderter Frauen entstanden erstmals vor rund acht Jahren. Im Sinne der Beratung von Frauen für Frauen oder von Behinderten für Behinderte entstanden auch professionelle Angebote von behinderten Frauen für behinderte Frauen.

Neben einer Beratung in diesem Sinne bieten behinderte Frauen dort Gesprächs- oder Selbstbehauptungsgruppen, Selbstverteidigungskurse für behinderte Frauen, Informationsveranstaltungen etc. an.

Es gibt vielfältige Aktivitäten von und für Frauen mit Behinderung in Deutschland. Die Selbsthilfearbeit erfordert jedoch ein hohes Maß an Energie und Kreativität, sie wurde und wird auch durch viel ehrenamtliche Arbeit ermöglicht. Um unseren mehrfachen Benachteiligungen effektiv entgegenwirken zu können, ist es sehr wichtig, daß bestehende und zukünftige (Selbsthilfe-)Aktivitäten auch durch langfristige und ausreichende finanzielle Absicherung gestützt werden. Zur Verbesserung unserer Lebensbedingungen ist weiterhin die Mitarbeit vieler engagierter (behinderter) Frauen, sind Ideen und ausreichende Finanzierung notwendig. Um eine flächendeckende Vernetzung und ausreichend Unterstützungsangebote zur Förderung einer selbstbestimmten Lebensführung in Deutschland zu erreichen, brauchen wir Frauen mit Behinderung noch einen langen Atem. Doch mit uns ist zu rechnen!

Die bisher 15 Jahre Bewegung behinderter Frauen konnten schon vieles in Gang setzen. Einerseits sind Frauen mit Behinderung dabei, sich im persönlichen Bereich nicht länger zu Opfern machen zu lassen, anderseits treten wir mit politischer Arbeit für Veränderungen ein, zum Beispiel indem in letzter Zeit auch frauenspezifische Forderungen an Gleichstellungsgesetze für Behinderte gerichtet wurden. Dazu gab es bisher drei Bundestagungen behinderter Frauen, aus deren Forderungskatalog die folgenden Forderungen entnommen wurden, die exemplarisch Möglichkeiten politischer Veränderungen aufzeigen.

Politische Forderungen

- Der Grundsatz einer speziellen Frauenförderung ist in der Ausgleichsabgabeverordnung zu verankern, und die Hälfte der Gelder aus der Ausgleichsabgabe ist vorrangig für Frauen (Arbeitsassistenz, Qualifizierungsgänge, Umstiegshilfen, besondere Projekte) zu verwenden.

- Teilnahmehemmnisse für Frauen sind in allen Bereichen der beruflichen Rehabilitation zu beseitigen: durch die Schaffung wohnortnaher, dezentraler Angebote (das heißt gemeindenah in bestehende

Betriebe oder Institutionen integrierte Maßnahmen), durch Teilzeitmaßnahmen, Sicherung der Kinderbetreuung, Finanzierung einer Haushaltshilfe. Auch ist unabhängig von vorheriger Erwerbstätigkeit (zum Beispiel nach Kindererziehungszeiten) bei beruflichen Rehabilitationsmaßnahmen schwerbehinderter Frauen ein Mindestübergangsgeld zu zahlen.

- Da viele behinderte Frauen Teilzeitarbeit leisten und in geringfügigen Beschäftigungsverhältnissen stehen, sind diese Arbeitsformen durch Sozialabgaben abzusichern und als förderungswürdig anzuerkennen.

- Wohnungsanpassungen, Ausstattung häuslicher Arbeitsplätze, Erholung, Kuren, Kinderbetreuung, ein Kraftfahrzeug und die notwendigen Hilfsmittel sind unabhängig von der Erwerbstätigkeit zu finanzieren; dies ist besonders für behinderte Frauen mit Kindern erforderlich.

- Die kommerzielle Pränataldiagnostik und Humangenetik muß drastisch eingeschränkt und die Finanzierung der humangenetischen Forschung gestoppt werden. Statt dessen sind Beratungsstellen zu schaffen, die von humangenetisch-medizinischen Expertinnen und Experten unabhängig sind. Diese sollen über ein Leben mit Behinderung informieren und betroffene Menschen (Eltern, Verwandte, Freunde, Ärztinnen und Ärzte etc.) unterstützen.

- Präventions-, Aus- und Fortbildungsprogramme zum Thema ‹Sexuelle Gewalt› sind für Kinder und Erwachsene mit Behinderung, für deren Eltern, für Mitarbeiterinnen und Mitarbeiter im medizinischen und pädagogischen Bereich und in der Behindertenarbeit unter maßgeblicher Mitarbeit behinderter Expertinnen zu erstellen.

- Ein Rechtsanspruch auf weibliche Assistenz muß für behinderte Frauen geschaffen werden. Zudem ist das Recht auf persönliche Assistenz, die der spezifischen Lebenssituation behinderter Frauen gerecht wird (zum Beispiel Assistenz für behinderte Mütter) zu garantieren.

- Spezielle Angebote zur Unterstützung behinderter Frauen – wie Beratung von behinderten Frauen durch behinderte Frauen, Frauennetzwerke und hauptamtliche Koordinationsstellen zur Interessenvertretung von Frauen mit Behinderungen – müssen staatlich finanziert werden.

- Die Belange behinderter Frauen müssen in allen Bereichen der Behinderten- und Frauenpolitik angemessene Berücksichtigung finden.

- In allen relevanten (politischen) Beratungs- und Entscheidungsprozessen sind behinderte Frauen als Expertinnen in eigener Sache einzubeziehen.

- Behinderte Frauen müssen mindestens entsprechend ihrem Bevölkerungsanteil (ca. fünf Prozent) in allen Studien, Berichten und Statistiken vorkommen.

- Die Bundesregierung muß dafür Sorge tragen, daß behinderten Frauen eine gleichberechtigte Teilhabe in allen gesellschaftlichen Bereichen ermöglicht wird.[13]

Anmerkungen

1 Vgl. Ewinkel, Hermes u. a. 1985, S. 7 ff.
2 Hermes 1984, S. 52.
3 a. a. O., S. 52.
4 a. a. O., S. 66.
5 Vgl. Barzen u. a. 1988, S. 39.
6 Ewinkel, Hermes u. a. 1985, S. 24 f.
7 Paul 1990, S. 84.
8 Vgl. Steinhoff 1994.
9 s. «Geistig behindert… und Liebe? Hilfen statt Zwang».
10 s. Mikrozensus 1992, Statistisches Bundesamt 1994.
11 Bundeszentrale für politische Bildung 1992.
12 Schildmann 1983, S. 94.
13 bifos-Frauentagungen im November 1993 und im April 1994 in St. Andreasberg (dokumentiert in: Hermes, Gisela 1994) und im Oktober 1995 in Lindlar.

Literatur

Geistig behindert... und Liebe? Hilfen statt Zwang, in: die randschau Nr. 4, 1988 und Nr. 5/6 1989.

Barwig, Gerlinde u. Christiane Busch (Hg.): «Unbeschreiblich weiblich!?» Frauen unterwegs zu einem selbstbewußten Leben mit Behinderung, München: AG SPAK 1993.

Barzen, K. u. a.: Behinderte Frauen in unserer Gesellschaft, Bonn: Reha-Verlag 1988.

Bundesministerium für Familie, Senioren, Frauen und Jugend (Hg.): Mit uns ist zu rechen – doch wir brauchen noch einen langen Atem! Selbsthilfeinitiativen, Projekte und Angebote von/für Frauen mit Behinderung, erstellt von Birgit Schopmans und Andrea Scherer, Bonn 1995 (zu beziehen über den Herausgeber, Rochusstr. 8–10, 53123 Bonn).

Bundeszentrale für politische Bildung: Datenreport, Bonn 1992 (Band 309 der Schriftenreihe).

Ewinkel, Carola, Gisela Hermes u. a.: Geschlecht: Behindert – Besonderes Merkmal: Frau. Ein Buch von behinderten Frauen, München: AG SPAK 1985.

Hermes, Gisela: Sozialisation körperbehinderter Mädchen (unveröffentlichte Diplomarbeit, Marburg 1984).

Hermes, Gisela (Hg.): Mit Recht verschieden sein. Forderungen behinderter Frauen an Gleichstellungsgesetze, Kassel: bifos 1994 (Schriftenreihe zum selbstbestimmten Leben Behinderter Band 2, Bezugsadresse: bifos, Jordanstr. 5, 34117 Kassel).

Paul, Anette: Mutter sein unter dem Aspekt der Blindheit, in: horus 3/90, S. 83–88.

Schildmann, Ulrike: Lebensbedingungen behinderter Frauen: Aspekte ihrer gesellschaftlichen Unterdrückung, Gießen: Focus-Verlag 1983.

Schopmans, Birgit: Selbstverteidigungskurse für behinderte Frauen – am Beispiel von Angeboten für blinde und sehbehinderte Frauen, in: die randschau, Heft 5 1993, S. 31.

Statistisches Bundesamt: Mikrozensus 1992, Wiesbaden: Statistisches Bundesamt 1994.

Steinhoff, Jutta: Auch behinderte Frauen möchten Kinder – ein Kampf gegen das Tabu, Wetzlarer Neue Zeitung, 21.07.1994 (auch in: Pirmasenser Zeitung, 25.07.1994).

Andrea Schatz

Wenn Verträge nichts mehr gelten

Der «Aufschwung Ost» und die Ausgrenzung behinderter Menschen aus der Erwerbsarbeit

Frau H. ist alleinerziehend und lebt zusammen mit ihrer 17jährigen Tochter. Anita versteht sich gut mit ihrer Mutter, aber ihr größter Wunsch ist eine eigene Wohnung. Auch Anitas beste Freundin Grit möchte recht bald zu Hause ausziehen. Beide sind geistig behindert und schmieden Pläne für eine künftige Wohngemeinschaft. Frau H. unterstützt ihren Wunsch nach Selbständigkeit. Aber schon bald wird Frau H. bewußt, daß ihre Tochter in Zukunft weniger Chancen als Grit haben wird, finanziell unabhängig zu sein, obwohl beide fast gleichaltrig sind. Ja, aber nur fast, denn Anita ist einen Monat jünger, und darin liegt das Problem: Grit wird im Dezember 1996 18 Jahre alt, Anita erst im Januar 1997. In der DDR hätten beide – auch ohne vorherige Berufstätigkeit – Anspruch auf eine Invalidenrente gehabt, weil ihre Erwerbsfähigkeit mindestens zu zwei Dritteln gemindert ist. Vom 1.1.1992 bis 31.12.1996 gilt das «Übergangsrecht für Renten nach den Vorschriften des Beitrittsgebiets». Das bedeutet, Grit erhält noch eine Invalidenrente, allerdings nur dem Namen nach. Diese Rente besteht nämlich nicht aus einem Rentenbetrag (der wird nur bei nachgewiesenen Pflichtbeitragszeiten oder 20 Jahren Wartefrist gezahlt), sondern aus dem sogenannten Auffüllbetrag. Dieser ist nicht dynamisierbar, aber immerhin wird er Grit über den 31.12.1996 hinaus weiter gezahlt. Sie ist damit finanziell nicht abhängig von ihrer Mutter bzw. der Sozialhilfe und nicht zwangsläufig festgelegt auf die Werkstatt für Behinderte. Ganz anders Anita. Sie kann ebenso wie Grit keine Pflichtbeitragszeiten nachweisen, hat aber das «Pech», nach dem 31.12.1996 volljährig zu werden. Und damit gilt für sie das Recht der Bundesrepublik: Sie ist praktisch gezwungen, 20 Jahre lang in einer WfB zu arbeiten, um die allgemeine Wartezeit zu erfüllen und damit Rentenansprüche zu erwerben. Ihre Mutter könnte theoretisch auch freiwillige Beiträge in die Gesetzliche Rentenversicherung einzahlen; praktisch ist das aber finanziell für Frau H. nicht möglich. Anita bleibt damit immer von der Sozialhilfe abhängig. Sie muß ihren Anspruch begründen und vor fremden Verwaltungsangestellten Einkommens- und Familienverhältnisse offenbaren, und die Familienangehörigen von Anita sind für ihre Existenzsicherung unterhaltspflichtig.

Das ist nur ein Aspekt der neuen Diskriminierung Behinderter in den neuen Bundesländern. Um die Auswirkungen der Übernahme westdeutschen Rechts auf das Leben von ehemaligen DDR-Bürgerinnen und -Bürgern mit Beeinträchtigungen zu verdeutlichen, ist ein Exkurs in das Rehabilitationssystem der DDR nötig.

Rehabilitation wurde als gesellschaftliche Aufgabe definiert, für deren Lösung in erster Linie der Staat verantwortlich zeichnete. Die wesentlichen Maßnahmeträger wie die Einrichtungen des Gesundheits-, Sozial- und Bildungswesens und die Betriebe waren staatlich, und die gesellschaftlichen Organisationen erhielten staatliche Mittel für ihre Arbeit. Freie Wohlfahrtsverbände wie in der Bundesrepublik gab es nicht. Die Betreuung von Menschen mit geistigen Beeinträchtigungen wurde bis in die 70er Jahre im wesentlichen von konfessionellen Einrichtungen wahrgenommen. Erst danach wurde deren Arbeit auch vom Staat anerkannt und innerhalb der *komplexen Rehabilitation* mit übernommen. Merkmal der komplexen Rehabilitation war deren einheitliche, zentralistische Organisation. Das bedeutete, alle medizinischen, pädagogisch/schulischen, beruflichen und sozialen Maßnahmen wurden so miteinander verbunden, daß sie sich ergänzten und in ihrer Wirkung potenzierten. In den Kreisen arbeiteten als ehrenamtliche Gremien die *Rehabilitationskommissionen*, in denen Angehörige des Gesundheitswesens, der Abteilungen Volks- und Berufsbildung, des Berufsberatungszentrums, des Amtes für Arbeit, der Sozialversicherung sowie behinderte Bürgerinnen und Bürger über gemeinsame Wege zur Rehabilitation von Menschen mit Beeinträchtigungen berieten. Unterstützt wurden sie von Anlauf-, Beratungs- und Koordinierungsstellen: den *Kreisrehabilitationszentren* – einem Zusammenschluß aller kommunalen Reha-Einrichtungen. Dazu zählten *geschützte Werkstätten, geschützte Wohnheime* und *Gruppenwohnungen*, die *Beratungsstellen für Rehabilitation* und *Fördereinrichtungen* für die als – wie der Begriff lautete – «schulbildungsunfähig» beurteilten Kinder und Jugendlichen. (Für schwer geistig beeinträchtigte Kinder bestand keine Schulpflicht. Sie konnten nur in Fördereinrichtungen betreut werden, was einer Aussonderung gleichkam und nicht dem sonst geltenden Konzept der Rehabilitation entsprach.) Diese interdisziplinäre Zusammenarbeit der Kommissionen und Zentren wurde nach der Wende selbst in Fachkreisen der alten Bundesländer so positiv bewertet, daß sie «...in modifizierter Form – für die gesamte Bundesrepublik Modellcharakter haben könnte.»[1]

Die Artikel 35 und 36 der Verfassung der DDR garantierten das Recht auf Schutz der Arbeitskraft und auf Fürsorge bei Alter und Invalidität. Jugendliche, die aufgrund ihrer Beeinträchtigung in der Berufswahl eingeschränkt waren, wurden in ihrer beruflichen Entwicklung besonders unterstützt. Sie hatten das Recht, sich zeitlich vor den anderen Schulabgängerinnen und -abgängern um eine Lehrstelle zu bewerben. Für Hörbehinderte gab es in Leipzig ein *Zentrum für Beratung und Lehrstellenvermittlung*. Die Berufsausbildung erfolgte in der Regel in einem Betrieb. Jugendliche mit schweren Beeinträchtigungen konnten ihre Ausbildung in einem *Rehabilitationszentrum für Berufsbildung* oder in einer *Abteilung für berufliche Rehabilitation einer orthopädischen Klinik* erhalten. Schülerinnen und Schüler mit Lernschwierigkeiten und Verhaltensauffälligkeiten wurden in einer Teilausbildung für einfache Tätigkeiten im Rahmen eines Lehrverhältnisses ausgebildet. Insgesamt wurden 60 Ausbildungsberufe für *Rehabilitanden* angeboten. Das Amt für Arbeit hatte bis zum Abschluß des Lehrvertrages zu klären, in welchem Betrieb die Jugendlichen nach ihrer Ausbildung tätig werden konnten. Lehrverträge wurden in der Regel dreiseitig abgeschlossen, zwischen dem Ausbildungsbetrieb bzw. Rehabilitationszentrum, dem/der Auszubildenden und der späteren Arbeitsstelle. Dort machten die Jugendlichen auch ihr Berufspraktikum. Erwerbstätigkeit von Menschen mit Beeinträchtigungen wurde in der DDR durch Subventionsmaßnahmen gefördert. Charakteristisch für die DDR war, daß 90 Prozent aller behinderten Frauen erwerbstätig waren! Die Betriebe waren verpflichtet, Arbeitsplätze zu schaffen, und die Räte der Kreise und Bezirke konnten den Betrieben und Einrichtungen Auflagen zur Schaffung geschützter Arbeitsplätze machen.[2]

Jugendliche, die weder in einem Betrieb noch einem Rehabilitationszentrum ausgebildet werden konnten, hatten die Möglichkeit, ihr durch die Verfassung garantiertes Recht auf Arbeit durch eine Tätigkeit in einer *geschützten Werkstatt* zu realisieren. Mit ihnen wurde ein Arbeitsvertrag abgeschlossen. Sie hatten Anspruch auf Stundenlohn entsprechend der Lohngruppe in Höhe ihres Leistungsvermögens, das heißt, die Entlohnung richtete sich nach dem Grad der Erfüllung der für sie zumutbaren Arbeitsaufgabe. War Stücklohn festgesetzt, wurde ein Arbeitsergebnis zugrunde gelegt, das sie tatsächlich erreichen konnten. Die in den geschützten Werkstätten Tätigen hatten damit Anspruch auf tarifgerechte Entlohnung, Lohnprämien und gesetzliche Urlaubsregelungen. Die Werkstätten waren klein, überschaubar und wohnortnah. Eine andere Maßnahme zur Wiedereingliederung in die Arbeit nach Krankheit oder Unfall war Schonarbeit.[3] Sie war für die Dauer von 24 Wochen bei Zahlung des Durchschnittslohns durch Einschränkung der Arbeitsaufgabe, Veränderungen am Arbeitsplatz oder Verkürzung der Arbeitszeit möglich. War die Beeinträchtigung schwerwiegend und konnte eine reguläre Arbeit nicht oder nicht mehr geleistet werden, erfolgte durch die Kreisrehabilitationskommission die Anerkennung als Rehabilitand, womit der Anspruch auf geschützte Arbeit verbunden war. In der DDR gab es 45 184 geschützte Arbeitsplätze. 31 449 (69 %) waren Einzelarbeitsplätze, 6254 (14 %) Plätze gab es in geschützten Betriebsabteilungen, und nur 7481 (17 %) befanden sich in geschützten Werkstätten (Stand 31. 12. 1989).[4] Zusätzlich gab es die Pflicht zur Förderung jugendlicher Schwerbehinderter und zum Angebot von Umschulungsmaßnahmen für Schwerbehinderte[5] sowie einen wirksamen Kündigungsschutz.[6]

Allerdings dürfen schwerwiegende Defizite nicht übersehen werden. Ein Arbeitspapier des Ministerrates der DDR von 1990 merkte kritisch an, daß die von Behinderten ausgeübten Tätigkeiten «oftmals nicht ihrem Leistungsvermögen und ihren Fähigkeiten» entsprachen. Die «schädigungsspezifische Gestaltung der Arbeitsplätze» sei «in überwiegendem Maße nicht gewährleistet» gewesen. Die Qualität der medizinischen und psychologisch-sozialen Betreuung und die materiell-technischen, baulichen und personellen Bedingungen in der Rehabilitation wurden als dringend verbesserungswürdig bezeichnet.[7]

Die soziale Sicherheit war gegeben durch das Recht auf Arbeit und auf Leistungen bei Krankheit, Alter und Unfall. Die Sozialversicherung war der einheitliche Träger der Kranken-, Renten- und Unfallversicherung. Wessen Leistungsvermögen um mindestens zwei Drittel gemindert war, erhielt als eine Art Grundsicherung eine Invalidenrente, wenn erforderlich also bereits ab dem 18. Lebensjahr.[8] Invalidenrentnerinnen und -rentner konnten in Höhe des jeweils geltenden Mindestlohnes bzw. bis zu einem Drittel dessen verdienen, was sie in ihrer früheren Tätigkeit erhalten hatten.

Unabhängig von Art und Ursache der Beeinträchtigung und vom Alter wurden Rehabilitationsmaßnahmen gewährt. Finanzielle Beihilfen zum Kauf eines Pkw wurden unabhängig von Einkommen und Berufstätigkeit gezahlt. Bedingt durch den allgemeinen Mangel bei vielen Gebrauchsgütern und im Dienstleistungsbereich waren Sonderregelungen getroffen worden (Telefon, Gasheizung, Taxibeförderung, Reparaturen), um die Lebenssituation behinderter Menschen zu verbessern.

Natürlich gab es in der DDR alltägliche und strukturelle Diskriminierungen, zum Beispiel die Unzugänglichkeit von Gebäuden und Verkehrsmitteln, das völlig unzureichende Angebot an technischen Hilfs- und Heilmitteln, behindertengerechten Wohnungen und ambulanten Pflege-/Assistenzleistungen. Menschen mit Beeinträchtigungen durften sich nicht organisieren, um ihre Interessen zu vertreten. Aber bei allen offensichtlichen qualitativen und quantitativen Defiziten – sie hatten in der DDR die Chance, in einer, wenn auch nicht üppigen, sozialen Absicherung zu leben.

Arbeit, persönliche und soziale Sicherheit stehen an der Spitze der Bedürfnishierarchie in den neuen Bundesländern. Das sind jene Bereiche, in denen die Einschnitte für *alle* am gravierendsten sind. Für Behinderte jedoch wurden bestehende Diskriminierungen durch die schematische und in vielen Fragen völlig von der realen Lage losgelöste Überstülpung der Gesetze der Bundesrepublik verschärft und ausgeweitet. Und neue sind hinzugekommen – sehr schnell und in nicht geahntem Umfang. Bis 1994 wurde in den neuen Bundesländern jeder zweite Arbeitsplatz vernichtet, wurden Behinderte systematisch vom Arbeitsmarkt vertrieben.

Und zuerst wurden die Frauen entlassen. «Im Zeitraum von 1991 bis 1993 stieg die Arbeitslosigkeit behinderter Frauen um 50,3 %, bei behinderten Männern um 35,3 %.» [11]

Die Ausgrenzung ostdeutscher Behinderter aus der Erwerbstätigkeit wird politisch bewußt verschleiert, denn der überproportionale Abbau von Arbeitsplätzen spiegelt sich in der Arbeitslosenstatistik nicht adäquat wider: Erstens ließ allein die Möglichkeit des Übergangs in den Vorruhestand ganze Jahrgänge aus der Arbeitslosenstatistik verschwinden. Zweitens wurden jene Behinderten nicht mehr statistisch erfaßt, welche aufgrund von Langzeitarbeitslosigkeit keinen Anspruch mehr auf Leistungen der Bundesanstalt für Arbeit haben – auch hier sind behinderte Frauen häufiger betroffen. Und drittens wurden durch die schematische Umwertung aller Invalidenrenten in

Vernichtung von Arbeitsplätzen für Schwerbehinderte/ Gleichgestellte in Ostdeutschland (alle Arbeitgeber)[9]

	1990	1991	1992	1993	1994
Ostdeutschland	198941	145600	104841	98932	90965
Sachsen		42493	31010	28808	25166
Thüringen		24858	16447	16256	14915
Brandenburg		22426	15728	15559	15656
Mecklenb.-Vorpom.		12688	10135	9866	10205
Sachsen-Anhalt		25281	19419	19568	18088
Berlin/Ost		17860	12102	8875	6935

Beschäftigung Schwerbehinderter in Ostdeutschland (Stand jeweils Oktober, Arbeitgeber mit 16 und mehr Arbeitsplätzen; Sollquote: 6%)[10]

Jahr	besetzte Arbeitsplätze	unbesetzte Arbeitsplätze	Arbeitslose Schwerbehinderte	Quote in %
1990	198941	71921	10054	4,9
1991	132567	76499	24414	4,1
1992	92262	71417	29705	3,6
1993	84863	71836	27773	3,4
1994	89753	107387	20841	2,8

Erwerbsunfähigkeitsrenten (im Folgenden auch als EU-Renten bezeichnet) viele unumkehrbar aus dem Arbeitsleben ausgesondert.

Nach Verlust des Arbeitsplatzes in die Erwerbsunfähigkeit gelenkt zu werden widerspricht den Lebensvorstellungen der meisten ostdeutschen Behinderten, denn Erwerbsunfähigkeitsrentnerinnen und -rentner gelten als nicht mehr vermittelbar. Auch bei beruflichen Reha-Maßnahmen werden sie nicht mehr berücksichtigt. «Von den befragten EU-Rentnerinnen erklärten 64 %, daß sie sich eine Rückkehr in die Erwerbstätigkeit zutrauen und wünschen.»[12]

Der Mechanismus, Behinderte aus dem Kreis der Arbeitssuchenden durch Berentung auszugliedern, ist an sich nichts Neues und besonders zu Zeiten wirtschaftlicher Rezession als eine Funktion des Arbeitsmarktes zu sehen. Neu ist aber, daß damit der Grundsatz «Rehabilitation vor Rente» in den neuen Bundesländern praktisch außer Kraft gesetzt wurde! «Nicht alle Schwerbehinderten, die im Oktober 1990 in den neuen Bundesländern beschäftigt waren, stehen dem Arbeitsmarkt noch zur Verfügung. So sind die früheren Bezieher von Invalidenrenten, die jetzt Erwerbsunfähigkeitsrente beziehen, aus dem Arbeitsleben ausgeschieden; andere Schwerbehinderte beziehen Altersübergangsgeld, Leistungen zur Rehabilitation oder andere Sozialleistungen. Die spezifische Arbeitslosenquote Schwerbehinderter in den neuen Bundesländern betrug Ende Mai 1994 bei einer Zahl von 119 274 Schwerbehinderten, die dem allgemeinen Arbeitsmarkt zur Verfügung stehen, und 23 051 arbeitslosen Schwerbehinderten 19,3 %.»[13]

Als völlig ungeeignet für die Situation im Osten Deutschlands erweist sich auch der Kündigungsschutz nach dem Schwerbehindertengesetz. Die Hauptfürsorgestellen stehen den massenhaften Schließungen und Umstrukturierungen von Betrieben und Einrichtungen hilflos gegenüber. 80 Prozent der Anträge auf Zustimmung einer Kündigung wurden mit Betriebsschließungen, Auflösung von Dienststellen und dem Abbau überhöhter Personalbestände begründet.[14] In Sachsen-Anhalt konnten 1991/92 von 12 597 Entlassungsanträgen nur 1889 abgelehnt werden.[15] In Berlin sind die Zahlen ähnlich: Innerhalb von drei Jahren (1991–1993) wurden 17 595 Anträge auf Kündigungen gestellt, von denen 1993 lediglich 1124 abgelehnt werden konnten.

«Festzustellen ist weiterhin, daß der besondere Kündigungsschutz in Zeiten von Massenarbeitslosigkeit kein geeignetes Mittel ist, Schwerbehinderte in einem herausgehobenen Maß vor Arbeitslosigkeit zu schützen».[16] Im Gegenteil: Die Vorstellung der angeblichen Unkündbarkeit Schwerbehinderter erweist sich in vielen Fällen als Einstellungshemmnis. Die ostdeutschen Hauptfürsorgestellen verfügen immer noch nicht über das zur Bewältigung ihrer Aufgaben notwendige Personal. Vor allem der technische Beratungsdienst, der Fachdienst für Gehörlose und Sehbehinderte und die Öffentlichkeits-, Aufklärungs- und Schulungsarbeit sind völlig unzureichend mit Personal ausgestattet. Behinderte in den neuen Bundesländern, vor allem behinderte Frauen, erleben eine doppelte, ja sogar dreifache Ausgrenzung: Bei Arbeitsplatzeinsparungen werden sie nicht nur überproportional oft entlassen, sondern sie haben kaum Chancen, in neue, veränderte Arbeitsverhältnisse wieder einzusteigen.

Dabei wirkt sich die DDR-Spezifik – das höhere Niveau von Bildungsabschlüssen und der große Anteil höherqualifizierter behinderter Frauen und Männer – ausgesprochen diskriminierend aus: Es werden nämlich gerade Bürgerinnen und Bürger mit Hoch- und Fachschulabschlüssen überdurchschnittlich häufig vom Arbeitsmarkt verdrängt. Über viele Jahre erworbene Berufserfahrungen und entsprechende Qualifikationen werden oft nicht anerkannt, und Umschulungs- und Weiterbildungsmaßnahmen werden Behinderten, insbesondere Frauen, seltener angeboten.

Statt dessen werden in fast alle halbwegs entscheidenden Positionen «Fachleute» aus den alten Bundesländern eingesetzt. Aber sie haben von Anfang an «versäumt», die Umstrukturierung und den Neuaufbau öffentlicher Verwaltungen und Dienststellen mit einer systematischen Schaffung von Arbeitsplätzen für Schwerbehinderte zu verbinden:

Beschäftigungsquote der öffentlichen Arbeitgeber (Stand: Oktober 1993)[17]

Mecklenburg-Vorpommern	3,4 %
Brandenburg	3,6 %
Sachsen-Anhalt	3,6 %
Thüringen	3,5 %
Sachsen	3,5 %
Berlin, Ost	3,7 %

Auch die Möglichkeit von Lohnkostenzuschüssen zur Schaffung von Ausbildungs- und Arbeitsplätzen greift kaum in den neuen Bundesländern. Diese Beihilfen kommen nämlich nur den Arbeitgebern zugute, die ihre Beschäftigungspflicht erfüllen oder besonders schwer betroffene Behinderte einstellen, zum Beispiel im Anschluß an eine WfB oder mit einem hohen finanziellen Aufwand für Arbeitsassistenz. Diese Regelung ist sinnvoll, aber angesichts der angespannten Wirtschaftslage im Osten Deutschlands unwirksam, denn ohne zusätzliche Hilfen können die wenigsten Arbeitgeber derzeit die genannten Voraussetzungen erfüllen.

Statt nun aber Arbeitsplätze auf dem allgemeinen Arbeitsmarkt zu finanzieren, richtet sich die Förderpolitik der Bundesregierung auf den massiven Ausbau des diskriminierenden Sonderarbeitsmarktes der Werkstätten für Behinderte. Der Bund plant, in den neuen Bundesländern 30000 Werkstattplätze neu zu schaffen oder zu modernisieren. Von 1991 bis 1994 flossen aus Haushaltsmitteln des Bundes und aus Mitteln des Ausgleichsfonds 500 Millionen Mark in den Werkstattbereich.[18] Praktisch hat sich das so ausgewirkt, daß die Arbeitsverträge der Frauen und Männer in den DDR-Werkstätten für ungültig erklärt wurden. Alle mußten wieder in den Trainingsbereich zurück, wo ihre «Arbeitsfähigkeit» überprüft wurde, ungeachtet dessen, daß sie schon viele Jahre gute und fleißige Arbeit geleistet hatten. Jetzt verrichten sie ohne Tarif- und Mitbestimmungsrechte ihre Arbeit, mit einem Verdienst, der weit unter 240 Mark liegt, dem Durchschnitts«lohn» der WfBs in den alten Bundesländern.

Eine negative Entwicklung hat auch für die Bewohnerinnen und Bewohner stationärer Einrichtungen begonnen. Fehlende ambulante Hilfsangebote und behindertengerechte Wohnungen hatten in der DDR dazu geführt, daß Menschen mit hohem Pflege-/Assistenzbedarf häufig in Heimen leben mußten. Aber wer glaubt, nach der Wende hätten sich ihre Chancen auf einen Auszug aus dem Heim wesentlich verbessert, der irrt, denn die Bundesregierung investiert in den neuen Bundesländern vor allem in den stationären Bereich. So flossen 1991 im Rahmen des «Soforthilfeprogramms für den Bereich der Alten- und Behindertenhilfe» 72 Millionen Mark in den Neuaufbau bzw. die Sanierung stationärer Einrichtungen.[19] Die Entmündigung im Heim wird zementiert durch die finanzielle Situation der Bewohnerinnen und Bewohner, denn sie können die extrem gestiegenen Kosten nicht mehr aufbringen. Sie wurden praktisch über Nacht ihrer Rente beraubt und von der Sozialhilfe abhängig gemacht. Was ihnen bleibt, ist ein Taschengeld von durchschnittlich 180 Mark.

Es ist trotz allem zu einfach und darum falsch, Behinderte allein zu Verlierern der deutschen Einheit zu erklären, denn Verlieren und Gewinnen liegen eng beieinander: Die Chance, Interessen als Expertinnen und Experten in eigener Sache zu vertreten, ein verbessertes Angebot von Hilfs- und Heilmitteln, vielfältige Reise- und Freizeitmöglichkeiten und eine neue geistige Freiheit, die das Leben interessant und aufregend macht – das läßt keine DDR-Sehnsucht aufkommen. Andererseits erleben viele Menschen mit Beeinträchtigungen, vor allem behinderte Frauen, Ausgrenzung aus der Erwerbsarbeit und vorher nie gekannte Zukunftsängste. Für sie hat das Verlieren konkrete und bedrohliche Gestalt angenommen. Die Erwartungen von Behinderten an die politische und ökonomische Wende waren sehr hoch – und im Gegensatz zu Nichtbehinderten zielgerichteter. Sie hofften, den Status einer tabuisierten und gesellschaftlich unterprivilegierten Randgruppe zu überwinden, und erwarteten von den neuen politischen Verhältnissen Öffentlichkeit und demokratische Partizipation. Sie erhofften sich

Möglichkeiten einer eigenverantwortlichen Lebensführung, selbstbestimmte Formen in der Pflege/Assistenz und umfassende Barrierefreiheit. Was viele jedoch erfahren, sind die rüde Zurückweisung dieses Anspruchs und ihrer Geschichte, der Entzug ihrer materiellen Möglichkeiten und ihre wirtschaftliche Entmündigung – begleitet von einer zunehmend offen geführten Diskussion über das Lebensrecht behinderter Menschen. Die Neugestaltung der politischen und ökonomischen Machtverhältnisse wurde weitgehend nach westdeutschen Erfahrungen, von westdeutschen Politikern und westdeutschen Fachleuten vorgenommen. «Dabei liegt die Einmaligkeit auch in der Spezifik der DDR-Bundesrepublik, weil neue Lösungen und Veränderungen nicht – wie in anderen osteuropäischen Staaten – auf eigenen Kräften und Überlegungen beruhen, sondern weil ein ‹erfolgreiches› System übernommen wird. Es bleibt festzuhalten, daß Sozialunion nur als einseitiger Prozeß programmiert war und ist, in welchem sich in den neuen Bundesländern fast alles und in den alten Bundesländern so gut wie nichts ändert. Seit Jahren diskutierte Reformbemühungen in der Bundesrepublik sind – es scheint auf lange Zeit – ausgesetzt. Im Gegenteil, die neuen internationalen Rahmenbedingungen führen zu verstärkten Anstrengungen, sozial Erreichtes abzubauen. Für viele Menschen – behinderte wie nichtbehinderte – im Osten ist und war der Wandel nicht nur mit einer Neuorientierung, sondern auch mit einer von außen vorgenommenen Neubewertung ihres bisherigen Lebens verbunden, die in der Regel nicht nur als abwertend empfunden, sondern auch abwertend geäußert wurde.» [20]

Aber ihre Erfahrungen, Kenntnisse, Fähigkeiten und Wertvorstellungen sind nicht einfach nach Artikel 23 «anschließbar». Weil sich behinderte Frauen und Männer in den neuen Bundesländern ihrer Diskriminierungen, aber auch ihrer neuen Chancen und Rechte bewußt sind, fordern sie einen Perspektivenwechsel in der Behindertenpolitik und eine prinzipielle Veränderung der politischen Denk- und Handlungsmuster für den Vereinigungsprozeß:

1. Das gegenwärtige Schwerbehinderten- und Rehabilitationsrecht ist unübersichtlich, unverbindlich und inhuman. Es schreibt eine sozialpolitische Anspruchshierarchie fest, das heißt, je nach Art und Ursache der Beeinträchtigung werden unterschiedliche Leistungen gewährt. Ein zukünftiges SGB IX muß für alle Menschen mit Beeinträchtigungen die gleichen Rechte auf Teilhabe festschreiben.

2. Rehabilitationsmaßnahmen und Nachteilsausgleiche sind einkommens- und erwerbungsunabhängig zu gewähren. Nicht nur zum Erhalt der Arbeitskraft, sondern auch zur Sicherung der Erziehungs- und Hausarbeit sind Assistenz, Wohnungsanpassungen, Kuren, Kinderbetreuung und Beihilfen zum Erwerb eines Kfz zu finanzieren.

3. Neue gesetzliche Grundlagen zur Förderung der Erwerbstätigkeit nach dem Prinzip der Nichtaussonderung und Chancengleichheit für Frauen und Männer sind zu schaffen:
   - Arbeitnehmer/-innenstatus in den Werkstätten für Behinderte mit existenzsicherndem Entgelt, gesetzlicher Absicherung des Werkstattrates als Vertretung behinderter Menschen, Verbesserung des Zugangs zum allgemeinen Arbeitsmarkt;
   - Einschluß von Frauenfördermaßnahmen und Quotierungen in alle arbeitsmarktpolitischen Vorhaben; Abbau frauenbenachteiligender Lohnstrukturen, rechtliche Regelungen im Sinne einer Einbeziehung von Vätern in familiäre Verpflichtungen, sozialpolitische Absicherungen und Unterstützungen für Väter und Mütter, betriebseigene Kindertagesstätten;
   - Arbeitszeitverkürzung für alle Arbeitnehmerinnen und Arbeitnehmer, Aufwertung und soziale Absicherung von Teilzeitarbeit;
   - wohnortnahe Rehabilitationsangebote, flexible Ausbildungszeiten, zukunftsorientierte Ausbildungsberufe;
   - Qualifizierung des Personals in den Hauptfürsorgestellen und Arbeitsämtern; Berufsberatung durch behinderte Expertinnen und Experten; Förderung von Arbeitserprobungs- und Berufsfindungsmaßnahmen.

4. Die Festlegungen zur Berufs- und Erwerbsunfähigkeitsrente sind zu verändern. Ziel muß sein, allen behinderten Menschen unabhängig von Warte- und Pflichtbeitragszeiten eine Existenzsicherung zu gewähren.

5. Wenn Erwerbsunfähigkeitsrentnerinnen und -rentner wieder erwerbstätig sein möchten, auch über die Hinzuverdienstgrenze hinaus, müssen ihnen die Arbeitsämter mit Beratung und Vermittlung zur Verfügung stehen, ebenso berufliche Qualifikations- und Reha-Angebote für sie nutzbar sein.

6. In Ablösung der Hilfe zum Lebensunterhalt nach BSHG ist eine soziale Grundsicherung einzuführen.

7. Damit das in Art. 3 Grundgesetz verankerte Benachteiligungsverbot in die Praxis umgesetzt wird, müssen Menschen mit Beeinträchtigungen aus Ost und West an allen sie betreffenden Entscheidungen beteiligt werden. Dafür muß der entsprechende rechtlich gesicherte Zugang geschaffen werden.

8. Menschen mit Beeinträchtigungen sind Expertinnen und Experten ihrer eigenen Angelegenheiten. Deshalb müssen Angebote, Hilfen und Leistungen Vorrang haben, die von Behinderten bzw. ihren Initiativen und Vereinigungen selbst organisiert und kontrolliert werden können. Finanzielle, materielle und sächliche Mittel für Modellprojekte und Hilfsprogramme, insbesondere für den «Aufschwung Ost», dürfen nicht in aussondernde Institutionen investiert werden, gefordert ist die Entwicklung ambulanter Strukturen.

9. Weder beim Neu- und Umbau öffentlicher Gebäude noch im sozialen Wohnungsbau und bei Verkehrsinfrastrukturmaßnahmen wurde im Osten Deutschlands die Chance genutzt, zugänglich für alle zu bauen. Nötig sind gesetzliche Vorschriften zum barrierefreien Bauen und öffentlichen Personenverkehr. Subventionen und öffentliche Gelder sind von der Einhaltung dieser Vorschriften abhängig zu machen.

10. Dem Deutschen Bundestag ist in der nächsten Legislaturperiode ein umfassender Bericht über die Lage von Menschen mit Beeinträchtigungen und über die Entwicklung der Rehabilitation in Ostdeutschland vorzulegen.

Überlegenheits- und Siegerdenken passen nicht in unsere Zeit. Die Wahrung der in 40 Jahren Bundesrepublik erreichten Besitzstände darf nicht der einzige Maßstab dafür sein, wie die deutsche Einheit «bewältigt» wird. Unverbindliche sozialstaatliche Regelungen und wohlfahrtsorientierte Auffassungen passen ebensowenig in unsere Zeit. Nötig ist eine Behindertenpolitik, die das Selbstbestimmungsrecht und die Chancengleichheit fördert – für Frauen und Männer mit Beeinträchtigungen aus Ost und West.

Anmerkungen

1 Prof. Dr. Dr. Kraus: «Rechtsgrundlagen und Aufgaben der Kreisrehabilitationskommissionen und -zentren in der ehemaligen DDR», in: Behindertenrecht 1/1994, S. 14.
2 Anordnung zur Sicherung des Rechts auf Arbeit für Rehabilitanden vom 26.8.1969. GBl II, 75 (1969) 470.
3 Hinweise zur Übertragung von Schonarbeit vom 17.11.1980. Verfügungen und Mitteilungen Gesundheitswesen 8 (1980) 69.
4 Rudolf Kraus: Strukturen und Einrichtungen der Rehabilitation in der DDR und in den neuen Bundesländern. In: Aus Politik und Zeitgeschichte, Beilage zur Wochenzeitung Das Parlament, 3/1994, S. 29.
5 Arbeitsgesetzbuch der DDR vom 16.6.1977, § 5.
6 Ebenda, § 59.
7 Bericht der vom Ministerium für Gesundheits- und Sozialwesen eingesetzten Arbeitsgruppe «Rehabilitation und Integration», März 1990, in: Behindertenrecht 3/1995, S. 61 f.
8 Verordnung über die Gewährung und Berechnung von Renten der Sozialversicherung – Rentenverordnung – vom 23.11.1979. GBl, 43(1997) 401.
9 Dr. Detlef Eckert: «Zwischen Eingliederung und Aussonderung – Zur Beschäftigungssituation schwerbehinderter Menschen seit dem Beginn der 80er Jahre», bislang unveröffentlichtes Manuskript, Berlin 1996, S. 9 (zusammengestellt nach: Arbeitsmarkt in Zahlen, Beschäftigung Schwerbehinderter, Statistik aus dem Anzeigeverfahren gem. § 2 SchwbG, Berichtsjahre 1990 bis 1994).
10 Ebenda, S. 8.
11 Dr. Sabine Kies: «Die Veränderung der Lebenssituation von Frauen mit Beeinträchtigungen im Ostteil Berlins seit der Wiedervereinigung Deutschlands», Berlin 1995, S. 54.
12 Dr. Sabine Kies, ebenda, S. 56.
13 Deutscher Bundestag, Drucksache 12/7956, 16.6.1994.
14 3. Bericht der Bundesregierung «Über die Lage der Behinderten und die Entwicklung der Rehabilitation», S. 157 ff.
15 Behindertenbericht Land Sachsen-Anhalt 1991–1993, Hg.: Ministerium für Arbeit und Sozialordnung, 1994, S. 50.
16 Tätigkeitsbericht der Hauptfürsorgestelle Berlin für den Zeitraum 1993, S. 11.
17 In: Arbeitsmarkt in Zahlen, Nürnberg 1994.
18 Bilanz der Bundesregierung zum Aufbau in den neuen Bundesländern, sozialpolitische Abschnitte, in: DIE PRAXIS 2/1995.
19 Sachstandsbericht zur Situation der Behinderteneinrichtungen in den neuen Bundesländern, Bundesministerium für Familie und Senioren, Oktober 1992.

20 Gunnar Winkler: Behindertenreport 1994, Daten und Fakten zur sozialen Lage von behinderten Bürgern in den neuen Bundesländern, Sozialwissenschaftliches Forschungszentrum Berlin-Brandenburg e. V., Berlin 1995, S. 43 und 45.

Ulrich Hellmann

Wessen Recht geschützt werden muß

Zur gesellschaftlichen Einbeziehung von Menschen mit geistiger Behinderung

Bernd K., 33 Jahre alt, ist geistig behindert. Er arbeitet in der Werkstatt für Behinderte in H. Im September 1995 teilt ihm die Werkstattleitung brieflich mit: «Die WfB kann nur dann Erlöse erwirtschaften, wenn die Produktivität entsprechend ist. Ein Mehr an Leistung kann nur durch mehr Arbeitstage erreicht werden – folglich: Weniger Urlaub. Da Sie kein Arbeitnehmer sind, gibt es keine Bestimmungen dazu, wie viele Tage pro Jahr Sie der Werkstatt fernbleiben dürfen. Auch Lohnfortzahlung bei Urlaub oder Krankheit ist nicht überall der Fall. Wir haben keine Möglichkeit mehr, wie in den Vorjahren vier Wochen bezahlten Urlaub zu gewähren. Es sind für 1996 zunächst einmal drei Wochen Urlaub geplant.»

Ein Fall von vielen, der drastisch die Benachteiligung der ca. 420 000 Menschen mit geistiger Behinderung im sozial-rechtlichen Gefüge der Bundesrepublik Deutschland vor Augen führt. Tatsächlich hätte keine Möglichkeit bestanden, sich juristisch gegen eine solche Verschlechterung der Arbeitsbedingungen zu wehren, die sich Arbeitnehmerinnen und Arbeitnehmer des allgemeinen Arbeitsmarktes auf der Grundlage ihrer Arbeits- bzw. Tarifverträge nicht bieten lassen müßten. Auch Bernd K. war empört. Als Interessenvertreter der Belange seiner Kolleginnen und Kollegen schilderte er verschiedenen Stellen den Sachverhalt und fragte nach seinen Rechten. Schließlich konnte er mit seinen Protesten immerhin erreichen, daß die Werkstatt die angekündigten Verschlechterungen freiwillig zurücknahm.

Auf Freiwilligkeit beruhen heute alle von Behindertenwerkstätten in Anlehnung an Arbeitnehmerrechte gewährten Zugeständnisse wie Lohnfortzahlung im Krankheitsfall, Urlaub oder Kündigungsschutz. Auch eine Verpflichtung zum Abschluß eines Arbeits- oder Beschäftigungsvertrages besteht nicht.

Werkstattmitarbeiterinnen und -mitarbeiter sehen sich damit zu

Recht als «Beschäftigte II. Klasse». Auch die Bundesregierung hat dies seit langem erkannt und bereits vor Jahren unter Beteiligung von fachkundigen Interessenvertreterinnen und -vertretern geistig behinderter Menschen drei Arbeitsgruppen zur Erörterung der Themenbereiche «Rechtsstellung», «Mitwirkung» sowie «Entlohnung» eingerichtet, die konkrete Vorschläge erarbeitet hatten. In verschiedenen Referentenentwürfen aus dem Bundesministerium für Arbeit und Sozialordnung waren auch bereits Lösungsansätze enthalten, die zuletzt 1995 von einem Entwurf zur Reform des Bundessozialhilfegesetzes (BSHG) des Bundesministeriums für Gesundheit wieder aufgegriffen, inzwischen jedoch von den Regierungsparteien wieder fallengelassen worden sind. Es kann nicht angehen, diesen unakzeptablen Rechtszustand weiter hinzunehmen.

Die Bundesregierung hat in ihrem 3. Bericht über die Lage der Behinderten und die Entwicklung der Rehabilitation vom 24. März 1994 (Bundestags-Drucksache 12/7148, als kostenlose Broschüre herausgegeben vom Bundesministerium für Arbeit und Sozialordnung, Referat Öffentlichkeitsarbeit, Postfach 140280, 53017 Bonn) betont, daß «die volle Teilhabe behinderter Menschen am Leben in der Gemeinschaft» das eigentliche Ziel aller Rehabilitationsmaßnahmen und -hilfen ist. Teilnahme am Leben in der Gemeinschaft heißt danach, Zugang zu haben und nicht aufgrund einer Behinderung ausgeschlossen zu sein, aber auch, daß die erforderlichen Hilfen für eine solche «normale» Lebenswirklichkeit zur Verfügung stehen müssen. Die Bundesregierung räumt ein, daß gemessen an diesem Anspruch weiterhin Defizite und immer wieder Rückschläge im Bereich der allgemeingesellschaftlichen Eingliederung behinderter Menschen festzustellen sind (a. a. O., S. 238). Zur Weiterentwicklung des Rechts zur Eingliederung behinderter Menschen hat die Bundesregierung vorgeschlagen, in den konkreten Gesetzen für die verschiedenen Rechtsbereiche – auch über den Geltungsbereich des Sozialgesetzbuches hinaus – diskriminierende oder eingliederungshemmende Regelungen abzuschaffen oder zu verändern (a. a. O., S. 308). Diese Aussage der Bundesregierung stammt aus einer Zeit, als die Koalitionsparteien CDU/CSU sowie FDP noch gegen die Verfassungsergänzung waren. Die «Bereinigung» bestehender Vorschriften von Bestimmungen, die behinderte Menschen diskriminieren könnten, wurde immer wieder als sinnvoller und erfolgversprechender bezeichnet.

Das später doch geschaffene neue Grundrecht behinderter Menschen auf Schutz vor Benachteiligung bindet Gesetzgebung, vollziehende Gewalt und Rechtsprechung unmittelbar, verstärkt also noch die Verpflichtung der öffentlichen Gewalt und insbesondere des Gesetzgebers, nunmehr bei der Schaffung, Reform und der Durchführung von Gesetzen sorgfältig das Verbot der Benachteiligung behinderter Menschen zu beachten. Die Bundesregierung ist daher mit ihrer Aussage aus dem Behindertenbericht 1994 beim Wort zu nehmen!

Es gibt eine ganze Reihe von Bereichen im Alltag von Menschen mit geistiger Behinderung, in denen der Gesetzgeber deutlich gefordert ist, wie die folgende Übersicht zeigt:

- **Handlungsbedarf:**
  Werkstätten für Behinderte

Erst in den 1960er Jahren konnte in den Bundesländern auf Initiative der Lebenshilfe das Schulrecht für Kinder mit geistiger Behinderung durchgesetzt werden. Für deren weiteren Ausbildungsweg hat sich in den vergangenen Jahrzehnten ein nahezu flächendeckendes Netz von Werkstätten für Behinderte entwickelt, in denen die Mehrzahl geistig behinderter Schulabgänger in einem in der Regel zweijährigen, durch die Bundesanstalt für Arbeit finanzierten Arbeitstraining für den Übergang auf einen festen Arbeitsplatz im «Arbeitsbereich» der Werkstatt vorbereitet werden.

Leider stellt sich für die meisten geistig behinderten Jugendlichen die Zeit nach der Schulentlassung nur als Alternative zwischen Werkstatt für Behinderte oder Arbeitslosigkeit dar. In den Augen der meisten nichtbehinderten Menschen wie auch der zuständigen staatlichen Stellen sind die WfB der «normale» Arbeitsplatz für geistig behinderte Menschen; dies muß aber keineswegs so sein. Die Lebenshilfe und eine Reihe örtlicher und regionaler Initiativen bemühen sich in den letzten Jahren verstärkt darum, ihnen «Wege zum allgemeinen Arbeitsmarkt» zu erschließen, was nicht einfach ist, weil dafür in vielen Bereichen ein Umdenken und die Schaffung geeigneter Hilfe- und Assistenzstrukturen erforderlich sind.

Beschäftigte in Werkstätten für Behinderte sind darüber hinaus rechtlichen Benachteiligungen ausgesetzt, die insbesondere nach Inkrafttreten der Ergänzung von Art. 3 GG den Gesetzgeber zum Handeln zwingen.

Aufgrund ihres besonderen Betreuungsbedarfs wird ihnen nicht der Rechtsstatus von Arbeitnehmern und Arbeitnehmerinnen auf dem allgemeinen Arbeitsmarkt zuerkannt. Die Auswirkungen sind gravierend. Arbeitnehmerschutzgesetze wie das Entgeltfortzahlungsgesetz, das Mutterschutzgesetz, das Bundesurlaubsgesetz oder das Kündigungsschutzgesetz gelten für Werkstattbeschäftigte nicht. Auch die fünf Tage Zusatzurlaub für Schwerbehinderte nach dem Schwerbehindertengesetz stehen ihnen nicht zu, und selbst eine Klage gegen den Arbeitgeber – zum Beispiel gegen eine Kündigung – ist in der Regel unmöglich, weil es nach geltendem Recht kein Gericht gibt, welches sich dieser Fälle annimmt: Arbeitsgerichte erklären sich in solchen Fällen regelmäßig für unzuständig, weil es sich nicht um Rechtsstreitigkeiten zwischen «Arbeitnehmern und Arbeitgebern» handelt.

Die Reform des Rechts der Werkstätten für Behinderte mit einer weitestmöglichen Angleichung der Rechtsstellung der Beschäftigten an den Arbeitnehmerstatus einschließlich der Eröffnung des Rechtswegs vor die Arbeitsgerichte, der Verankerung einer förmlichen, obligatorischen Mitwirkung der Werkstattmitarbeiterinnen und -mitarbeiter in enger Anlehnung an die Regelungen für Betriebsräte nach dem Betriebsverfassungsgesetz – entsprechende Vorschläge liegen vor – und die Verbesserung der Entlohnung sind deshalb unabdingbar.

- **Handlungsbedarf:**
  Rechtsgeschäfte

Handlungsbedarf besteht für die unmittelbar zur Beachtung der Grundrechte verpflichtete Gesetzgebung auch auf anderen Gebieten:

Bernhard G. aus L. war im Besitz einer privaten Unfallversicherung, die ihm im Fall der Vollinvalidität eine Höchstsumme von DM 112 500,– garantierte. Seine Beiträge hatte er jahrelang immer pünktlich bezahlt. Dann wurde er schuldlos in einen Verkehrsunfall verwickelt; er überlebte mit schweren geistigen und körperlichen Behinderungen. Die Unfallverursacher wurden getötet. Als seine gesetzliche Betreuerin die Versicherungsleistung geltend machte, überwies die private Versicherungsgesellschaft die bis dahin gezahlten Beiträge auf das Konto von Herrn G. zurück und verweigerte die Zahlung der Versicherungssumme. Zur Begründung berief sich die Versicherung auf die rückwirkende Unwirksamkeit des Vertrages wegen Geschäftsunfähigkeit des Herrn G., der aufgrund vorliegender ärztlicher Unterlagen zum Zeitpunkt des Vertragsabschlusses an einer Psychose gelitten habe und «nicht versicherbar» gewesen sei.

Nach geltendem Recht sind alle Willenserklärungen eines Menschen, der im Sinne von § 104 des Bürgerlichen Gesetzbuches (BGB) geschäftsunfähig ist, gemäß § 105 BGB auch rückwirkend nichtig und unwirksam. Diese rigorose Systematik des Ausschlusses erwachsener Menschen von jeglicher Teilnahme am Rechtsverkehr wird seit Jahren kritisiert und wurde vom Bundesjustizministerium im Rahmen der Reformarbeiten zur Ersetzung des veralteten Rechts der Entmündigung, der Vormundschaft und der Pflegschaft durch das Betreuungsgesetz ab 1992 ebenfalls als dringend reformbedürftig bezeichnet. Konkrete Schritte zur Neuregelung dieses seit 1900 unverändert geltenden Rechts sind bisher jedoch ausgeblieben.

Ziel solcher gesetzlichen Regelungen soll der Schutz von Menschen mit geistigen Beeinträchtigungen sein. Die pauschale Entrechtung und der vorrangige Schutz des «allgemeinen Rechtsverkehrs» sollte demgegenüber zurücktreten; in der juristischen Fachpresse wird dazu bereits die Auffassung vertreten, das geltende Recht stelle einen zu weitgehenden Eingriff in die durch Art. 2 des Grundgesetzes geschützten Freiheitsrechte des einzelnen dar, wenn selbst für den behinderten Menschen vorteilhafte Geschäfte der Nichtigkeit unterfallen. Die Bundesvereinigung Lebenshilfe für geistig Behinderte hat wiederholt angeregt, die entsprechende Regelung aus dem französischen Zivilrecht in die Reformüberlegungen einzubeziehen: Von geistig behinderten Personen abgeschlossene Verträge sind dort nicht von Gesetz wegen nichtig, das heißt sie behalten Gültigkeit, solange sie nicht durch die Erhebung einer Nichtigkeitsklage nachträglich beseitigt werden. Im Unterschied zum deutschen Recht kann eine solche Klage in Frankreich jedoch nur von dem behinderten Menschen bzw. dessen Vormund oder Pfleger erhoben werden, während der Vertragspartner grundsätzlich an seine Erklärungen gebunden ist (Art. 1125 Code Zivil). Ein volljähriger Mensch mit geistiger Behinderung, für den keine Vormundschaft und Pflegschaft nach französischem Recht besteht, muß bei Erhebung einer Nichtigkeitsklage beweisen, daß er zum Zeitpunkt des Vertragsabschlusses in einem Zustand gehandelt hat, der ihn an der Bildung eines rechtsgeschäftlichen Willens hinderte. Besteht eine Erwachsenenvormundschaft, folgt aus der Erhebung der Nichtigkeitsklage automatisch die Ungültigkeit des von dem geistig behinderten Menschen abgeschlossenen Rechtsgeschäftes. Dem gewünschten Schutz behinderter Menschen als Vertragspartner scheint diese Lösung besser zu entsprechen, denn nichtbehinderte Vertragspartner bedürfen in der Regel keines besonderen rechtlichen Schutzes.

- **Handlungsbedarf: Recht auf sexuelle Selbstbestimmung**

Sexueller Mißbrauch von Menschen mit geistiger Behinderung kommt in unserer Gesellschaft nicht selten vor, wird jedoch stark tabuisiert. Der Täterkreis läßt sich dabei nicht spezifizieren, er umfaßt fremde Personen ebenso wie Mitarbeiter aus Einrichtungen und Diensten sowie Familienangehörige. Niederschmetterndes Ergebnis ist in vielen Fällen trotz klarer Sachlage, daß keine strafrechtlichen Sanktionen erfolgen.

Das Strafrecht ist in diesem Bereich reformbedürftig, um künftig Diskriminierungen und Benachteiligungen geistig behinderter Menschen besser vorzubeugen. Schon die Begriffe, wie sie bisher in § 179 Strafgesetzbuch (StGB) verwendet werden («krankhafte seelische Störung», «Schwachsinn», «seelische Abartigkeit») sind diskriminierend. In der Tatbestandsbeschreibung sollte daher geistige Behinderung bzw. Beeinträchtigung ausdrückliche Berücksichtigung finden. Um einen verbesserten Schutz geistig behinderter Menschen durch das Strafgesetz zu erreichen, muß eine Diskussion des juristischen Gewaltbegriffes in § 177 StGB angestrebt werden. Er bezieht sich nur auf körperliche Gewalteinwirkung oder die Drohung mit einer gegenwärtigen Gefahr für Leib und Leben des Opfers. Geistig behinderte Frauen und Männer, die in der Lage sind, das sexuelle Ansinnen zu erkennen, welches zwar nicht mit physischer Gewalt, jedoch unter Einsatz verbaler oder psychischer Bedrohung verfolgt wird, und dem keinen Widerstand entgegensetzen können, fallen daher nicht in den Schutzbereich dieser Vorschrift. § 174 StGB stellt den sexuellen Mißbrauch von Gefangenen, behördlich Verwahrten oder Kranken in Anstalten unter Strafe. Menschen mit geistiger Behinderung, die in Wohnstätten leben oder in Werkstätten für Behinderte arbeiten, sind in den Schutzbereich dieser Vorschrift nicht einbezogen.

Das Recht von Menschen mit geistiger Behinderung auf sexuelle Selbstbestimmung muß eindeutig in den Schutz des Strafrechtes aufgenommen werden!

- **Handlungsbedarf: Persönlichkeitsrecht**

Mit dem Betreuungsgesetz wurden ab 1992 die veralteten, als diskriminierend empfundenen Regelungen über Entmündigung, Vormundschaft und Pflegschaft für volljährige behinderte Menschen durch die einheitliche Maßnahme der gesetzlichen Betreuung ersetzt, die eine «maßgeschneiderte» Unterstützung nur in Bereichen, in denen Hilfestellung tatsächlich erforderlich ist, auf der Grundlage gerichtlich anzuordnender Befugnis zur rechtlichen Stellvertretung ermöglichen soll. Da den Freiheitsrechten des einzelnen Verfassungsrang zukommt, muß die ausführende Rechtsprechung in jedem Einzelfall bei der Überprüfung, ob und für welche Aufgabenbereiche eines behinderten Menschen eine gesetzliche Betreuung eingerichtet werden darf, den Erforderlichkeitsgrundsatz strikt beachten.

Daß dies nicht immer gelingt, zeigen krasse Einzelfälle wie die nachfolgend wiedergegebene Begründung einer umfassenden Betreuerbestellung für einen geistig behinderten Menschen durch ein norddeutsches Vormundschaftsgericht, an dem sowohl die Diskussion über eine nichtdiskriminierende Sprache als auch die Entwicklung von Hilfen für geistig behinderte Menschen völlig vorbeigegangen zu sein scheint:

> «Das beschriebene Erscheinungsbild entspricht in voller Ausprägung einem Down-Syndrom bzw. einer Trisomie (früher Mongolismus genannt). Hierbei handelt es sich um eine durch Chromosomen-Aberation bedingte embryonale Entwicklungsstörung. Geistig liegt ein Schwachsinn vom Grade der Idiotie mit Sprachunfähigkeit, Hypodynamie und Fehlen jeglicher sinnvoller Handlungsabläufe vor. Der Untersuchte ist auch in noch so bescheidenen Grenzen nicht lernfähig und lebenspraktischen Anforderungen gegenüber hilflos.»

Das Betreuungsrecht eröffnet zunächst dem Vormundschaftsgericht, später auch dem gegebenenfalls bestellten Betreuer einen beträchtlichen Ermessensspielraum bei der Ausübung ihres Mandats, die für die Wahrung und Entwicklung des Selbstbestimmungsrechts der betroffenen Menschen von entscheidender Bedeutung sein kann. Daß diese Möglichkeiten nicht immer mit dem notwendigen Verantwortungsbewußtsein im Sinne der vom Gesetzgeber verfolgten Konzeption genutzt werden, zeigen Statistiken von Betreuerbestellungen mit dem Aufgabenkreis «alle Angelegenheiten des Betreuten» an neun verschiedenen Vormundschaftsgerichten: Während etwa in Bernau (Brandenburg) 1,6, in Kassel 0,7, in Lüneburg und Marburg null und in Schwerin 4,7 Prozent der Betreuungsbestellungen mit der Befugnis zur gesetzlichen Vertretung der Betreuten «in allen Angelegenheiten» verknüpft waren, war dies nach Auffassung der Gerichte in Ravensburg in 29,7, in Dresden in 40,9 und in Würzburg sogar in 58,5 Prozent aller Fälle erforderlich. Da sicher nicht davon ausgegangen werden kann, daß die persönlichen Fähigkeiten zur Wahrnehmung der eigenen Angelegenheiten bei behinderten Menschen in den genannten Städten in so starkem Ausmaß divergieren, drängt sich die Befürchtung auf, daß mancherorts die gesetzliche Betreuung als Eingriff in die Persönlichkeitsrechte behinderter Menschen über das gesetzgeberische Ziel hinausschießt – wenn auch häufig nicht in böser Absicht, sondern um einem vermeintlichen Schutzbedürfnis der Betroffenen zu genügen. Objektiv führt dies jedoch in vielen Fällen zu einem nicht erforderlichen Maß an Fremdbestimmung, das – je nach Handhabung der Befugnisse durch die jeweilige Betreuungsperson – betreute Menschen in ihrer Entwicklung zur Führung eines weitmöglichst selbstbestimmten Lebens stark einschränken kann. Die Rechtsmacht der gesetzlichen Betreuer, die nach § 1901 des Bürgerlichen Gesetzbuches (BGB) verpflichtet sind, das Selbstbestimmungsrecht des betreuten Menschen zu achten, wichtige Angelegenheiten vor einer Entscheidung mit diesem zu besprechen und dabei dessen Wünsche zu beachten, unterliegt nur in bestimmten Angelegenheiten einer engen Kontrolle, so daß de facto ein weitgehend eigenmächtiges Handeln gesetzlicher Betreuerinnen und Betreuer möglich ist und sicher auch vorkommt.

Die Lebenshilfe hatte sich gemeinsam mit anderen Fachverbänden im Zuge der Reformarbeiten für ein abgestuftes System der Beistandschaft zur Unterstützung von Menschen mit geistiger Behinderung ausgesprochen, welches zunächst als Form der Assistenz die gerichtliche Bestellung eines Beistandes ohne rechtliche Vertretungsbefugnis vorsah; diese sollte erst in einer zweiten Stufe der Beistandschaft bei nachgewiesener Notwendigkeit vorgesehen werden. Neuere Entwicklungen im Ausland deuten offenbar in die gleiche Richtung: Die kanadische Provinz Ontario hat beispielsweise ein neues Vormundschaftsrecht mit einem mehrstufigen System verabschiedet, zu dem eine überwiegend aus Vertretern von Selbsthilfeorganisationen behinderter Menschen zusammengesetzte *Advocacy*-Kommission sowie örtliche Unterstützungsbüros gehören, die zunächst behinderten Menschen bei der eigenen Entscheidungsfindung und -ausübung behilflich sein sollen, bevor die Notwendigkeit einer vormundschaftsrechtlichen Maßnahme, die mit gesetzlichen Vertretungsrechten Dritter verbunden ist, in Erwägung gezogen wird. Leider scheint die Implementierung dieses Systems nach einem Regierungswechsel neuerdings – offenbar aus finanziellen Gründen – in Frage gestellt.

Auf der Grundlage des Betreuungsgesetzes ist zu fordern, daß verstärkte Anstrengungen unternommen werden, einen «Unterbau» an Beratungs- und Assistenzdiensten zu schaffen, mit deren Hilfe im Vorfeld von Betreuungsverfahren die Befähigung geistig behinderter Menschen zur Führung eines selbstbestimmten Lebens gefördert wird, um so die im Betreuungsgesetz bereits angelegte Nachrangigkeit der Betreuerbestellung gegenüber anderen Hilfemöglichkeiten in der Praxis auch zu verwirklichen.

Mittelbar entfaltet das Benachteiligungsverbot des Grundgesetzes auch eine Bindungswirkung in bezug auf private Rechtsverhältnisse. Beinahe alltägliche Erfahrungen zeigen jedoch, daß unsere Gesellschaft noch weit davon entfernt ist, Menschen mit geistiger Behinderung als Bürger mit gleichen Rechten anzuerkennen:

Immer wieder laufen Nachbarn Sturm gegen Pläne von örtlichen Lebenshilfe-Vereinigungen, in Wohngebieten kleine, gemeindenahe betreute Wohnangebote für Menschen mit geistiger Behinderung zu schaffen. So hat etwa die Lebenshilfe Gießen bereits sieben Einfamilienhäuser im gesamten Kreisgebiet geschaffen, in denen geistig behinderte Menschen eine möglichst normale Wohnumgebung gefunden haben und dabei nur die Hilfestellung erhalten, die sie dazu benötigen. Dies kann bei einer ambulanten, nur stundenweise erforderlichen Hilfestellung beginnen, aber auch die ständige Pflege und Betreuung von Menschen mit sehr schweren Behinderungen umfassen. Die Absicht, in einem Stadtteil ein weiteres Wohnhaus zu erwerben, wurde 1994 wieder fallengelassen, nachdem sich die potentielle Nachbarschaft massiv gegen die Pläne der Lebenshilfe gewehrt hatte. Die Begründungen folgen in solchen Fällen gängigen Mustern von Vorurteilen und Diskriminierungen: Der Wert der umliegenden Grundstücke drohte zu sinken, Nachbarkinder würden durch geistig behinderte Anwohner gefährdet, an- und abfahrendes Personal verursache Ruhestörung, von Menschen mit geistiger Behinderung gingen unzumutbare Geräuschbelästigungen aus usw. Die Lebenshilfe Gießen verzichtete freiwillig. Ab November 1993 war sie über einen längeren Zeitraum Ziel von rechtsextremistischen Telefonanrufen und Schmierereien an den Hauswänden ihrer sieben Wohngebäude («Bringt die Behinderten um, tötet sie, los tötet sie»). Die – nicht ermittelten – Täter bezeichnete der Gießener Regierungspräsident in einer Presseerklärung als die «schlimmsten Erben der Nazi-Vergangenheit», die klar erkennen müßten, daß sie sich außerhalb der Gesellschaft befinden.

In Thüringen mußte im Frühjahr 1994 der Sozialminister mit der Streichung der Landeszuschüsse für einen Kindergarten drohen, um die Eltern der dort betreuten Kinder in Meiningen-Dreißigacker zur Raison zu bringen, die wochenlang gegen ein in der Nähe geplantes Wohnheim für behinderte Menschen Sturm gelaufen waren («Wir wollen keine geistig Kranken in der Nähe unseres Kindergartens»).

Eine Familie aus dem niedersächsischen Lüneburg bemühte sich jahrelang um den Abschluß einer Zusatzversicherung für ihren 32jährigen geistig behinderten Sohn. Damit sollte für den Fall einer notwendigen Krankenhausbehandlung die Unterbringung in einem Ein- oder Zweibettzimmer ermöglicht werden, um dessen besonderen Bedürfnissen besser entsprechen zu können. Die private Krankenversicherungsgesellschaft lehnte unter Hinweis auf interne Richtlinien den Antrag ab, weil Personen mit «Oligophrenie» nicht versicherbar seien. Obwohl die Krankenversicherung auf der Grundlage der bei ihr geführten Krankenunterlagen einräumen mußte, daß der junge Mann außer einer Blinddarmentzündung nie ernstlich krank gewesen war, beharrte sie auf ihrem Standpunkt und nahm das Argument der Lebenshilfe, eine Behinderung sei keine Krankheit, einfach nicht zur Kenntnis. Auch beharrliche Interventionen der Lebenshilfe sowie der Eltern ließen die Versicherung auf dem «Grundsatz der Vertragsfreiheit» beharren, sie ließ schließlich erkennbar «genervt» mitteilen:

> «Wie Ihnen sicherlich bekannt ist, kann dem Grunde nach jedes noch so extravagante Risiko, sofern es auch nur irgendwie halbwegs einschätzbar ist, versichert werden. Hierfür stellen sich insbesondere englische Versicherer wie British Lloyd zur Verfügung, die Finger von Profimusikern oder Beine von Profifußballern versichern. Dies ist nur eine Frage des Preises. Letztendlich dreht es sich doch um die Frage, ob wir zu dem vorgegebenen Preis des Versicherungsschutzes denselbigen für Personen mit Hirnerkrankungen oder -schädigungen anbieten können oder nicht. Zu unserem Bedauern muß es leider bei der Ihnen bekannten Antwort bleiben.»

Eine Fortführung der Korrespondenz wurde abgelehnt, weil «die durch weiteren Schriftwechsel entstehenden Personal- und Sachkosten gegenüber der Versichertengemeinschaft nicht vertretbar wären.»

Im Bereich des Reisevertragsrechts haben das Frankfurter sowie das Flensburger «Reiseurteil» traurige Berühmtheit erlangt. Sie sind jedoch nur die Spitze des Eisberges, wenn es um Benachteiligungen von Menschen mit geistiger Behinderung geht, die dieselben Bedürfnisse nach Reisen, Erholung und Abwechslung wie alle anderen Menschen haben. Der Reisedienst eines großen deutschen Automobilvereins teilte einer Kundin, die gemeinsam mit ihrem erwachsenen, leicht geistig behinderten Sohn eine teure Karibik-Kreuzfahrt buchen wollte, lapidar die Ablehnung der Buchung mit, unter anderem weil die Liste von ca. 20 Anmeldungen bereits zwei Personen mit Behinderungen enthalte und die Mitnahme eines weiteren behinderten Menschen im Kontingent dieses Veranstalters «zuviel» sei. Im Frühjahr 1995 freute sich eine Gruppe von Menschen mit geistiger Behinderung aus der Pfalz auf ein verlängertes Wochenende in einem schönen Hotel in Heidelberg, welches von den Betreuern über ein örtliches Reisebüro gebucht worden war. Dem Hotel war ausdrücklich mitgeteilt worden, daß es sich bei den Gästen um Menschen mit Behinderungen handeln würde. Bei der Ankunft der Gruppe erfolgte in schroffem Ton der Rausschmiß durch den Hotel-Geschäftsführer. Schockiert und frustriert begab man sich auf die Suche nach einer anderen Bleibe, fand eine Unterkunft für eine Nacht und reiste anderentags enttäuscht nach Hause.

Diese wenigen Beispiele verdeutlichen, welch vielfältigen Diskriminierungen Menschen mit geistiger Behinderung in unserer Gesellschaft ausgesetzt sind. Sie haben in unserer Geschichte und Kultur über sehr lange Zeit hinweg stattgefunden. Die bei der Begegnung mit geistig behinderten Menschen vorherrschenden Gefühle waren – und sind teilweise immer noch – Mitleid, Mißtrauen, Spott und unter Umständen auch Angst. Damit ging ein fast völliger Ausschluß von vielen Bereichen des gesellschaftlichen, kulturellen und politischen Lebens sowie die Verweigerung gleichen Zugangs zu Gütern oder Dienstleistungen einher.

Diese Diskriminierung endlich und endgültig zu überwinden, Menschen mit geistiger Behinderung nicht länger unter der Prämisse der Wohltätigkeit und der Fürsorge zu sehen, sondern unter den Rahmenbedingungen des vollwertigen Bürgerrechtsstatus mit einem Anspruch auf gleichberechtigte Teilhabe am Leben in der Gesellschaft, ist insofern nicht nur die Sache von Gesetzgebung, Rechtsprechung und öffentlicher Verwaltung, sondern die Sache aller.

Die Forderung nach gleichberechtigter Teilhabe am Leben in der Gesellschaft richtet sich deshalb gleichermaßen an alle gesellschaftlichen Ebenen:

- Der Gesetzgeber ist gefordert, bei der Neuschaffung von Gesetzen und bei der Reform bestehender Gesetze den Benachteiligungsgrundsatz des Art. 3 Abs. 3 Satz 2 Grundgesetz strikt zu beachten und Vorschriften in bestehenden Gesetzen und Verordnungen, die Menschen mit geistiger Behinderung diskriminieren, vorrangig zu überarbeiten. Dies gilt nicht nur für die Gesetzgebung auf Bundesebene, sondern auch für die Bundesländer, in deren Zuständigkeitsbereich unter anderem die gemeinsame Beschulung behinderter und nichtbehinderter Kinder fällt, die vorangetrieben werden muß.

- Rechtsprechung und öffentliche Gewalt sind gefordert, bestehende Rechtsgrundlagen korrekt anzuwenden und Menschen mit geistiger Behinderung dabei nicht zu benachteiligen. Dazu gehört auch, sprachliche Diskriminierungen zu unterlassen, besondere Hilfebedürfnisse behinderter Menschen zu respektieren und Verwaltungsvorschriften wie etwa Bäderordnungen, die geistig behinderten Menschen den Zutritt verwehren, zu ändern.

- Im Privatrechtsverkehr wie auch in der Bevölkerung insgesamt müssen falsche Vorstellungen über Menschen mit geistiger Behinderung und daraus resultierende Vorurteile überwunden werden. Einbeziehung in das «normale» Leben in allen Bereichen ist dafür der vielversprechendste Weg.

Ulrich Hase

Diskriminierung durch Unterlassen

Gehörlose Menschen im Spannungsfeld von Behinderung und Gebärdensprachgemeinschaft

Das Ehepaar P. hat ein gehörloses Kind. Der behandelnde Arzt Prof. Dr. B. empfiehlt eine Operation. Das Kind soll ein Cochlear(Innenohr)-Implantat erhalten. Als die Eltern zweifeln, äußert er: «... oder wollen Sie, daß Ihr Kind die Taubstummensprache lernen muß?» Gleichzeitig fordert er, daß das Kind nach der Operation keinen Kontakt zu anderen gehörlosen Kindern hat, denn «sonst würde der Lautspracherwerb gefährdet werden».

In einer Zeitschrift erscheint eine Anzeige, in der für moderne technische Hörhilfen geworben wird. Gleichzeitig ist das Internationale Fingeralphabet abgebildet. Der hierzu gehörige Text «Oder wollen Sie die Taubstummensprache lernen?» läßt eine positive Meinung zur Gebärdensprache gar nicht erst zu.

Peter W. ist gehörlos und Schüler einer Berufsschule für Hörgeschädigte. Immer wieder versteht er die Ausführungen seines Lehrers nicht, da es unmöglich ist, das Gesagte mißverständnisfrei und umfassend von den Lippen abzusehen. Als er darum bittet, daß sein Lehrer Gebärden lernt und diese im Unterricht benutzt, äußert dieser: «Du mußt mich so verstehen und absehen. Denn du mußt dich den Nichtbehinderten, den Normalhörenden, anpassen, nicht umgekehrt.»

Frau Z. erfährt bei ihrem Arzt, daß sie Krebs hat. Damit sie Diagnose und Therapie genau versteht, zieht sie eine Gebärdensprachdolmetscherin hinzu. Die Krankenkasse lehnt die Finanzierung der Gebärdensprachdolmetscherin ab. Das Bundessozialgericht bestätigte im Juli 1995 in einem Urteil (AZ.: 1 Rk 20/94) die Entscheidung der Krankenkasse.

Gehörlosigkeit führt dazu, daß Gehörlose kaum am Fernsehen teilhaben können. Da Gehörlosigkeit auch eingeschränkte Schriftsprachkenntnisse zur Folge hat, helfen untertitelte Sendungen nicht immer, zumal diese häufig unvollständig sind, aus technischen Gründen ausfallen oder bei Live-Sendungen gar nicht erst möglich sind.

Der Deutsche Gehörlosen-Bund fordert deshalb seit langem, daß besonders wichtige Fernsehbeiträge, zum Beispiel einmal täglich die Nachrichten, mit Gebärdensprachdolmetschereinblendung ausgestrahlt werden. Im Antwortschreiben des NDR heißt es unter Berufung auf den Fachmann, Prof. H., der selbst die Gebärdensprache noch nicht einmal in Ansätzen beherrscht, «die Gebärdensprache werde von den meisten Gehörlosen nicht verstanden», deshalb sei «ihre Einblendung bei Informationssendungen sinnlos».

Der Begriff der Gehörlosigkeit kennzeichnet eine von früher Kindheit an bestehende Hörschädigung. Die Situation Gehörloser ist maßgeblich dadurch geprägt, daß sich ihre Behinderung im Kontakt zu normalhörenden Mitbürgern als Kommunikationsbarriere darstellt. In mehrfacher Hinsicht: Andere Menschen werden höchstens bruchstückhaft verstanden, die eigene Lautsprache ist aufgrund des Fehlens der Kontrolle über das Gehör für andere kaum verständlich, Einschränkungen in der Schriftsprachkompetenz sind ebenfalls die Folge.

Gravierende Erfahrungsdefizite führen zu Vorurteilen, erschweren ein Aufeinanderzugehen, und die Nutzung von verschiedensten Medien ist ebenfalls erheblich eingeschränkt. Sicherlich hat sich die Versorgung gehörloser Menschen in den Bereichen Früherkennung, Schule, Berufsausbildung, Technik und Medizin differenziert ausgeweitet und auch verbessert. Dennoch klaffen die Vorstellungen zur Kommunikationssituation Gehörloser von Guthörenden, auch von Fachleuten, und die Erfahrungen von Betroffenen auseinander.

Es bestehen häufig unrealistische Erwartungen darüber, wie Gehörlose in der normalhörenden Umwelt zurechtkommen sollen. Tatsache ist, daß gehörlose und hochgradig hörgeschädigte Menschen in Dialog- und Kleingruppensituationen unter besonders günstigen Voraussetzungen mehr oder weniger verstehen können. Um diese günstigen Voraussetzungen zu haben, ist vieles zugleich nötig: die Bereitschaft des anderen, sich auf Hörgeschädigte einzustellen, beidseitige Kommunikationskompetenzen hinsichtlich des Sprechverhaltens, das Bildungsniveau und anderes mehr. Wenn bestimmte Faktoren nicht vorhanden sind – und dieses trifft überwiegend zu – oder sich der Kreis der Sprechenden vergrößert, mißlingt Kommunikation. Diese Erfahrung machen nicht nur Hörgeschädigte mit geringen Kommunikationskompetenzen, sondern auch diejenigen, die ein besonders hohes Lautsprachniveau erreicht haben und mit optimalen technischen Hörhilfen ausgestattet sind. Wichtig ist in diesem Zusammenhang der Hinweis, daß auch Cochlearimplantierte betonen, daß das Gelingen von Kommunikation auf spezifische Situationen begrenzt ist.

Die Situation gehörloser Menschen ist einerseits durch diese erheblichen Probleme – die die eigentliche Behinderung darstellen – gekennzeichnet. Andererseits haben sie die Möglichkeit einer unschätzbaren Bereicherung: Denn die ca. 80000 in Deutschland lebenden Gehörlosen und Resthörigen können wenigstens in ihrer Gemeinschaft über die Gebärdensprache spontanen und mißverständnisfreien Austausch finden. Darüber hinaus können sie auch im Rahmen der Interaktion mit Hörenden mittels Gebärdensprachdolmetscherinnen und -dolmetschern die Gebärdensprache in Situationen nutzen, in denen es erforderlich ist.

Auffällig ist in diesem Zusammenhang, daß hochgradig schwerhörige und gehörlose Menschen die Notwendigkeit des Einsatzes von Gebärdensprachdolmetscherinnen und -dolmetschern sowie das Bedürfnis, in Gebärdensprache Ausgleich zu finden, oft sehr unterschiedlich einschätzen. Gebärdensprache als notwendigen Bestandteil ihres Lebens stellen sie jedoch – soweit sie sie gelernt haben – selten in Frage. Die Gebärdensprache eröffnet Wege zu einer positiven Identifikation mit der eigenen Lebenssituation.

Die eingangs skizzierten fünf Fallbeispiele sind weder selten noch extrem. Sie stellen typische Vorkommnisse des täglichen Lebens dar. Sie verdeutlichen Kommunikationsbarrieren, mit denen sich gehörlose Menschen immer wieder auseinandersetzen müssen und die das Leben erheblich erschweren. Mehr jedoch als diese Kommunikationsprobleme kränkt es, wenn die eigene Gebärdensprache immer wieder von Fachleuten und Nichtfachleuten verkannt, diskreditiert und als nicht erwünschtes Symbol von Gehörlosigkeit abgetan wird. Gehörlose erleben die Ablehnung von Gebärdensprache als Ablehnung ihrer Daseinsberechtigung. Folglich besteht die zentrale Form der Diskriminierung in dem Versagen von Anerkennung ihrer Gebärdensprache: Man versteht noch, daß Gehörlose wie andere Behinderte auch entsprechender Nachteilsausgleiche bedürfen, doch scheint es das Versorgungskonzept erheblich zu stören, daß es eine Gehörlosen-Sprachgemeinschaft gibt, aus der eigenständige Unterstützungsmöglichkeiten, aber auch spezielle Bedürfnisse erwachsen.

Daß gehörlose Menschen einerseits als behindert gelten, andererseits aber einer eigenen Sprachgemeinschaft angehören, wird von außen als Widerspruch wahrgenommen. Mehr noch: Es kann akzeptiert werden, daß Gebärden sich in den Kanon sonstiger Hilfsmittel im «funktionierenden Konzept» einreihen; eine Behindertengruppe mit einer eigenen Sprache aber – das erscheint für viele, insbesondere Entscheidungsträger, bedrohlich. Ihr auch die entsprechenden Rechte einer sprachlichen Minderheit einzuräumen wird vor diesem Hintergrund als indiskutabel abgetan. Mit*sprache*rechte reduzieren sich so enorm, zumal, wenn ausschließlich Lautsprache als gleichberechtigtes Medium akzeptiert wird.

Wenn es um die Einschätzung geht, was gehörlosen Menschen nützt, wird Professionellen der Bereiche Medizin, Technik und Pädagogik Priorität eingeräumt. Gehörlose erfahren sich immer wieder als Objekt wohlmeinender Bemühungen von Hörenden. Unter dem Deckmantel von – grundsätzlich zu bejahender – Integration wird Gebärdensprache als Hemmnis abgetan. Die über Generationen gewachsene Sprache der Gehörlosen und ihre Kultur werden entwertet und gegen medizinische und pädagogische Neuerungen ausgespielt, die gutes Hören und letztendlich Integration versprechen könnten.

Die HNO-medizinische Entwicklung des Cochlear-Implantates ist ein typisches Beispiel dafür. Zwar hat man gerade bei Spät-Ertaubten erstaunliche Erfolge erzielt, bei von Geburt an Gehörlosen fehlen jedoch in Deutschland umfassende Untersuchungen, die sich unter anderem auch auf psycho-soziale Folgeauswirkungen erstrecken. Ergebnisse aus dem Ausland zeigen, daß bei ca. 30 Prozent der Gehörlosen mittels Cochlear-Implantat keine Erfolge erzielt werden konnten. Alle anderen bleiben auch nach dem Eingriff hörgeschädigt und erleben Grenzen im bereits beschriebenen Sinne. Dennoch fühlen sich Mediziner aufgrund des Implantates dazu ermächtigt, ihre Patienten vor Gehörlosen und den von ihnen entwickelten Kompensationsmöglichkeiten abzuschirmen (Fall 1).

Bis heute finden sich Gebärdensprache und Kultur Gehörloser kaum als Bildungsangebote an Universitäten mit Lehrstühlen für Gehörlosen- oder Schwerhörigenpädagogik.

Es gibt in diesen Bereichen erste Verbesserungen, ausreichende Kenntnisse muß jedoch kein Hörgeschädigtenpädagoge in seinem Examen nachweisen (Fall 3). Die Zusammenarbeit der Hörgeschädigtenpädagogik (Gehörlosen- und Schwerhörigenpädagogik) mit der Linguistik ist gering, während insbesondere in den letzten Jahren aufgrund der Entwicklung des Cochlear-Implantates die Kooperation mit der HNO-Medizin deutlich dominiert.

Abgesehen vom bilingualen Schulversuch an der Hamburger Gehörlosenschule gibt es kaum Konzepte der Einbindung von Gebärdensprache im Schulbereich. Obwohl nach wie vor Widerstände bestehen, Gehörlose nach entsprechender Ausbildung als Gehörlosenpädagogen tätig werden zu lassen, ist jedoch auch seitens einiger Schulen Aufgeschlossenheit gegenüber Betroffenen als Kolleginnen und Kollegen feststellbar.

In den letzten Jahren haben Gehörlose und hochgradig Schwerhörige immer mehr erkannt, daß sie in vielen Bereichen, die ihnen zuvor nicht zugänglich waren, mit Unterstützung der Gebärdensprachdolmetscherinnen und -dolmetscher umfassend verstehen können. Gebärdensprache und Dolmetscher haben in einem nie zuvor dagewesenen Maße Integration ermöglicht. Die Nachfrage nach Gebärdensprachdolmetscherinnen und -dolmetschern wird immer größer. Das steigende Interesse an Gebärdensprache ist auch in den Gebärdenkursen für Hörende deutlich feststellbar.

Nach einer Statistik des Deutschen Gehörlosen-Bundes von August 1994 stellt sich die Situation wie folgt dar:

Insgesamt sind 419 Gebärdensprachdolmetscherinnen und -dolmetscher durch Landesverbände im Deutschen Gehörlosen-Bund ausgebildet und geprüft worden. Davon stehen 382 zur Verfügung; 39 von ihnen arbeiten hauptamtlich, aber die meisten nebenberuflich, was bedeutet, daß sie erst in den Zeiten nach Feierabend zur Verfügung stehen. Es ist kaum vorstellbar, daß die Situation nur wenige Jahre zuvor noch schlechter war.

Geht man in Deutschland von ca. 80 000 Betroffenen aus, die Gebärdensprache beherrschen, so ergibt sich aus dieser Statistik, unter Berücksichtigung der verfügbaren Arbeitszeit, daß ein Gehörloser in Deutschland durchschnittlich maximal jährlich 90 Minuten die Möglichkeit hätte, Gebärdensprachdolmetscherinnen und -dolmetscher zu nutzen.

Dieses zeigt deutlich, daß sich die derzeitige Versorgungssituation weit hinter dem Bedarf bewegt und zu erheblichen Lücken führt, insbesondere im Hochschulbereich. So ist es an der Universität Hamburg den Gehörlosen zur Zeit nicht möglich, ihr Studium in der regulären Zeit abzuschließen, da Gebärdensprachdolmetscherinnen und -dolmetscher nicht in entsprechender Zahl zur Verfügung stehen. Die häufig vorgebrachte Sorge, es könnten zu viele Dolmetscherinnen bzw. Dolmetscher ausgebildet werden, Gehörlose könnten für nahezu alle Situationen, auch beim Einkaufen, Dolmetscher benötigen wollen, entlarvt sich hier als Polemik, bestenfalls als erschreckende Unkenntnis der Situation.

Zur Zeit stehen vielfältige Bemühungen in den verschiedenen Bundesländern an, mehr Dolmetscherinnen und Dolmetscher auszubilden. Es gibt verschiedenste Aus- und Fortbildungsmodelle, die von Wochenendseminaren und einer berufsbegleitenden Ausbildung über die Planung eines Fachhochschulstudiums in Nordrhein-Westfalen bis hin zu einem Studiengang an der Universität Hamburg reichen. Hieraus erwachsen neue Probleme im Hinblick auf die Anerkennung und Arbeitsschwerpunkte der jeweiligen Absolventen, aber auch derer, die bisher ohne eine entsprechende Ausbildung arbeiten.

Der Beruf der Gebärdensprachdolmetscherin bzw. des Gebärdensprachdolmetschers ist nur dann interessant, wenn die Finanzierung der Arbeit gesichert ist. Die Finanzierungssituation gestaltet sich jedoch als überaus schwierig, da verschiedene Kostenträger zuständig sein können, Ermessensspielräume bestehen und die jeweilige Akzeptanz von Gebärdensprache durch entscheidende Beamte unterschiedlich ausgeprägt ist. Hinzu kommt das Problem, daß Kostenübernahmeentscheidungen erst viel zu spät getroffen werden. Die Kostenübernahme für Einsätze von Gebärdensprachdolmetscherinnen und -dolmetschern ist häufig erst geregelt, wenn die zu dolmetschende Situation vorbei ist.

Fall 4 bietet ein typisches Beispiel dafür, was passieren kann, wenn Einsätze nicht finanziert werden dürfen, also Regelungslücken entstehen. Im Gesundheitswesen ziehen Mißverständnisse oder Informationsdefizite zwangsläufig erhebliche Folgekosten nach sich.

Ein weiteres Beispiel aus dem technischen Bereich soll abschließend erwähnt werden. Gehörlose können nicht wie Guthörende das Telefon nutzen. Sie sind deshalb auf das speziell für ihre Bedürfnisse entwikkelte Schreibtelefon angewiesen. Dennoch ist es den Gehörlosen-Verbänden bis heute nicht gelungen, die Aufnahme des Schreibtelefons als Hilfsmittel in den Hilfsmittelkatalog der Krankenkassen zu erreichen.

Forderungen

Im Folgenden soll ein zusammenfassender Überblick der aktuellen Bestrebungen des Deutschen Gehörlosen-Bundes gegeben werden.

- Absicherung der Finanzierung von Gebärdensprachdolmetscherinnen und -dolmetschern durch eindeutige übergreifende gesetzliche Regelungen. Angestrebt wird eine entsprechende Ergänzung des geplanten SGB IX. Finanzierung im Rahmen der Gesundheitsversorgung durch eine entsprechende Ergänzung des SGB V.

- Einrichtung eines Festbetrages in Höhe von 2800 Mark für die Beschaffung von Schreibtelefon oder Fax, aber auch für andere spezielle technische Hilfsmittel. Es wird davon ausgegangen, daß Gehörlose die Möglichkeit haben sollten, sich alternativ für ein Schreibtelefon oder ein Faxgerät entscheiden zu können.

- Ein erhöhter Freibetrag wird gefordert, da Gehörlose aufgrund ihrer Behinderung erhebliche Folgekosten haben. Der hierzu gehörige Nachweis, auch für den Rechtsanspruch der Kostenübernahme von Einsätzen von Gebärdensprachdolmetschern könnte an ein spezielles Merkzeichen «GL» gekoppelt werden.

- Erweiterung des Untertitelangebotes im Fernsehen sowie die Einblendung von Gebärdensprachdolmetscherinnen bzw. -dolmetschern bei Nachrichtensendungen (einmal täglich) und aktuellen politischen Magazinen, die nicht rechtzeitig untertitelt werden können.

- Einbeziehung von Gebärdensprache und Kultur Gehörloser in die Hochschulen und Gehörlosenschulen sowie das Zulassen von Hörgeschädigten als Lehrerinnen und Lehrer in Hörgeschädigteneinrichtungen.

Der Deutsche Gehörlosen-Bund vertritt die Auffassung, daß erst durch diese zentralen Hilfen gehörlosen Bürgerinnen und Bürgern in Deutschland die Möglichkeit gegeben wird, sich zu informieren, in den gleichberechtigten Austausch einzutreten, ein selbstbestimmtes Leben zu führen. Diese Vorstellungen sollen nicht mit anderen Hilfen konkurrieren, sondern einen sicheren Platz im bestehenden Versorgungskonzept erhalten.

Karl Finke

Eine Facette menschlichen Seins

Blinde und Sehgeschädigte nicht «blindisieren»

Martin R., ein 12jähriger Schüler aus einer südniedersächsischen Mittelstadt, hat bisher einen schwierigen, aber erfolgreichen Lebensweg zurückgelegt. Er ist ein außergewöhnlicher Junge. Seit seiner Geburt ist Martin blind. Den Eltern war klar, daß er zumindest über einen längeren Lebensabschnitt besonderer Hilfe und Förderung bedürfen würde. Sie erkundigten sich, engagierten sich in Elterninitiativen und sorgten dafür, daß Martin im heimatlichen Wohnumfeld den Regelkindergarten besuchte und auch eingeschult wurde. Er erhielt in der Grundschule wie auf der Orientierungsstufe den für Blinde vorgesehenen Förderunterricht und konnte so dem Lernstoff an der «normalen» Schule gut folgen.

Die bildungspolitische Entwicklung in Niedersachsen wie auch in anderen Bundesländern geht eindeutig in Richtung Ausbau und Stärkung gemeinsamer Erziehung und Beschulung Behinderter und Nichtbehinderter, obwohl schon erste düstere Finanzierungswolken aufgezogen sind. Martins Eltern engagierten sich seit Jahren in Elterninitiativen für Nichtaussonderung und gingen davon aus, daß ihr Sohn während seiner Schulzeit an der jeweiligen Heimatschule beschult werden könnte. Alles sprach dafür. Martin erhielt eine Gymnasialempfehlung. Die betreuende Blindenschule, die Eltern, die zuständige Schulverwaltung, aber auch insbesondere Martin selbst, gingen von einem Wechsel zum örtlichen Gymnasium aus. Weit gefehlt! Die Schulleitung weigerte sich, ihn aufzunehmen.

In Niedersachsen ist integrative Beschulung zu ermöglichen, sofern die räumlichen, personellen und sachlichen Voraussetzungen gegeben sind. Hierbei muß die Schule zustimmen. Mit dem «Nein» der Schule, das meines Erachtens einen Verstoß gegen Art. 3 Abs. 3 Grundgesetz darstellt, hatte niemand gerechnet. Martin besucht jetzt das Gymnasium für Blinde in Marburg, das einzige Blindengymnasium im deutschsprachigen Raum. Nach Abstimmung mit allen Beteiligten haben ihn seine Eltern, enttäuscht über die heimische Schule, dort angemeldet. Ein Fall von Diskriminierung und Aussonderung, der heute, kurz vor der Jahrtausendwende, noch Realität und kennzeichnend dafür ist, mit welchen Vorbehalten und Vorurteilsstrukturen das Verhältnis von Blinden und Nichtbehinderten belegt ist.

Herrschende Stereotype besagen, Blinde seien besonders sensibel, zurückhaltend, musikalisch, hören und riechen besser, ansonsten jedoch ständig auf fremde Hilfe angewiesen und nicht so durchsetzungs- und leistungsfähig. Diese Vorurteile erleichtern Nichtbehinderten eine allgemeine Verständigung über Blindheit, grenzen jedoch die Fähigkeiten und Fertigkeiten Blinder in unzulässiger Weise ein. Manchen dieser Erwartungshaltungen wird in den unterschiedlichen Lebensbereichen wie Wohnen, Arbeit, Freizeit häufig oder in Teilen durchaus entsprochen. Ein blinder Bekannter, der uns zu einem mehrgängigen Essen eingeladen hatte, antwortete auf die Frage eines elfjährigen Mädchens, wie er denn die Geschäfte finde: «Auch wenn ihr darüber lacht, ich rieche sie.» Er beschrieb kurz, daß viele Geschäfte, zum Beispiel Bäckereien, Parfümerien, Blumen- oder Gemüseläden bestimmten Gerüchen zuzuordnen seien. Während er also auf der einen Seite dem Stereotyp «Blinde haben einen besonders gut ausgeprägten Geruchssinn» entspricht, durchbricht er auf der anderen Seite die Erwartungshaltung Blinde seien «ständig auf fremde Hilfe angewiesen». Er führt seine Wohnung selbständig, geht alleine einkaufen und kocht ohne sehenden Assistenten hervorragend. Das Beispiel des Mannes macht zugleich die erstaunliche Entwicklung deutlich, die die eigenständige Lebensführung Blinder in den vergangenen 20 Jahren genommen hat. Sie ist verbunden mit der Einführung des Mobilitätstrainings und der Schulung in lebenspraktischen Fertigkeiten für Blinde. Im Bereich lebenspraktischer Fertigkeiten erlernen Blinde mit blindenspezifischen Hilfsmitteln wie Meßbechern, Waagen, Uhren, ihren Haushalt selbständig zu führen. Das Mobilitätstraining, in der Regel verbunden mit einem ausführlichen Langstocktraining (Blindenstock), erhöht die räumliche Mobilität Blinder und soll sie befähigen, ihren Arbeitsplatz sowie die wichtigsten Punkte der jeweiligen Gemeinde, zum Beispiel Post, Bahnhof, Geschäfte und Haltestellen, selbständig zu erreichen. Die Kosten hierfür werden von den Versicherungsträgern übernommen.

Sogenannte Blindismen wie Augenbohren, starrer, aufrechter, eckiger Gang und verlorener Blick sind inzwischen eher untypisch für Blinde. War es noch vor 20 Jahren üblich, daß ein Blinder im Lokal von seinem Begleiter oder seiner Begleiterin an den Tisch gebracht, ihm das Essen mundgerecht zerlegt und auch ansonsten durch ständige ergänzende Hilfen seine Unselbständigkeit deutlich wurde, kann er heute nach entsprechendem Training das ihm bekannte Lokal eigenständig aufsuchen, nach Erläuterung der Speisekarte sein Gericht bestellen und die Mahlzeit auch selbst mundgerecht zerlegen. Er benötigt lediglich gelegentliche Hilfen, die eher nebenbei gegeben werden, wie: Das Getränk steht auf «1» oder das Gemüse auf «9». Die Zahlen sind Richtungshinweise, die dem Ziffernblatt der Uhren entnommen sind, so daß der Blinde jeweils weiß, in welche Richtung er sich zu orientieren hat.

Im Alltag ist Blickkontakt von zentraler Bedeutung für die Kommunikation und zwischenmenschliche Kontaktaufnahme allgemein. Über Blickkontakt wird Gesprächsbereitschaft oder Abwesenheit signalisiert, Interesse oder Desinteresse an dem Gegenüber ausgedrückt und so eigentlich ein Gespräch oder ein zwischenmenschlicher Kontakt angebahnt oder von vornherein durch Körpersprache und Blickkontakt verhindert. Dies ist im alltäglichen Umgang zwischen Blinden und Nichtbehinderten ein für Blinde stark ausgrenzender Faktor. Das Nichterwidern von Blickkontakt und Körpersprache wird von dem Sehenden häufig unwillkürlich als Desinteresse, In-sich-selbst-Zurückgezogenheit oder auch Arroganz interpretiert. Ohne wechselseitiges Aufeinanderzugehen geraten Blinde häufig in die Rolle des «Fremdlings» unter Sehenden – auch in offenen Gesprächssituationen. Sie werden in das Gespräch nicht einbezogen oder bei der dynamisch sich fortentwikkelnden Diskussion nicht entsprechend berücksichtigt. Sie stehen außen vor, häufig fachlich kompetent, jedoch nicht gefragt. So hat mir ein sehbehinderter Studienkollege berichtet, daß eine Studentin ihn für arrogant und unnahbar hielt, weil er ihr Zunicken oder andere freundliche Gesten nicht erwiderte. Wörtliche Rede: «Da haben wir monatelang in der Fachschaft gemeinsame Position vertreten und kamen gut miteinander aus, und jetzt reagiert der arrogante Typ nicht mal.» Dies hat sie ihm Jahre später bei einer zufälligen Begegnung berichtet, nachdem sie von seiner Sehbehinderung erfahren hatte.

Obwohl ca. 70 Prozent aller Informationen in unserem sozialen Umfeld optisch vermittelt werden, definieren sich viele Blinde bis auf das «Nicht-sehen-Können» nicht anders als die Menschen ihrer Umgebung. Wie beschrieben, hat in ihrer blindenangepaßten Umwelt das Stigma Blindheit das erhebliche Maß der ansonsten bestehenden Beeinträchtigung verloren. Mit der Forderung nach gesellschaftlicher Teilhabe ist das Ziel verbunden, unsere Lebenswelt blindenangepaßt neu zu gestalten. Blindheit ist unsere Schädigung, das Ausmaß gesellschaftlicher Beeinträchtigung ist jedoch von den Entscheidern auf den unterschiedlichen gesellschaftlichen Ebenen verursacht. Daher gilt es, diese Beeinträchtigungen und Diskriminierungen zu beheben. Zum Beispiel sind Busse und Bahnen sowohl an den Haltestellen als auch in den Fahrzeugen selbst mit akustischen Ansagen auszustatten und Doppelhaltestellen zu vermeiden. Die entsprechenden Vorschriften für Licht-Signalanlagen (Ampeln) sind zügig umzusetzen, das heißt, die Ampeln müssen mit taktilen und akustischen Hilfen für Blinde und Sehbehinderte ausgestattet werden. Fahrbahnabgrenzungen müssen durch Bordsteine und entsprechende Pflasterung für Blinde deutlich wahrnehmbar, Fußgängerzonen und Haltestellen an Bahnhöfen so gepflastert sein, daß sie Blinden sichere Orientierungshilfen geben. Ergänzt werden sollten die Hilfen durch entsprechende Punktschrifthinweise für Blinde an zentralen Orten, etwa stark besuchte Anlaufpunkte und Bahnhöfe. Wer als Blinder eigenständig leben will, muß nicht nur mit Geld umgehen lernen, die Geldscheine müssen auch so angefertigt sein, daß Blinde sie problemlos unterscheiden können. Die vor einigen Jahren eingeführten deutschen Geldscheine sind zwar mit Blindenschrift versehen, die jedoch so klein ist, daß sie selbst in Punktschrift erfahrene Blinde nicht oder kaum lesen können. Auch ist auf deutliche Unterschiede in der Größe der Scheine sowie kontrastreichen Druck verzichtet worden. Beides sind Elemente, die Blinden und Sehbehinderten den Umgang mit Geld erheblich erleichtern würden, Standards, die in benachbarten Ländern wie den Niederlanden und Tschechien realisiert wurden. In dem Konflikt «automatengerecht oder blindengerecht» muß unbedingt bei dem neuen Euro darauf geachtet werden, daß sowohl die Punkte lesbar sind als auch unterschiedliche Größen der Scheine und kontrastreiche Farben verwendet werden. Hier ist bei den deutschen Banknoten bewußt gegen die Interessen Blinder – also diskriminierend – gehandelt worden.

Ich habe dargestellt, welche Bedeutung Mobilitätstraining und lebenspraktische Fertigkeiten für die eigenständige Lebensführung Blinder haben und welche positiven Wirkungen für das Selbstbild Blinder hiermit verbunden sind. Von zentraler Bedeutung, diese Möglichkeiten auch entsprechend nutzen zu können, ist jedoch materielle Unabhängigkeit. Hier ist mit der Verabschiedung von Blindengeldgesetzen auf

Länderebene in den sechziger Jahren ein entscheidender Schritt zur Verbesserung der Lebenssituation Blinder in der Bundesrepublik Deutschland geleistet worden. Galt bis dahin der Satz «Blindheit ist die Mutter der Armut», wurden jetzt die blindheitsbedingten Mehraufwendungen pauschal ausgeglichen. Diese materielle Besserstellung ist historisch ein Schritt, der Blinde durch einen unbürokratischen Nachteilsausgleich nicht in die Sozialhilfe abdrängt, sondern ihnen eigenständige Lebensführung und selbstbestimmtes Leben und Handeln ermöglicht.

Das Ergebnis spricht für sich und darf selbst unter dem Diktat knapper Kassen in seiner Struktur nicht in Frage gestellt werden. Viele Blinde nutzen die jetzt gewonnene Mobilität zur aktiven Freizeitgestaltung und bewußteren Lebensführung. Sie fahren mit Freunden in Urlaub, leben und kleiden sich nicht mehr grau in grau, sondern haben Freude an der Farbe und einem farbigen Leben. Besonders mobile Blinde können an gemeinsamen Segeltörns mit Nichtbehinderten teilnehmen, haben die Chance, Langlaufski oder auch Abfahrtslauf zu erlernen, können an Schießturnieren mit Infrarotgewehren teilnehmen. Rudern, Wandern und viele andere Sport- und Freizeitbetätigungen haben sich für sie erschlossen, sind Motivation für alle Blinden für eine aktive Lebensgestaltung im Rahmen ihrer jeweiligen Möglichkeiten. Der enorme Fortschritt, mit Hilfe des Landesblindengeldes unabhängiger von fremder Hilfe zu leben und für die erforderliche Hilfe auch die entsprechende Vergütung zahlen zu können, kann gerade in der jetzigen Zeit nicht häufig genug unterstrichen werden. Diesen Nachteilsausgleich nicht in Frage stellen zu lassen, muß zentrale Aufgabe aller Interessenvertreter der Blinden sowie der an dem Erhalt eigenständiger Lebensführung interessierten Politiker bleiben. Die Landesblindengeldgesetze sollen auch künftig Orientierungspunkte für nicht ausgrenzende und nicht neue Abhängigkeiten schaffende Sozialpolitik sein.

Benachteiligung beginnt mit der Geburt: Wie in dem einführenden Geschehen deutlich, entscheidet sich für Blinde schon recht früh, ob sie in ihrem Leben einen Sonderweg beschreiten oder gemeinsam mit ihren nichtbehinderten Freundinnen und Freunden den Kindergarten, den Hort und die Schule besuchen. Der Lebensweg blinder Kinder war in der Regel gekennzeichnet vom Besuch des Sonderkindergartens, der Sonderschule, einem Ausbildungsverhältnis in einer Sondereinrichtung und später einer einfachen Tätigkeit in der Privatwirtschaft oder im öffentlichen Dienst. Ein solcher Lebensweg in den entscheidenden ersten 20 Lebensjahren begünstigt Vorurteilsstrukturen zwischen Behinderten und Nichtbehinderten und das Verbleiben Blinder in dem vertrauten, sicheren Blindenumfeld. Die Einschulung blinder Kinder in die Blindenschule gegen den Willen des Kindes und der Eltern bedeutet eine Herausnahme des blinden Kindes aus seiner gewohnten Umgebung und die Zuordnung zu einem Umfeld, das vollständig auf Blindheit ausgerichtet ist. Der Kontakt zu den sehenden Kindern und das gemeinsame Lernen voneinander entfällt fast vollständig.

Es ist die Frage, was dem sehbehinderten oder blinden Kind eher dient: es in ein auf Blindheit eingerichtetes System zu schicken oder das Kind in dem gewohnten Umfeld zu belassen und die erforderlichen Hilfen zum Kind zu holen. Bei der Entscheidung: «Kommt das Kind zu den Hilfen, also zur Einrichtung, in der alle Hilfen für Behinderte vorgehalten werden, oder kommen die Hilfen zum Kind?», ist die letztere zwar für die Einrichtung und das Personal unbequemer, für das Kind jedoch besser. Kindergärten und Schulen sind deshalb von vornherein so auszustatten, daß sie auch blinde Kinder aufnehmen können. Wahlfreiheit zwischen Sonderform oder integrativer Form muß in der Bundesrepublik Deutschland selbstverständlich werden. Der blindheitsbedingte Förderbedarf ist dem jeweiligen Kind zu bewilligen. Wie bereits erläutert, steht eine automatische Zuordnung zu Sonderschulen im Widerspruch zu dem Benachteiligungsverbot Behinderter des Grundgesetzes. Stereotype und Vorurteile zwischen Blinden und Sehenden werden am besten dadurch abgebaut, daß sie gar nicht erst entstehen, indem Blinde zusammen mit Sehenden den Kindergarten sowie die Schule besuchen und gemeinsam ausgebildet werden. Dann werden sowohl die anderen Kinder wie auch die Erzieher und Lehrer zum Beispiel erfahren, daß es neben zurückhaltenden blinden Kindern auch durchaus aggressive blinde Kinder gibt, die schlecht singen, dafür aber laut schreien können...

Wie bereits ausgeführt, ist der überwiegende Anteil der berufstätigen Blinden in einfachen Berufen in der Privatwirtschaft, insbesondere aber im öffentlichen Dienst tätig. Von den ca. 150000 Blinden in der Bundesrepublik sind nach Angaben des Deutschen Blindenverbandes 70 Prozent altersblind, lediglich 15 Prozent berufstätig. Die Situation junger Blinder ist dadurch gekennzeichnet, daß wegen der fortschreitenden medizinischen Technik zwar immer weniger Kinder blind geboren werden oder erblinden, grundsätzlich der Anteil Mehrfachbehinderter jedoch deutlich angestiegen ist. Hieraus ergibt sich, daß sich der Anteil derjenigen Blinden, die keine Chance auf einen Arbeitsplatz haben oder nur gering qualifizierbar und arbeitsfähig sind, regelmäßig erhöht hat, während bei den sonstigen Blinden der berufliche Einstieg zwar gelingt, sie dann jedoch aufgrund der beschriebenen Stereotypen (vermindert leistungsfähig) kaum berufliche Veränderungs- oder Aufstiegsmöglichkeiten haben. Wird einem Blinden ein anderes Arbeitsgebiet übertragen, sind die Kolleginnen und Kollegen wie auch die Vorgesetzten häufig überrascht, wie schnell er sein neues Arbeitsgebiet beherrscht. Als günstig erweist es sich, wenn mehrere Blinde in einem Betrieb arbeiten, da dies die Kontakt- und Erfahrungsebene verstärkt und das Kennenlernen von Blindheit und das Umgehen damit beschleunigt.

Während die «klassischen» Blindenberufe wie Bürstenbinder, Korbflechter, Telefonist kaum oder immer weniger nachgefragt werden, haben die neuen Technologien einerseits Arbeitsplätze vernichtet, jedoch auch dazu geführt, daß Blinde jetzt Sachbearbeitertätigkeiten wahrnehmen können. Computer mit Sprachausgabe, die mit synthetischer Stimme normale Schwarzschrifttexte vorlesen, eröffnen Blinden wie auch weitere EDV Hilfsmittel neue Felder sowohl im Freizeitbereich als auch im Berufsleben. EDV-Berufe oder Zusatzqualifikationen zu Dokumentaren, Journalisten für Rundfunkanstalten und Telefonmarketing-Fachberatern an der Stiftung Blindenanstalt in Frankfurt erweitern die Tätigkeitsfelder für Blinde auf der mittleren und auch der höheren beruflichen Ebene.

Es muß jedoch eingeschränkt darauf hingewiesen werden, daß die Vorteile und Chancen der neuen Technologien überwiegend Blinden zur Verfügung stehen, die bereits in das Berufsleben integriert sind. In der sehr wichtigen Lebensphase von Schule, Ausbildung und Studium ist es außerordentlich schwierig, diese die Ausbildung erheblich erleichternden Hilfsmittel zu erhalten.

Dies ist ein für Außenstehende kaum nachvollziehbarer Widerspruch, der nur aus den einschlägigen Förderbestimmungen des deutschen Sozialrechts zu erklären ist: In einer Lebensphase, wo man alle Hilfen unbedingt braucht, um seinen Eignungen und Fähigkeiten entsprechend ausgebildet zu werden, werden diese Hilfen nur erschwert gegeben. Hat man das Ziel jedoch erreicht, gibt es weitere Fördermöglichkeiten, die dann das Berufsleben erheblich erleichtern. Blinden Beschäftigten sollten zur Wahrnehmung ihrer Aufgaben sowohl die optimale technische Ausstattung als auch Informationsassistenten zur Verfügung gestellt werden. Um eine zeitgleiche Ausstattung mit neuen

Technologien zu gewährleisten, ist es sinnvoll, den EDV-Soft- und Hardware-Herstellern zur Auflage zu machen, jeweils gleichzeitig bei neuen Produkten die entsprechenden Hilfen für Blinde mit anzubieten.

Um die Arbeitsfähigkeit und auch ein selbstbestimmtes Leben zu garantieren, müssen blindengerechte Wohnmöglichkeiten zur Verfügung stehen. Damit Blinde in ihrer Mobilität auf dem Weg zur Arbeit, zu Freunden und bei der Freizeitgestaltung nicht ständig auf ihren Lebenspartner, ihre Lebenspartnerin oder eine Begleitung angewiesen sind, müssen ihnen Wohnmöglichkeiten angeboten werden, die an das Bus- und Bahnsystem gut angebunden sind und ebenfalls eine unmittelbare Anbindung an den Erholungs- und Freizeitbereich haben. Blinde reagieren selbst im Schlaf auf akustische Reize unverhältnismäßig stark. Es ist daher auf eine ruhige Wohnlage zu achten. Ebenfalls sollten die Räume hell und klar gegliedert sein. Dies sind Ideal-Bedingungen, die nur selten und wenn, dann mit langer Vorplanung zu verwirklichen sind. Gerade die Wohnung und ein blindenangepaßtes Wohnumfeld haben für Blinde eine besondere Bedeutung.

Es gibt in der Praxis eine ganze Reihe von Diskriminierungen Blinder. Ein Beispiel ist die derzeitige Praxis des Adoptionsrechts. Obwohl dies nicht ausdrücklich festgelegt ist, wird Blinden verwehrt, Kinder zu adoptieren. Eigene Kinder zu erziehen, auch wenn beide Partner blind sind, ist ihnen nicht verwehrt. Und es hat meines Wissens nicht mehr Probleme mit der Erziehung der Kinder gegeben, als sie im Durchschnitt sehende Partner haben. Trotzdem wird unterstellt, daß eine Adoption, bei der auch nur ein Partner blind ist, nicht dem Kindswohl diene. Eine Unterstellung, die durch die Praxis widerlegt ist.

Ebenfalls als diskriminierend muß angesehen werden, daß Blinde vor Jahren von den Schöffenlisten gestrichen wurden. Dies geschah mit dem Hinweis, daß das erforderliche Inaugenscheinnehmen im Rahmen von Verhandlungen durch Blinde nicht möglich sei. Daß dies, wie in anderen Tätigkeitsbereichen Blinder, durch den Informationsassistenten oder die -assistentin übernommen werden könnte, der oder die dem blinden Schöffen ein optisches Bild verschafft, wurde nicht entsprechend gewürdigt. Auch daß es im Verfahren häufig sinnvoll sein kann, sich nicht von optischen Eindrücken allein leiten zu lassen, spielt keine Rolle, was nur mit Vorurteilsstrukturen und der optischen Orientierung unseres sozialen Gefüges zu erklären ist. Gerade Tätigkeiten im juristischen Bereich sind seit langem die klassischen akademischen Berufsfelder für Blinde: als Anwalt oder Richter zu wirken.

Auch wurde Anfang der neunziger Jahre versucht, Blinde mit dem Hinweis aus Beratertätigkeiten herauszudrängen, sie könnten weder Gestik und Mimik des Ratsuchenden deuten noch Blickkontakt aufnehmen. Diese Bemühungen liefen oft im Hintergrund, obwohl Blinde über Jahre erfolgreich in unterschiedlichen Beratertätigkeiten beschäftigt waren und gerade hier die unterstellte besondere Sensibilität Blinder und das Einbringen anderer, nicht optisch begründeter Eindrücke in die Beratung von besonderer Bedeutung sein können. Solche Versuche sind nur vor dem Hintergrund der arbeitsmarktlichen Situation zu verstehen, die zu einem Verdrängungswettbewerb zwischen Behinderten und Nichtbehinderten führt. Anstatt Blinde im Berufsleben zu fördern, werden sie auf dem Verschiebebahnhof des Arbeitsmarktes bei Hochkonjunktur einbezogen und bei entsprechenden Flauten schnell ausgegrenzt. Das stärkt nicht gerade die Akzeptanz und das Selbstwertgefühl Blinder.

Abschließend folgende Thesen, die im Rahmen eines Gleichstellungs- oder Antidiskriminierungsgesetzes auf Bundes- und Landesebene mit zu berücksichtigen sind:

1. Die integrative Erziehung und Beschulung Blinder muß zügig ausgebaut werden. Ziel ist die Wahlfreiheit des Schülers und der Eltern zwischen Sonderbeschulung und gemeinsamer Beschulung.

2. Durch gezielte Aufklärungs- und Bildungsarbeit sowie entsprechende Stadtplanung (Ampeln etc.) sind die Kontaktebenen zwischen Blinden und Sehenden so zu verstärken, daß Blindheit als eine Form menschlichen Lebens selbstverständlich Bestandteil des Alltags wird und Blinde nicht weiterhin als «Fremdlinge» stigmatisiert werden.

3. Die Sozialgesetze sind so zu verändern, daß Blinden schon während Schulausbildung und Studium die optimalen Hilfsmittel zur Verfügung gestellt werden und Informationsassistentinnen und -assistenten die erforderlichen ergänzenden Hilfen leisten.

4. Arbeit ist insbesondere für Blinde von besonderer Bedeutung. Die rechtlichen Bestimmungen sind so zu verändern, daß den Blinden, ihrer Eignung und Befähigung entsprechend, Ausbildungs-, Berufs- und Aufstiegsmöglichkeiten gesichert sind.

5. Die rechtlichen Vorschriften, zum Beispiel das Schulrecht, das Urheberrecht (genehmigungsfreie Zulassung des Druckes von Büchern auch in Punktschrift) oder die Praxis im Adoptionsrecht, sind auf diskriminierende Bestimmungen hin zu überprüfen und durch Bestimmungen, die Nachteilsausgleiche und Förderung Blinder vorsehen, zu ersetzen.

6. Bei Entscheidungen, die die Lebenssituation Blinder betreffen, sind deren Interessenvertreter verbindlich zu beteiligen. Dies würde zum Beispiel das Drucken blindentauglicher Geldscheine wie auch die Verwirklichung der unmittelbaren Interessen Blinder in Schule, Arbeit, Freizeit und Wohnbereich absichern.

Blinde und Sehbehinderte nicht «blindisieren» heißt:
Alles verhindern, was Blinde in einer Sonderwelt aufwachsen läßt, und sie in unserer Wahrnehmung nicht auf «blind» zu reduzieren, sondern Nichtsehen als eine Facette menschlichen Seins in unser alltägliches Leben zu integrieren und die von Menschen verursachten Beeinträchtigungen und Diskriminierungen zu beseitigen.

Swantje Köbsell

Tödliche Diskriminierung

Die Bioethik-Diskussion und ihre Folgen für Menschen mit Beeinträchtigungen

Im Herbst 1995 wurde vom Londoner Centre of Medical Law and Ethics des King's College europaweit ein Fragebogen an Ärztinnen und Ärzte verschickt, in dem diese befragt wurden, ob und in welchen Fällen sie bei Wachkomapatientinnen und -patienten dem aktiven Entfernen der Magensonde zustimmen würden. Dieser sogenannte Nahrungsentzug hätte den Hungertod zur Folge. Die entsprechende Fragebogenaktion in Deutschland wird vom Präsidenten der Deutschen Gesellschaft für Neurologie unterstützt. Da der Fragebogen keine Möglichkeit läßt, sich aus ethischen Gründen grundsätzlich gegen diesen «Nahrungsentzug» oder gar für ein Verbot solcher Maßnahmen auszusprechen, gehen seine Urheber vermutlich davon aus, daß es Menschen im Wachkoma gibt, bei denen die Beendigung des Lebens durchaus angezeigt ist, deren Leben also nichts mehr wert ist. Es drängt sich der Verdacht auf, daß der Fragebogen dazu dienen soll, einen europaweiten Tötungskonsens unter Ärztinnen und Ärzten herzustellen, daß mittels dieser Aktion der aktive Nahrungsentzug bei derart beeinträchtigten Menschen als medizinische Möglichkeit denkbar, diskutabel und konkret durchführbar gemacht werden soll (vgl. Zieger, in: not 4/95, 13). Die Geisteshaltung hinter diesem Fragebogen ist keine einmalige Entgleisung fehlgeleiteter Wissenschaftler, sondern fügt sich harmonisch in den Zeitgeist, der in den letzten Jahren die Diskussion um den Wert des Lebens bestimmter Menschen beherrscht. Dieser Zeitgeist hat auch in Deutschland seit kurzem einen Namen: Bioethik.

Im angelsächsischen Sprachraum werden die hierunter zusammengefaßten Bereiche bereits seit etwa 20 Jahren diskutiert. Unter diesem Begriff werden Selektionsmaßnahmen am Anfang und am Ende des Lebens zunehmend offen diskutiert, wobei auch Kostenargumente verstärkt eine Rolle spielen. Diese Diskussion hat einen Prozeß der wissenschaftlichen Abwertung behinderten Lebens befördert, der gesellschaftliche Auswirkungen hat und nicht nur massivste Diskriminierungen, sondern letztlich existentielle Bedrohung mit sich bringt.

Die Bedingungen für das Entstehen der Bioethik wurden durch die Entwicklung der modernen Medizin und Biologie geschaffen, deren Möglichkeiten vermehrt mit den traditionellen ethischen Werten und Standards in Konflikt gerieten. Um das Machbare auch ethisch abzusichern, mußte also eine neue Ethik geschaffen werden. Die Bioethik ist die Ethik für diese neuen Technologien, zu denen unter anderem Gentechnik, Humangenetik, Fortpflanzungs- und Transplantationsmedizin gehören.

Obwohl es durchaus deutsche Vertreterinnen und Vertreter bioethischen Gedankengutes gibt, sind es immer noch die Namen Helga Kuhse und Peter Singer, die in der bundesdeutschen Diskussion am häufigsten fallen. Sie vertreten eine zweckrationale Ethik, in deren Rahmen es möglich und notwendig ist, zwischen lebenswertem und lebensunwertem Leben zu unterscheiden. Dadurch wird die Tötung behinderter Kinder, kranker, unfallgeschädigter und alter Menschen zulässig, wenn die Kriterien für menschliche Personalität dauerhaft nicht mehr zutreffen. Diese Kriterien sind Rationalität, Selbst-Bewußtsein, Zukunftsorientierung, Wahrnehmungsfähigkeit, Kommunikations- und Beziehungsfähigkeit sowie Autonomie.

Der Gedanke, Menschen mit bestimmten Beeinträchtigungen das Recht auf Leben und/oder Fortpflanzung abzusprechen, geht historisch weit zurück. Er ist in der jüngeren Vergangenheit untrennbar mit dem Begriff der Eugenik verbunden, der zwischen gesundem (wertvollem) und krankem (nicht wertvollem) Erbgut unterscheidet. Exzessiv umgesetzt wurde eugenisches Gedankengut im «Dritten Reich», was für viele tausend als «minderwertig» eingestufte, mehrheitlich behinderte und psychisch kranke Menschen Zwangssterilisation, mitunter nach vorausgegangener Zwangsabtreibung, und/oder die Ermordung im Rahmen der «Euthanasie» bedeutete.

Auf die Problematik der (nicht oder kaum erfolgten) Vergangenheitsbewältigung der beteiligten Wissenschaften kann hier nicht näher eingegangen werden. Die von den Nazis praktizierte Eugenik betraf drei Bereiche: die Verhinderung der Fortpflanzung bestimmter Menschen durch (Zwangs-)Sterilisation, vorgeburtliche Selektion durch Abtreibung und aktive Sterbehilfe («Euthanasie»). Diese drei Bereiche stehen heute in der Diskussion um eugenisch begründete Diskriminierungen immer noch an erster Stelle, allerdings hat sich ihr Gewicht vor dem Hintergrund anderer gesellschaftlicher Bedingungen und erweiterter medizinischer Möglichkeiten verschoben. Heute werden Fragen des Lebenswertes im Zusammenhang mit pränataler (vorgeburtlicher) Diagnostik in Verbindung mit selektiver Abtreibung und der Sterbehilfe diskutiert, aber auch die Frage der Sterilisation von Menschen mit Beeinträchtigungen hat immer noch brisante Aktualität.

Nachdem das Gesetz zur Verhütung erbkranken Nachwuchses erst 1988 vom Bundestag als Nazi-Unrechtsgesetz anerkannt wurde, erfolgte im Rahmen des Betreuungsgesetzes 1992 die erste gesetzliche Regelung der Sterilisation sogenannter einwilligungsunfähiger Personen in der Bundesrepublik. Die Sterilisation Minderjähriger wurde eindeutig verboten, ansonsten ist die Sterilisation ohne Einwilligung der Betroffenen zwar erschwert, sie ist jedoch immer noch möglich, «wenn Fürsorge, Medizin und Justiz Hand in Hand arbeiten» (Sierck, in: junge Welt vom 15.11.1994). Und auch das europäische Parlament hat im Oktober 1992 eine Empfehlung verabschiedet, wonach geistig Behinderte bei Vorliegen von zwei ärztlichen Gutachten und einem Gerichtsbeschluß sterilisiert werden können.

Zur pränatalen Diagnostik zählen grundsätzlich alle im Rahmen der Schwangerenvorsorge durchgeführten Untersuchungen. In der kontroversen Diskussion geht es jedoch nur um die Methoden, die eine Aussage über Gesundheit, Krankheit, Behinderung des Ungeborenen, also eine qualitative Aussage ermöglichen. Im Kreuzfeuer der Kritik stehen vor allem die Methoden, bei denen Zellmaterial des Ungeborenen entnommen und auf chromosomale und in zunehmendem Maße auch genetische Abweichungen untersucht werden kann. Als wichtigste Methode ist hier die Amniozentese, die Fruchtwasseruntersuchung, zu nennen. Ehemals für Schwangere über 35 eingeführt, um vor allem die Geburt von Kindern mit Down-Syndrom zu verhindern, lassen inzwischen längst viele jüngere Schwangere im Rahmen der sogenannten Angstindikation eine Amniozentese durchführen. So ist die Zahl der Inanspruchnehmerinnen stark angestiegen: 1980 ließen ca. 5000 Schwangere eine solche Untersuchung durchführen, 1991 waren es bereits 70000, was 10 Prozent aller Schwangeren in diesem Jahr entspricht (vgl. Schindele in GID 90/91, S. 21). Die Brisanz dieser Zahlen liegt in der Tatsache, daß die Inanspruchnahme der Amniozentese nur Sinn macht, wenn bei «positivem» Befund eine selektive Abtreibung vorgenommen werden kann, denn die Medizin erweitert zwar ihr diagnostisches Instrumentarium im Bereich der genetischen Beschaffenheit des Menschen in rasantem Tempo, die therapeutischen Möglichkeiten halten damit jedoch nicht Schritt. So ist das einzige Angebot, das bei Feststellung einer vorgeburtlichen Schädigung gemacht werden kann, der «therapeutische Abort».

Dieser war beim alten § 218 nach der embryopathischen oder eugenischen Indikation bis zur 22. Schwangerschaftswoche, bei der sozialen Indikation hingegen nur bis zur 12. Schwangerschaftswoche erlaubt, was schon sehr deutlich zeigt, wie unterschiedlich behinderte und nichtbehinderte Ungeborene bewertet werden. Nach dem neuen § 218 gibt es keine eigens ausgewiesene Indikation mehr für den selektiven Abbruch, er fällt jetzt unter die medizinische Indikation. Die Ungleichbehandlung hat sich jedoch noch eher verschärft: es gibt jetzt für diese Abbrüche gar keine Fristsetzung mehr.

Die späten Fristen für die selektiven Abtreibungen waren lediglich die juristische Absicherung des technisch Machbaren: Da die Amniozentese, die die gängigste Untersuchungsmethode ist, erst zu einem recht späten Zeitpunkt in der Schwangerschaft vorgenommen werden kann, liegt das Ergebnis oft erst in der 20. Schwangerschaftswoche vor, dementsprechend spät wird dann auch der eventuelle Abbruch vorgenommen. Um diesen Zustand zu verändern, aber auch, um pränatale Diagnostik leichter handhabbar und breiter zugänglich zu machen, wird seit langem an Methoden geforscht, die eher anwendbar und möglichst nicht invasiv sind, also nicht in den Körper der Frau eindringen müssen, um das bei invasiven Methoden immer vorhandene Fehlgeburtsrisiko zu umgehen. Die Chorionzottenbiopsie war kein durchschlagender Erfolg; derzeit wird jedoch eine Methode erprobt, die, wenn sie funktioniert, die Pränataldiagnostik revolutionieren könnte: die genetische Diagnostik aus dem Blut der Schwangeren. Nicht invasiv, früh anwendbar und damit auch die Möglichkeit zu frühen Abbrüchen mit der «normalen» Absaugmethode bietend – *die* Methode schlechthin.

Noch aktueller ist der Versuch, Abbrüche dadurch zu verhindern, daß überhaupt nur gengecheckte Embryonen in die Gebärmutter kommen. Dies soll die Präimplantationsdiagnostik gewährleisten. Dabei werden die Frauen zunächst den üblichen Prozeduren (besser: Torturen) der In-vitro-Fertilisation unterworfen (hohe Hormongaben zur mehrfachen Eireifung, Superovulation, ständige Kontrolle, dann «Eiernte»). Von den durch Befruchtung im Reagenzglas entstandenen Embryonen wird mittels «Embryosplitting» im Achtzellstadium eine der noch totipotenten Zellen abgetrennt, die auf ihre genetische Gesundheit gecheckt wird. Die Embryos, die den Test bestanden haben, können dann in die Gebärmutter eingespült oder auch zur späteren Einspülung eingefroren werden. Die Embryonen, die den Test nicht bestehen, werden vernichtet oder in der «verbrauchenden Embryonenforschung» verwendet. Dieses diagnostische Verfahren wird im Ausland schon angewendet; in Deutschland nicht, da das Embryonenschutzgesetz dies nicht zuläßt. Eingriffe in die Keimbahn (sogenannte Keimbahntherapie, die eine dauerhafte und vererbbare Manipulation des Genoms bedeutet) sind ebenfalls verboten.

Mit dem Beispiel der Präimplantationsdiagnostik wird deutlich, daß Humangenetik, Pränataldiagnostik, Embryonenforschung und die modernen Reproduktionstechnologien einander bedingen und sich wechselseitig Material und Ergebnisse beschaffen. Die Betonung des Präventionsgedankens, einschließlich der Überlegungen, nicht-präventives Verhalten negativ zu sanktionieren, produziert Druck zur Inanspruchnahme aller verfügbaren Tests. Dieser wird noch verstärkt durch das Konstrukt der verantwortlichen Mutter-/Elternschaft sowie eine Rechtsprechung, die den Fötus als eigenständiges Rechtssubjekt konstituiert hat, das in den USA bereits Rechtsansprüche auf Nichtbehindertsein bzw. Nichtgeborenwordensein gegenüber seinen Eltern einklagen kann. Nach der Rechtsprechung des Bundesgerichtshofes ist dies in der Bundesrepublik derzeit nicht möglich. Es sind jedoch auch hier schon mehrfach Ärzte verurteilt worden, weil sie eine Schwangere nicht eindringlich genug auf das durch eine Fruchtwasseruntersuchung (mit anschließender Abtreibung, diese wird gern beim Anpreisen der Methode verschwiegen) zu vermeidende Risiko einer Behinderung des Ungeborenen hingewiesen hatten (vgl. Degener in: Stein 1992, S. 186ff). Es liegt auf der Hand, daß die Drohung eines solchen Prozesses die Bereitschaft von Ärzten, auf Pränataldiagnostik zu verzichten bzw. Frauen, die sie nicht wollen, zu unterstützen, deutlich verringert.

Wird – aller Prävention zum Trotz – ein Kind behindert geboren, geht es um die Frage, der die eingangs erwähnten «Philosophen» Peter Singer und Helga Kuhse ein ganzes Buch gewidmet haben: «Should the Baby live?» (Soll dieses Kind am Leben bleiben?) Singer ließ auch vorher schon keinen Zweifel darüber aufkommen, wo er in dieser Frage steht: «Gegenwärtig können Eltern nur dann darüber entscheiden, ob ihr behinderter Abkömmling erhalten oder vernichtet werden soll, wenn die Behinderung während der Schwangerschaft entdeckt wird. Es gibt keine logische Grundlage dafür, die Entscheidung der Eltern allein auf derartige Behinderungen zu beschränken. Würde man behinderte

Neugeborene bis zu etwa einer Woche oder zu einem Monat nach der Geburt nicht als Wesen betrachten, die ein Recht auf Leben haben, dann könnten wir unsere Entscheidung auf der Grundlage eines weit umfassenderen Wissens über den Zustand des Kindes treffen, als das vor der Geburt möglich ist.» (Singer 1984, 186f).

Auch wenn Singers Vorstellungen nicht Realität sind, hört man doch immer wieder, daß behinderte Neugeborene durch das sogenannte Liegenlassen getötet werden, das heißt, sie werden gar nicht oder nur mit Flüssigkeit versorgt, bis sie gestorben sind. Die Deutsche Ärztekammer hat 1986 in den «Einbecker Empfehlungen» geregelt, welche Neugeborenen behandelt werden sollen und welche nicht. Eine aufgrund der starken Kritik an der ersten Version überarbeitete Fassung liegt seit 1991 vor, sie regelt jedoch im wesentlichen dasselbe; auch hier wird über lebenswert und -unwert entschieden.

Die Sterbehilfediskussion gibt es in der Bundesrepublik seit mehr als zehn Jahren. Sie begann in der breiteren Öffentlichkeit, als Julius Hakkethal medienwirksam die «selbstbestimmten» Tode behinderter und schwerkranker Menschen inszenierte. Fortgesetzt wurde die Sterbepropaganda unter anderem von der Deutschen Gesellschaft für Humanes Sterben, deren Vorsitzender Sterbewilligen das Zyankali eigenhändig nach Hause brachte, und vom NDR, der im Dezember 1994 den holländischen Film «Tod auf Verlangen» zeigte, in dem ein durch eine fortschreitende Krankheit behinderter Mann – nach holländischem Gesetz legal – auf seinen Wunsch von einem Arzt getötet wird. Weder der Film noch die anderen Pro-Sterbehilfe-Kampagnen problematisierten, warum Menschen in bestimmten Situationen Sterbewünsche äußern und wie diesen anders als mit dem Angebot des schnellen Todes begegnet werden kann. So spielte das gesellschaftliche Klima, in dem alte, kranke und behinderte Menschen sich zunehmend als «unnütze Last» empfinden, für die Befürworter nie eine Rolle, obwohl die Sterbehilfeopfer oft sehr deutlich äußerten, daß genau dieses Gefühl Ursache ihres Todeswunsches war. Ebenfalls ignoriert wurden die Stimmen, die davor warnten, daß das grundsätzliche Zulassen von aktiver Sterbehilfe unweigerlich dazu führen würde, daß auch Menschen getötet würden, die selbst nicht darum gebeten haben, sondern vielleicht Angehörige oder Pflegepersonal, weil sie die Situation nicht mehr ertragen können oder die Behandlung zu teuer wird. Gerade das holländische Beispiel belegt eindringlich, daß diese Vorbehalte berechtigt sind, daß die Grenzen zwischen freiwilliger und von Dritten initiierter Sterbehilfe fließend sind, wenn aktive Sterbehilfe legalisiert wird. Es zeigt auch, daß die Möglichkeit der legalen aktiven Sterbehilfe eine Grundhaltung in Medizin und Gesellschaft begünstigt, die Hilfe für Menschen in Not auf das Anbieten des «selbstbestimmten» Todes verkürzt (vgl. Fenigsen 1993).

Was lange Zeit als Kassandrarufe einiger überempfindlicher Zeitgenossinnen und -genossen abgetan wurde, beginnt sich europa- und weltweit als realistische Zukunftsperspektive abzuzeichnen: Die rasanten Fortschritte bei der Entschlüsselung des menschlichen Genoms verstärken eine schon länger beobachtbare Tendenz, soziale Probleme und abweichendes Verhalten zu biologisieren, zu genetisieren und mit biologisch-technischen Mitteln lösen zu wollen.

Das rasch anwachsende Wissen über die genetische Beschaffenheit von Menschen schafft jedoch vielfältige Probleme. Zunächst einmal für die einzelnen, die sehen müssen, wie sie mit dem neuen Wissen über sich und ihre Zukunft umgehen. Darüber hinaus verstärken sich dadurch gesellschaftliche Problemlagen, bzw. es werden neue geschaffen, zum Beispiel genetische Diskriminierung, gegen die in Kalifornien bereits ein Gesetz erlassen wurde.

Grundsätzlich verstärken sich gesellschaftliche Tendenzen, Behinderung und Krankheit zu individualisieren und in die Eigenverantwortlichkeit der betroffenen Personen oder ihrer Familien zu geben; dies wiederum verstärkt die Tendenz zur Entsolidarisierung mit Müttern/Eltern behinderter Kinder und den behinderten Menschen selbst. Die beiden Zauberworte in diesem Zusammenhang heißen «Verantwortliche Elternschaft» und Prävention, wobei der Präventionsgedanke durch die ständige Beschwörung der «Kostenexplosion im Gesundheitswesen» zunehmend an Brisanz gewinnt – es geht nur noch vordergründig darum, dem einzelnen ein Leben mit bestimmten Krankheiten/Behinderungen zu ersparen, vielmehr geht es schlicht und einfach darum, Geld einzusparen.

Ein ungebrochener Fortschrittsoptimismus, wonach alles Machbare auch gemacht werden muß, der von Wissenschaft und Medien geschürte Glauben, ein Recht auf ein Leben ohne Behinderung zu haben, führt in Kombination mit einem zunehmend von Sozialabbau gekennzeichneten, behindertenfeindlichen sozialen Klima zu immer höheren Qualitätsanforderungen bei Ungeborenen und immer selbstverständlicher zum Abbruch einer Schwangerschaft bei festgestelltem «Defekt». Auch der Wunsch nach dem «selbstbestimmten» Tod entsteht aus diesem Denken: Zum einen wird damit Geld gespart, und zum anderen erspart es die Auseinandersetzung mit Krankheit, Behinderung, Alter, Tod und Sterben.

Auf internationaler Ebene ist man inzwischen dabei, Regularien für den Umgang mit den neuen «Bio»-Technologien und den sich aus ihnen ergebenden Möglichkeiten zu schaffen, die so international sanktioniert werden sollen. Sowohl die UNESCO als auch der Europarat haben Gremien bestimmt, die derzeit dabei sind – meist hinter verschlossenen Türen –, entsprechende Richtlinien zu erarbeiten. Welche brisanten Themenbereiche da unter Ausschluß der Öffentlichkeit geregelt werden sollen, wurde am Beispiel der bisher diskutierten Entwürfe für die Bioethik-Konvention des Europarates deutlich, die allen Protesten zum Trotz sogenannte fremdnützige Forschung an nicht einwilligungsfähigen Personen zulassen will, was eine eklatante Menschenrechtsverletzung wäre. Sowohl der Entwurf der Bioethik-Konvention des Europarates als auch das entsprechende Papier der UNESCO setzen die Forschungsfreiheit vor die Menschenwürde und bauen bei scheinbar restriktiven Regelungen (zum Beispiel Verbot der Keimbahntherapie) Hintertürchen ein, um die entsprechende Forschung gegebenenfalls doch durchführen zu können, wenn es sein muß, eben auch auf Kosten der Menschenrechte von Menschen mit Beeinträchtigungen.

Der Hintergrund aller dieser wissenschaftlichen Bemühungen ist letztendlich ein eugenischer: die Ergebnisse von Forschung und Wissenschaft wollen in Handeln umgesetzt werden, und das bedeutet in diesem Bereich in der Konsequenz immer eine Bewertung in lebenswert und -unwert, also Selektion. Darum ist es wichtiger denn je, im Interesse der Menschenrechte behinderter Menschen jedwede eugenische und/oder menschenverachtende Gesetzgebung national und international zu verhindern.

Forderungen

Die hier aufgelisteten Forderungen erheben keinen Anspruch auf Vollständigkeit und sind auch nicht alle im Rahmen eines Anti-Diskriminierungsgesetzes umsetzbar. Sie sollen aber aufzeigen, in wie vielen Bereichen Veränderungen nötig sind und wo angesetzt werden könnte.

- Es ist gesetzlich zu verankern, daß es kein Recht auf ein nichtbehindertes Kind gibt, wohl aber ein Recht auf Nichtwissen.*

- Die kommerzielle Pränataldiagnostik und Humangenetik muß verboten und die Finanzierung der humangenetischen Forschung gestoppt werden. Statt dessen sind von humangenetisch-medizinischen Expertinnen und Experten unabhängige Beratungsstellen zu schaffen, die über ein Leben mit Behinderung informieren und betroffene Menschen unterstützen.*

- Umlenkung von Forschungsmitteln, die für auf die Ausweitung der pränatalen Diagnostik zielende Forschung eingesetzt werden

- Ein Gutachten über die Auswirkungen vorgeburtlicher Selektion auf die Würde der Menschen mit Behinderungen und deren Grundrechte ist in Auftrag zu geben.*

- Abkehr von der regelhaften Anwendung der pränatalen Diagnostik in der Schwangerenvorsorge, Voraussetzung ist eine Entmedizinisierung und Enttechnologisierung von Schwangerschaft, wie auch die Abkehr vom Risikokonzept in der Schwangerenvorsorge (70 Prozent aller Schwangerschaften gelten als Risikoschwangerschaften!)

- Abschaffung der übersteigerten Beratungspflicht von Ärzten im Hinblick auf die pränatale Diagnostik; Voraussetzung dafür ist die Änderung des Versicherungs- und Schadensrechts, das Behinderung als «Schadensfall» definiert *

- Die aktive Sterbehilfe darf nicht legalisiert werden *

- Verbot der fremdnützigen Forschung an nichteinwilligungsfähigen Personen

- Keine gesetzliche Legitimierung von Zwangssterilisationen *

- Verbesserung der Lebensbedingungen behinderter Menschen und ihrer Familien

- Öffentlichkeitsarbeit für eine gesellschaftliche Auseinandersetzung über die Problematik der pränatalen Diagnostik

- Initiierung und Führung einer gesellschaftlichen Auseinandersetzung über Behinderung

- Initiierung und Führung der gesellschaftlichen Auseinandersetzung um den Selbstbestimmungsbegriff und seine negativen Implikationen wie das «Recht» auf ein nichtbehindertes Kind

- Auseinandersetzungspflicht mit Eugenik, Euthanasie und der zugrundeliegenden behindertenfeindlichen Ethik für alle Berufsgruppen des Gesundheits- und Sozialwesens (zum Beispiel kritische Ärztefortbildung)*

- Untersuchung von Schulbüchern auf Inhalte, die eugenisch sind bzw. Behinderte diskriminieren *

Die mit * gekennzeichneten Forderungen wurden aus dem Forderungskatalog behinderter Frauen an Gleichstellungsgesetze übernommen bzw. lehnen sich an diese an (vgl. Hermes (Hg.) 1994, S. 95 ff).

Literatur

Beck-Gernsheim, Elisabeth: Welche Gesundheit wollen wir? Dilemmata des medizinischen Fortschritts, Frankfurt/Main 1995.

Degener, Theresia: Humangenetische Beratung, pränatale Diagnostik und (bundes)deutsche Rechtssprechung in: Stein, Annedore (Hg.): Lebensqualität statt Qualitätskontrolle menschlichen Lebens, Berlin 1992.

Degener, Theresia und Köbsell, Swantje: «Hauptsache, es ist gesund»? Weibliche Selbstbestimmung unter humangenetischer Kontrolle, Hamburg 1992.

Fenigsen, Richard: Euthanasie – «auf Verlangen» und «freiwillig»? Wie Mord in einer Gesellschaft legalisiert wird, in: Ökolin X 10, April/Mai 1993.

Frankfurter Rundschau (FR) 14.08.1995: Chancen für die Reduzierung von Ungleichheiten weltweit. Die Unesco bereitet eine weltweite Bioethik-Deklaration vor/Der Entwurf zum Schutz der menschlichen Erbinformation.

Frankfurter-Rundschau (FR) 5.12.1995: Wie Ausnahmeregelungen den Schutz der Menschenwürde aushebeln. Die neue Fassung der Bioethik-Konvention zur biomedizinischen Forschung.

Gen-ethischer Informationsdienst (GID) Nr. 106, September 1995: Leerformeln für die Zukunft. Vorder- und Hintertüren auf: Bioethik-Komitee legt Entwurf für eine Unesco-Deklaration zur Bioethik vor.

Gronemeyer, Reimer: Ohne Seele, ohne Liebe, ohne Haß – Vom Ende des Indi-

viduums und vom Anfang des Retortenmenschen, Düsseldorf/Wien/New York/Moskau 1993.
Hermes, Gisela (Hg.): Mit Recht verschieden sein. Forderungen behinderter Frauen an Gleichstellungsgesetze, Kassel 1994.
Klees, Bernd: Der gläserne Mensch im Betrieb, Frankfurt/Main 1988.
Rainer, Bettina: EUTHANASIE – Zu den Folgen eines harmoniesüchtigen Weltbildes, Wien 1995.
Schindele, Eva: Entsinnlichung der Schwangerschaft in GID 90/91, Dezember 1993.
Sierck, Udo: «Rassenhygiene» in China. Eugenikgesetz tritt ab 1. Juni 1995 in Kraft. Verlogener Protest vom Westen, in: junge Welt Nr. 266, 15. 11. 1994.
Sierck, Udo: NORMalisierung von Rechts. Biopolitik und ‹Neue Rechte›, Hamburg 1995.
Singer, Peter: Praktische Ethik, Stuttgart 1984.
Stein, Annedore (Hg.): Lebensqualität statt Qualitätskontrolle menschlichen Lebens, Berlin 1992.
Weß, Ludger (Hg.): Schöpfung nach Maß: perfekt oder pervers? Oberursel 1995.
Zeitpunkte: Was darf der Mensch? Hamburg 1995.
Zieger, Andreas: Keine «Euthanasie» bei Wachkomapatienten, in: not 4/95.

Perspektiven

Andreas Jürgens

Auf bessere Einsicht zu warten genügt nicht

Plädoyer für ein Gleichstellungsgesetz

Seit einigen Jahren wird immer wieder von behinderten Menschen und ihren Organisationen die Forderung nach einem Gleichstellungsgesetz erhoben. Gleichstellungsgesetze zur Bekämpfung der gesellschaftlichen Benachteiligungen von Frauen – vor allem im Arbeitsleben – gibt es inzwischen in einigen Bundesländern. Schwule und Lesben ebenso wie Ausländer oder andere benachteiligte Bevölkerungsgruppen fordern immer wieder auch einen gesetzlichen Schutz vor Diskriminierungen. Mein Plädoyer für ein Gleichstellungsgesetz beschränkt sich thematisch auf die Situation von Menschen mit Behinderungen. Viele Aspekte können aber sicher auf die Diskussion in anderen Bereichen übertragen werden. Die Auswirkungen von diskriminierenden Einstellungen gegenüber Minderheiten in der Gesellschaft sind zwar unterschiedlich, die menschenverachtende Ideologie dahinter ist jedoch in der Struktur durchaus gleich: Menschen werden auf Merkmale ihrer Persönlichkeit reduziert und wegen dieses Merkmals (Geschlecht, Behinderung, sexuelle Orientierung etc.) für minderwertig erklärt. Es ist deshalb nicht verwunderlich, daß andere Gruppen ähnliche Strategien der Gegenwehr entwickeln.

1. Zielsetzung eines Gleichstellungsgesetzes

Perspektivenwechsel in der Behindertenpolitik

Die Motivation, für ein Gleichstellungsgesetz für Menschen mit Behinderungen einzutreten, wird aus unterschiedlichen Erwartungen genährt. Die wichtigste ist wohl der Wunsch nach einem Perspektivenwechsel in der Behindertenpolitik. Bei vielen behinderten Menschen hat die eigene Erfahrung mit Anti-Diskriminierungs-Vorschriften in den USA und deren positive Auswirkungen auf die Lebensumstände von Behinderten dazu geführt, sich auch hierzulande für ein Gleichstellungsgesetz einzusetzen. Beim Austausch mit Behinderten aus den USA treffen immer zwei Welten aufeinander: hier die Erfahrungen mit dem

Wohlfahrtsstaat europäischer Prägung mit einem auch im weltweiten Maßstab sehr gut ausgebauten Rehabilitationssystem, dort eine Gesellschaft fast ohne soziale Leistungen für alte, kranke und behinderte Menschen, aber mit einem ausgeprägten Sinn für individuelle Freiheiten und einer Tradition der Bürgerrechte. Die hiesige «Rehabilitationsideologie» weist behinderten Menschen vorwiegend die Rolle derjenigen zu, die aufgrund von Beeinträchtigungen der verschiedenen Art den Anforderungen der auf Nichtbehinderte ausgerichteten Umwelt nicht gerecht werden können und deshalb der Hilfe und Unterstützung anderer bedürfen. Das gesamte Behindertenrecht, insbesondere das Rehabilitationsrecht, übernimmt diese Sichtweise: vorrangiges Ziel ist die möglichst weitgehende Anpassung der Behinderten an die nichtbehinderte Umwelt. Diese Aufgabe wird einer umfangreichen Sonderbürokratie und Fachleuten der unterschiedlichen Profession in einem ganzen System von Sondereinrichtungen zugewiesen.

Die moderne Sichtweise einer auf Emanzipation und Selbstbestimmung ausgerichteten Behindertenpolitik, wie sie von der Independent-Living-Bewegung behinderter Menschen in den USA vertreten und auch hierzulande zunehmend Maßstab der politischen Aktivitäten von Behinderten und ihren Organisationen wird, ist grundsätzlich anders orientiert: Behinderte dürfen nicht mehr passive Objekte, sondern müssen aktiv gestaltende Subjekte der eigenen Lebenssituation werden.

Behinderung ist kein individuelles Merkmal, sondern vor allem eine gesellschaftliche Zuschreibung. Alle gesellschaftlichen Bereiche müssen daher auch verpflichtet werden, eine angemessene Teilhabe von Behinderten zu ermöglichen. Die Frage der Beteiligung am Leben der Gemeinschaft darf nicht allein einer Fachbürokratie überlassen bleiben, sondern muß allen Privatpersonen, Stellen und Einrichtungen zur Verpflichtung gemacht werden, bei denen Ausgrenzung und Diskriminierung – und in diesem Sinne eigentlich «Behinderung» – entsteht.

Der Grundgedanke ist einfach: es darf keine Bereiche in dieser Gesellschaft geben, in denen Behinderte nicht vorkommen. Niemand hat einen Anspruch darauf, von der Anwesenheit behinderter Menschen verschont zu bleiben. Diskriminierungen müssen dort bekämpft werden, wo sie entstehen, und in diesem Sinne bedarf es eines Perspektivenwechsels in der Behindertenpolitik und eben auch in der rechtlichen Ausgestaltung. Das Rehabilitationssystem soll nicht ersetzt, sondern durch Vorschriften ergänzt werden, die im Rahmen des Möglichen den Anspruch behinderter Menschen auf gesellschaftliche Teilhabe festschreiben.

Kampf gegen rechtliche Diskriminierungen

Behinderte Menschen werden durchaus auch mit den Mitteln des Rechts diskriminiert. Mindestens diese rechtlichen Diskriminierungen können auch durch gesetzliche Änderungen oder Klarstellungen sofort beseitigt werden: unabhängig von der Frage, in welchem Maße durch gesetzliche Maßnahmen gesellschaftliche Phänomene – hier die Diskriminierung behinderter Menschen – überhaupt beeinflußt werden können. Für diese «rechtlichen» Diskriminierungen einige Beispiele:

Es gibt gesetzliche Vorschriften, die schon ihrem Wortlaut nach behinderte Menschen diskriminieren. So lautet etwa § 828 Abs. 2 BGB (Bürgerliches Gesetzbuch) immer noch wie folgt: «Wer das siebente, aber nicht das achtzehnte Lebensjahr vollendet hat, ist für einen Schaden, den er einem anderen zufügt, nicht verantwortlich, wenn er bei der Begehung der schädigenden Handlung nicht die zur Erkenntnis der Verantwortlichkeit erforderliche Einsicht hat. *Das gleiche gilt von einem Taubstummen.*» Mit anderen Worten: Gehörlose werden rechtlich gleichgestellt mit Minderjährigen, auch wenn sie längst volljährig sind. Oder in § 8 Abs. 1 BGB: «Wer geschäftsunfähig oder in der Geschäftsfähigkeit beschränkt ist, kann ohne den Willen seines gesetzlichen Vertreters einen Wohnsitz weder begründen noch aufheben.» Dies betrifft zum Beispiel viele geistig behinderte Menschen, die in ihrer Selbstbestimmung stark eingeschränkt werden.

Es gibt darüber hinaus Vorschriften, die sich jedenfalls behindertendiskriminierend auswirken. So gilt etwa die Verpflichtung der Unternehmen im Personenbeförderungsverkehr, jeden Fahrgast zu befördern, nach § 22 Nr. 2 PBefG (Personenbeförderungsgesetz) nur, wenn die Beförderung mit den regelmäßig eingesetzten Beförderungsmitteln möglich ist. Da eine Beförderung etwa von Rollstuhlfahrerinnen und Rollstuhlfahrern mit den herkömmlichen Bussen und Bahnen nicht möglich ist, gilt die Personenbeförderungspflicht faktisch für diesen Personenkreis nicht.

Oder: Der Grundsatz der Vertragsfreiheit gestattet es jedem Rechtssubjekt, frei darüber zu entscheiden, mit wem er oder sie Verträge abschließt und mit wem nicht. Die Gründe für eine solche Entscheidung werden von der Rechtsordnung nicht hinterfragt. Auch die diskriminierende Ablehnung von Vertragsschlüssen ist daher jedenfalls rechtlich nicht zu beanstanden. Dieser Grundsatz gilt nicht nur für Privatpersonen, sondern auch für große Personen- oder Kapitalgesellschaften. So lehnen es viele Versicherungsgesellschaften nach wie vor ab, vor allem mit geistig behinderten Menschen oder psychisch Kranken überhaupt Verträge über eine Haftpflicht-, Kranken- oder Unfallversicherung abzuschließen, viele körperlich behinderte Menschen müssen jedenfalls erheblich höhere Versicherungsprämien zahlen als Nichtbehinderte. Auch diese Diskriminierung wird von der Rechtsordnung hingenommen.

Schließlich gibt es auch «neutrale» Vorschriften, die zunächst mit Behinderten gar nichts zu tun haben, die aber von der Rechtsprechung diskriminierend angewandt werden. Das bekannteste Beispiel hierfür ist sicher das sogenannte Flensburger Behindertenurteil. Die gesetzlichen Vorschriften, die einen Reisenden zu einer Minderung des Reisepreises berechtigen, wenn während der Reise irgendwelche Mängel auftreten, ist ohne weiteres vernünftig und nicht zu beanstanden. In dem genannten Urteil wurde es jedoch auch als Mangel angesehen, wenn einem Reisenden «zugemutet» wird, in einem Speisesaal zu essen, in dem auch eine Gruppe Behinderter die Mahlzeiten einnahm. Ein Zehntel des Reisepreises wurden dem Hotelgast als Minderung zugesprochen. Diese Entscheidung ist mehrfach – auch in Juristenkreisen – auf Ablehnung gestoßen. Gleichwohl gibt es keine Garantie, daß sich derartiges nicht wiederholt, zumal das Landgericht Frankfurt/Main in einem ähnlichen Fall bereits einmal in gleicher Weise entschieden hatte. Eine gesetzliche Klarstellung könnte hier eine größere Sicherheit bieten.

Vor einigen Jahren ging eine Entscheidung des Bundesgerichtshofes (BGH) durch die Presse. Ein türkischer Junge war bei einem Unfall schwer verletzt worden und seitdem körperlich und geistig behindert. Bei der Bemessung des Schmerzensgeldes sei zu berücksichtigen, so der BGH, daß durch hohe Schmerzensgeldbeträge weder ein Ausgleich für die schwere Behinderung verschafft werden könne noch die Genugtuungsfunktion des Schmerzensgeldes zum Zuge komme. Der Verletzte sei so schwer behindert, daß er seine Situation gar nicht mehr wahrnehmen könne, zum Beispiel auch seine Abhängigkeit von der Hilfe anderer Menschen nicht als belastend empfinden könne. Auch könne er selbst mit dem Geld nichts Sinnvolles mehr anfangen, es komme daher ein wesentlich geringeres Schmerzensgeld in Betracht, als ursprünglich vom Oberlandesgericht zugesprochen. Dieses hatte 100 000 Mark und monatlich weitere 500 Mark ausgeurteilt mit der Begründung, hiermit könnten dem Kläger Annehmlichkeiten ermöglicht werden, die zum Ausgleich der entgangenen Lebensfreude beitrügen. Inzwischen hat der BGH diese Rechtsprechung glücklicherweise korrigiert und ausdrücklich wieder aufgegeben.

Auch die eigenen Berufskollegen bleiben nicht ungeschoren, wenn über Behinderte gerichtet wird: «Wirkt ein blinder Richter in der Hauptverhandlung einer erstinstanzlichen Strafkammer als Vorsitzender mit, so ist das Gericht nicht vorschriftsmäßig besetzt», entschied der BGH 1987. In einem Mordfall war der Angeklagte zu lebenslanger Freiheitsstrafe verurteilt worden, den Vorsitz hatte ein blinder Richter geführt. Dies hielt der BGH in der Revision für unzulässig. Begründung: «Der Richter muß in der Lage sein, alle Aufgaben zu erfüllen, zu deren Wahrnehmung er verfahrensrechtlich berufen ist. ... § 261 StPO verlangt nämlich, daß das Gericht seine Überzeugung aus dem Inbegriff der Verhandlung schöpft. Hierzu gehören nicht nur die zwischen den Verfahrensbeteiligten gesprochenen Worte; vielmehr sind auch visuelle Eindrücke von maßgeblicher Bedeutung.»

Und weiter: «Der Gehörsinn eines blinden Richters wird zwar – wie weitere Sinne auch – regelmäßig geschärft sein, so daß der blinde im Einzelfall sogar dem sehenden Richter ‹in der Sensibilität der Wahrnehmung› überlegen sein mag... Dieser Vorteil des blinden Richters gegenüber dem sehenden Richter vermag aber nur bestimmte zusätzliche Erkenntnismöglichkeiten zu eröffnen, kann hingegen die Fähigkeit, optische Eindrücke vollständig wahrzunehmen, nicht ersetzen.» Im Ergebnis dieser Rechtsprechung dürfen blinde Richter nicht mehr als Strafrichter tätig sein.

Viele behinderte Menschen versprechen sich von einem Gleichstellungsgesetz, daß solche rechtlichen Diskriminierungen beseitigt und ein Perspektivenwechsel in der Behindertenpolitik herbeigeführt wird. Die Erwartungen gehen bisweilen aber auch weit darüber hinaus: ein wirksames Mittel gegen Diskriminierungen aller Art, gleichsam eine Abschaffung von Benachteiligungen auf legislativem Wege erhoffen sich viele. Daher soll als nächstes auf die Chancen und zugleich auf die Grenzen einer möglichen Gleichstellungsgesetzgebung eingegangen werden.

2. Was kann durch Gesetzgebung erreicht werden?

Das Recht und vor allem die geschriebenen Gesetze haben ganz unterschiedliche und vielfältige Funktionen, die beachtet und bewertet werden müssen. Durch das Strafrecht werden sozial unerwünschte Verhaltensweisen mit Strafe bedroht, um die Bürger von solchem Verhalten möglichst abzuhalten und Vergeltung gegenüber den Tätern zu üben. Es hat damit deutlich repressive Funktionen. Wenn über Möglichkeiten rechtlicher Durchsetzung bestimmter Ziele diskutiert wird, fällt vielen leider immer wieder nur das Strafrecht ein. So wäre es durchaus möglich, diskriminierendes Verhalten gegenüber Behinderten unter Strafe zu stellen, um so zu versuchen, Diskriminierungen zurückzudrängen. Nicht jedes unerwünschte Verhalten sollte aber meines Erachtens gleich strafrechtlich sanktioniert werden. Nur für besonders schwere Fälle von Diskriminierungen sollte an eine strafrechtliche «Lösung» gedacht werden. Zudem ist hierbei zu beachten, daß das Strafrecht eigentlich immer zu spät kommt. Es greift erst ein, wenn eine Straftat begangen wurde. Die Folgen können weder verhindert noch rückgängig gemacht werden, allein die Bestrafung des Täters und die mögliche Abschreckung anderer ist Folge der strafrechtlichen Verurteilung. Es gibt aber noch weit wichtigere Funktionen des Rechts, die für Gleichstellungsvorschriften nutzbar gemacht werden müssen.

So regeln die Gesetze auch und vor allem die rechtlichen Beziehungen der Bürger untereinander und bieten im Zivilrecht Lösungen für Konfliktfälle an. Das Sozialrecht hat die Aufgabe, einen gewissen Ausgleich der materiellen Ressourcen der einzelnen vorzunehmen und eine Absicherung für bestimmte Bedarfsfälle vorzusehen. Die Öffentliche Verwaltung wird in ihrer Tätigkeit an die Grundentscheidungen des demokratisch legitimierten Gesetzgebers durch den großen Bereich des Verwaltungsrechts gebunden. Durch das gesamte Öffentliche Recht wird unser aller tägliches Leben weit mehr beeinflußt, als wir dies normalerweise wahrnehmen. Insbesondere im Planungsrecht wird nicht nur auf Konfliktsituationen reagiert, sondern die gesellschaftliche Realität mitgestaltet. Und schließlich regeln auch Gesetze die Mechanismen, mit deren Hilfe der einzelne oder auch Gruppen, Organisationen oder schließlich der Staat das abstrakte Recht auf die konkreten Anforderungen des Einzelfalls anwenden kann, vor allem im Verfahrens- und Prozeßrecht der einzelnen Prozeßordnungen. Die Möglichkeit, zur Durchsetzung seiner Rechte staatliche Hilfe durch eine unabhängige

Justiz und notfalls durch die staatlichen Vollzugsorgane – etwa Gerichtsvollzieher oder Polizei – in Anspruch nehmen zu können, ist Voraussetzung für die Verpflichtung des einzelnen gegenüber der Gesellschaft, zur Durchsetzung seiner tatsächlichen oder vermeintlichen Rechte auf Gewalt, auf das Faustrecht zu verzichten. Die rechtlich verfaßte staatliche Gewalt ist dadurch eine ganz wesentliche Möglichkeit der gesellschaftlich Schwächeren, ihre Rechte auch gegenüber den vermeintlich Mächtigen zur Geltung zu bringen. Der Mieter wird durch das Mietrecht und vor allem durch das Prozeßrecht davor geschützt, vom Vermieter kurzerhand auf die Straße gesetzt zu werden; er kann notfalls gerichtliche Hilfe hierfür in Anspruch nehmen. Gleiches gilt für die arbeitsrechtlichen Schutzgesetze zugunsten der Arbeitnehmer und vieles mehr.

Dies sind natürlich nur idealtypische Beschreibungen; im Einzelfall werden die Vorstellungen davon, was Recht ist oder sein sollte, immer weit auseinandergehen. Während die einen die Abschaffung des Strafrechts überhaupt fordern, geht den anderen in vielen Fällen die Strafandrohung noch nicht weit genug. Der Glaubensstreit, ob sich der einzelne durch eine angedrohte Strafe von Straftaten abhalten läßt, ist so alt wie das Strafrecht.

Im Zivilrecht wird auf der einen Seite diskutiert über einen besseren Schuldnerschutz und auf der anderen Seite die oft großen Schwierigkeiten der Gläubiger beklagt, an ihr Geld zu kommen, also ein zu großer Schuldnerschutz ausgemacht. Vor nicht allzu langer Zeit gab es im Zusammenhang mit der Pflegeversicherung im Sozialrecht eine neue Diskussion darüber, welche Lebensrisiken in die Sozialversicherung einbezogen werden sollen, ob die Absicherung in einer Solidargemeinschaft oder die Eigenvorsorge, zum Beispiel durch eine Privatversicherung, den Vorzug verdient. In der Strafprozeßordnung, im Zivilprozeß und auch im Verwaltungsprozeß werden gegenwärtig Rechtswege verkürzt und Rechtsmittel eingeschränkt, was den einen noch nicht weit genug geht und den anderen bereits als Angriff auf den Rechtsstaat gilt.

Alle diese unterschiedlichen Funktionen des Rechts können für Gleichstellungsvorschriften nutzbar gemacht werden. So könnte im Zivilrecht, das die rechtlichen Beziehungen der Bürger untereinander regelt, festgelegt werden, daß Willenserklärungen, durch die Behinderte diskriminiert werden, unwirksam sind oder von Behinderten angefochten werden können. Im Sozialrecht könnten die in der Regel aussondernden Strukturen der Hilfegewährung geändert werden, wie es zum

Beispiel der Entwurf des Bundespflegegesetzes der Grünen vorsah, indem ein wirksamer Vorrang der Hilfen in der gewohnten Umgebung verankert wird. Das gesamte Verwaltungsrecht muß von diskriminierenden Vorschriften entlastet, die gesamte Tätigkeit der Verwaltung auf die Beseitigung von Diskriminierungen festgelegt werden. Ob daneben auch der Einsatz des Strafrechts notwendig ist, etwa bei Verletzung von Rechten Behinderter oder beleidigungsähnlichen Diskriminierungen durch Äußerungen oder Handlungen einzelner, müßte diskutiert werden.

Natürlich ist vor allem das geschriebene Recht auch Ausdruck der jeweiligen Mehrheiten und der gesellschaftlichen Strukturen, sozusagen in Paragraphen gegossene gesellschaftliche Macht. Allerdings sind auch die Mächtigen für die Durchsetzung ihrer Gesetze auf einen gewissen gesellschaftlichen Konsens angewiesen. Der Gesetzgeber kann nicht willkürlich Gesetze gegen einen breiten gesellschaftlichen Konsens durchsetzen. Die Volkszählung 1987, die auf den breiten Widerstand der Bevölkerung stieß, und die Quellensteuer auf Kapitalzinsen, die schon nach einem halben Jahr wieder aufgegeben wurde, sind ein positives und ein negatives Beispiel hierfür.

Auf uns übertragen heißt das: Wir können selbstverständlich nicht erwarten, daß durch gesetzgeberische Maßnahmen Diskriminierungen Behinderter sozusagen abgeschafft werden. Gesetze können gesellschaftliche Entwicklungen zwar beeinflussen, aber nicht ersetzen. Vorurteile, Ängste, rassistisches und eugenisches Gedankengut oder was auch immer Grund für Diskriminierungen sein mag, lassen sich durch Dekrete nicht abschaffen. Aber – und das ist ganz wichtig – durch Anti-Diskriminierungs-Vorschriften können die Möglichkeiten unserer Gegenwehr wesentlich verbessert und die praktischen Auswirkungen der ablehnenden Einstellung vieler Nichtbehinderter uns gegenüber ganz erheblich verringert werden. Durch die Benennung dessen, was als Diskriminierung Behinderter gilt, soll unsere tägliche Benachteiligung in das Licht der Öffentlichkeit gerückt werden. Wenn wir Diskriminierungen deutlich benennen und ihre Bewältigung dort ansiedeln, wo sie entstehen, haben wir schon viel erreicht. Wenn zum Beispiel behindertengerechte Bauweise vorgeschrieben ist, muß sich jeder Architekt und jeder Bauherr damit auseinandersetzen – und nicht nur dann, wenn er vom Staat Geld für behindertengerechtes Bauen haben will. Wenn behinderte Kinder in die Regelschule gehen dürfen, wird jeder Lehrer und jeder Schüler mit Behinderung konfrontiert. Wir verlangen, mit einem

Wort, daß sich das Recht eindeutig auf unsere Seite stellt, unsere Sichtweise von Diskriminierungen übernimmt und nicht weiter Bestandteil der diskriminierenden Strukturen bleibt. Wir wollen ein Instrument, mit dem wir wirksam Diskriminierungen nicht nur benennen, sondern deren Auswirkungen auch bekämpfen können.

Argumente gegen Gleichstellungsvorschriften

Immer wieder wird gegen ein Gleichstellungsgesetz eingewandt, gesetzlicher Zwang könne nicht wirklich Diskriminierungen zurückdrängen, es komme vielmehr auf die beharrliche und schrittweise Veränderung der Einstellungen gegenüber Menschen mit Behinderung an. Dies kann jedoch kein ernsthaftes Gegenargument sein. Der verständnisvollste Busfahrer nützt nichts, wenn sein Fahrzeug behinderte Menschen vom Transport ausschließt. Ein Verkehrsunternehmer voller Vorurteile dagegen, der aufgrund gesetzlicher Verpflichtung behindertengerechte Fahrzeuge einsetzen muß, kann jedenfalls insoweit Behinderte nicht mehr diskriminieren. Ein Versicherungsunternehmen, dem gesetzlich verboten wird, behinderte Menschen willkürlich von seinen Leistungen auszuschließen, kann jedenfalls auf diese Weise nicht mehr diskriminieren. Auf bessere Einsicht zu warten bedeutet dagegen, Diskriminierungen nicht zu bekämpfen, sondern vor ihnen zu kapitulieren. Wer behinderten Menschen die Unterstützung des Rechts bei ihrem Kampf gegen Diskriminierungen vorenthält, stellt sich auf die Seite der Diskriminierer.

Gleichstellungsvorschriften kosten zuviel, ist ein weiteres, verbreitetes Gegenargument. Viele der etwa vom Forum behinderter Juristinnen und Juristen vorgeschlagenen Gleichstellungsvorschriften belasten jedoch die öffentlichen Haushalte überhaupt nicht. Dies gilt zum Beispiel für die vorgeschlagenen Verbesserungen im Zivilrecht. Aber auch wenn – etwa durch die Verpflichtung des Einsatzes behindertengerechter Fahrzeuge im öffentlichen Personenverkehr – Kosten entstehen, fallen diese im Vergleich zu den Gesamtkosten eines Fahrzeuges praktisch nicht ins Gewicht. Wenn nur noch behindertengerechte Fahrzeuge eingesetzt werden dürfen, werden auch nur noch solche hergestellt. Was bei nachträglichem Einbau tatsächlich relativ teuer ist, kann bei Serienproduktion wesentlich preiswerter hergestellt werden. Außerdem: Heutzutage gehören zum Beispiel automatisch öffnende Türen zur Standardausstattung von Bussen und Bahnen, ohne daß aus Gründen der Kostenersparnis etwa gefordert wird, hierauf künftig zu verzichten.

Mit dem Kostenargument kann daher nicht davon abgelenkt werden, daß die Frage, ob Gleichstellungsvorschriften geschaffen werden sollten, politisch entschieden werden muß und nicht buchhalterisch.

3. Möglicher Inhalt eines Gleichstellungsgesetzes

Gesetzestechnik

Immer wieder wird der Forderung nach einem Gleichstellungsgesetz entgegengehalten, ein eigenes Gesetz sei weniger wirksam als die Übernahme einzelner Anti-Diskriminierungs-Vorschriften in andere Gesetze, etwa in das geplante Sozialgesetzbuch Neuntes Buch (SGB IX, Schwerbehindertenrecht und Rehabilitation). So auch die Argumentation der Bundesregierung in ihrer Antwort auf eine parlamentarische Anfrage der SPD-Fraktion. Dies ist jedoch ein Scheinargument. Es ist ohne weiteres möglich, durch ein Gleichstellungsgesetz sowohl eigene Anti-Diskriminierungs-Vorschriften zu schaffen als auch solche in bereits existierende Gesetze einzufügen. Entscheidend ist die politische Willensbildung darüber, was Gegenstand einer Gleichstellungsgesetzgebung sein soll. Danach muß sich die Gesetzestechnik richten und nicht umgekehrt. In der Sache haben sowohl ein Spezialgesetz als auch die Änderung von Einzelgesetzen Vor- und Nachteile. Ein «eigenes» Gesetz könnte die Bedeutung des Regelungsinhalts deutlich machen. Eine Eingliederung in bestehende Gesetze (BGB, PBefG, SGB IX), wie zum Beispiel im Entwurf des Forums behinderter Juristinnen und Juristen («Vorschläge für Gleichstellungsvorschriften», Kassel 1995) vorgesehen, hat demgegenüber den Vorteil, daß eine tatsächliche Umsetzung wahrscheinlicher sein dürfte. Architekten und Baugenehmigungsbehörden sind es gewohnt, die einschlägigen Bauvorschriften anzuwenden. Wenn diese die Verpflichtung zu behindertengerechtem Bauen enthalten, ist ihre Berücksichtigung in der Praxis wahrscheinlicher, als wenn erst noch ein «Spezialgesetz» hinzugezogen werden müßte. Die Unternehmen und die Genehmigungsbehörden des Öffentlichen Personennahverkehrs sind es gewohnt, das Personenbeförderungsgesetz und andere ihre Tätigkeit betreffende Gesetze anzuwenden. Wenn diese die Benutzung behindertengerechter Fahrzeuge vorsehen, werden sie wie die anderen Vorschriften beachtet.

Auch die Frage, ob Gleichstellungsvorschriften Bestandteil des Sozialrechts (etwa im SGB IX) sein oder in einem eigenen Gesetz geregelt werden sollten, ist eher von zweitrangiger Bedeutung. Auch hierfür gilt: Die geregelten Inhalte sind sicher wichtiger als die Gesetzessystematik. Im Hinblick auf die grundsätzliche Zielsetzung wäre es jedoch zweifellos besser, Gleichstellungsvorschriften nicht durch die äußere Zuordnung zum Sozialrecht zu entwerten. Es geht – wie ausgeführt – eher darum, das Behindertenrecht über den Bereich «des Sozialen» hinaus in andere Rechtsgebiete zu erweitern. Aber Gleichstellungsvorschriften im SGB IX wären immer noch besser als gar nichts.

Bundes- oder Landeskompetenz

Die Abgrenzung der Gesetzgebungsbefugnisse des Bundes und der Länder ist im Grundgesetz (GG) geregelt. Nach der Grundnorm des Art. 70 Abs. 1 GG haben die Länder das Recht der Gesetzgebung, soweit das Grundgesetz nicht dem Bund ausdrücklich Gesetzgebungsbefugnisse verleiht. Die Gesetzgebungsbefugnis der Länder ist daher nach dem föderalen Staatsaufbau der Bundesrepublik grundsätzlich Ländersache, Ausnahmen hiervon müssen grundsätzlich in der Verfassung geregelt sein. Hierfür gibt es die ausschließliche Gesetzgebung des Bundes und die sogenannte konkurrierende Gesetzgebung. In den Bereichen, die durch Art. 73 GG der ausschließlichen Gesetzgebung des Bundes zugewiesen sind, sind die Länder von einer eigenen Gesetzgebung ausgeschlossen und können allenfalls durch Bundesgesetz ausdrücklich wiederum hierzu ermächtigt werden (Art. 71 GG). Es handelt sich hierbei um Dinge, die sinnvollerweise nur einheitlich für das gesamte Bundesgebiet geregelt werden können, zum Beispiel die auswärtigen Angelegenheiten, die Staatszugehörigkeit im Bund, das Währungswesen, Maße, Gewichte, Zeitbestimmung, Luftverkehr etc. Überwiegend ergibt sich eine Gesetzgebungsbefugnis des Bundes jedoch aus der sogenannten konkurrierenden Gesetzgebung. In den in Art. 74 genannten Gebieten haben zunächst die Länder Gesetzgebungsbefugnis, soweit der Bund nicht von seiner Befugnis Gebrauch gemacht hat. Der Bund hat nur das Gesetzgebungsrecht, wenn und soweit die Herstellung gleichwertiger Lebensverhältnisse im Bundesgebiet oder die Wahrung der Rechts- oder Wirtschaftseinheit im gesamtstaatlichen Interesse eine bundesgesetzliche Regelung erforderlich macht (Art. 72 Abs. 2 GG). In der Praxis werden diese Anforderungen jedoch sehr weit ausgelegt, und mit der Zeit hat der Bund in immer mehr Bereichen aus der konkurrierenden eine faktisch ausschließliche Gesetzgebung gemacht. Es handelt sich hierbei nach der Liste des Art. 74 um das bürgerliche Recht, das

Strafrecht, die Gerichtsverfassung, das Verfahrensrecht, das Personenstandswesen, die öffentliche Fürsorge (heute eher Sozialhilfe), das Recht der Wirtschaft, das Arbeitsrecht, die Sozialversicherung, den Straßenverkehr, die Abfallbeseitigung, um nur einige wichtige Bereiche herauszugreifen.

Wichtige Bereiche sind jedoch weder in Art. 73 als Gegenstand der ausschließlichen Gesetzgebung des Bundes noch in Art. 74 als Gegenstand der konkurrierenden Gesetzgebung genannt. Diese verbleiben in der Gesetzgebungskompetenz der Länder. Das gilt für das gesamte Polizeirecht, das Bauordnungsrecht, das Schul- und Kindergartenrecht, das Hochschulrecht, das Recht der Landesbeamten, für Naturschutz, Landschaftsplanung, Raumordnung und anderes mehr. Lediglich für einige dieser Bereiche hat der Bund wiederum das Recht der sogenannten Rahmengesetzgebung nach Art. 75, von der er zum Beispiel durch das Hochschulrahmengesetz, das Beamtenrechtsrahmengesetz oder teilweise das Baugesetzbuch Gebrauch gemacht hat.

Im Ergebnis bedeutet dies, daß sowohl auf Bundesebene als auch auf Landesebene Gleichstellungsvorschriften nicht nur sinnvoll, sondern wegen der verteilten Gesetzgebungskompetenzen geradezu notwendig sind. Dies soll im folgenden kurz dargestellt werden. Hier wird allerdings nicht auf die Frage eingegangen, ob die inzwischen erreichte Ergänzung des Grundgesetzes durch ein Benachteiligungsverbot für Behinderte (Art. 3 Abs. 3 GG) eine entsprechende Änderung auf einfachgesetzlicher Ebene bereits erforderlich macht. Dies ist Gegenstand des nächsten Beitrags. Hier geht es nur darum, welche Gleichstellungsvorschriften nach der Kompetenzzuweisung des Grundgesetzes in Bundes- oder Landesgesetzen geregelt werden könnten, wenn der politische Wille hierzu vorhanden ist.

Mögliche Inhalte auf Bundesebene

Die meisten Regelungsbereiche, in denen Gleichstellungsvorschriften für Behinderte sinnvoll wären, liegen in der Gesetzgebungsbefugnis des Bundes, weil sie entweder seiner ausschließlichen Gesetzgebung unterliegen oder der Bund im Rahmen der konkurrierenden Gesetzgebung bereits Gesetze erlassen hat. Für einen Teil der nachfolgend aufgelisteten Punkte hat das Forum behinderter Juristinnen und Juristen bereits Regelungsvorschläge vorgelegt.

Definition einer Diskriminierung

Die heute im Schwerbehindertengesetz verankerte Definition einer Behinderung stellt allein auf die Auswirkungen von Funktionsbeeinträchtigungen ab. Hiermit wird Behinderung individualisiert. Tatsächlich ist Behinderung jedoch eine von außen durch gesellschaftliche Verhältnisse hervorgerufene Beeinträchtigung oder Erschwerung von Lebensmöglichkeiten. Eine solche Definition von Behinderung könnte entweder im Schwerbehindertengesetz oder in einem neu einzuführenden SGB IX aufgenommen werden. Zugleich müßte sie durch eine allgemeine Definition der Diskriminierung ergänzt werden – bezogen auf Menschen mit Behinderungen. Eine Diskriminierung liegt zum Beispiel vor, wenn Menschen in der Entfaltung ihrer Persönlichkeit, der gleichberechtigten Teilhabe am Leben in der Gesellschaft oder in ihrer selbstbestimmten Lebensführung behindert oder benachteiligt werden.

Bürgerliches Vertragsrecht

Das Benachteiligungsverbot im Grundgesetz kann im Rahmen der schuldrechtlichen Regelungen des BGB für den Privatrechtsverkehr auf zweierlei Weise konkretisiert werden. Zum einen könnte ein Verbot verankert werden, Behinderte grundsätzlich vom Abschluß von Verträgen (etwa Versicherungsverträge, s. o.) auszuschließen. Zum anderen könnte auch festgelegt werden, daß bei der Ausübung von Rechten Behinderte nicht diskriminiert werden dürfen. Letzteres wäre vor allem wichtig bei der Anwendung von Vorschriften, die «neutral», also nicht diskriminierend gegenüber Behinderten sind, in der konkreten Anwendung («Flensburger Behindertenurteil») aber diskriminierend ausgelegt werden können.

Schadensersatzrecht

§ 828 Abs. 2 BGB, durch den gehörlose Menschen lebenslang haftungsrechtlich Minderjährigen gleichgestellt werden, muß geändert werden.

Geschäftsunfähigkeit/Betreuungsrecht

Bei der Ablösung des Vormundschaftsrechts für Volljährige durch das Betreuungsrecht zum 1. 1. 1992 kündigte die Bundesregierung an, auch das Recht der Geschäftsfähigkeit neu zu regeln. Wesentliche Vorschriften waren nämlich durch die Reform unverändert geblieben, so § 8 Abs. 1 BGB, wonach einen Wohnsitz ohne Zustimmung seines gesetzlichen Vertreters nicht begründen kann, wer geschäftsunfähig oder in der Geschäftsfähigkeit beschränkt ist, oder auch § 105 Abs. 1 BGB, wonach die Willenserklärungen Geschäftsunfähiger in jedem Falle unheilbar nichtig sind. Auch vorteilhafte Geschäfte eines geistig behinderten Menschen oder eines psychisch Kranken können danach auch nach Jahren noch als nichtig angesehen werden. Hat zum Beispiel ein Geschäftsunfähiger einen Versicherungsvertrag abgeschlossen und in der Folgezeit auch die Versicherungsprämie regelmäßig gezahlt, kann sich die Versicherungsgesellschaft im Versicherungsfall dennoch auf die Nichtigkeit des Vertrages berufen und die Regulierung verweigern. Sie braucht dann lediglich die Prämien zurückzuzahlen.

Arbeitsrecht

Auch im Arbeitsrecht kann ein Diskriminierungsverbot eingeführt werden. Arbeitgeber, die ihre Pflichtquote für die Beschäftigung Schwerbehinderter nicht erfüllen, dürften danach behinderten Bewerbern um einen freien Arbeitsplatz einen Arbeitsvertrag nicht verweigern, es sei denn, sie können nachweisen, daß die Zurückweisung nicht aufgrund der Behinderung geschieht, sondern zum Beispiel wegen mangelnder Eignung oder fehlender Ausbildung. Wichtig ist dabei nicht nur das Diskriminierungsverbot, sondern auch die Beweislastumkehr. Die behinderten Bewerber hätten in der Regel große Schwierigkeiten, den Beweis zu führen, daß ihre Zurückweisung ihren Grund in der Behinderung hat, während der Arbeitgeber, der über umfassende Informationen über den Arbeitsplatz einerseits und die Personalunterlagen der Bewerber andererseits verfügt, wenig Schwierigkeiten haben dürfte, den Nachweis nicht-diskriminierender Gründe für die Ablehnung zu führen. Wichtig ist auch, die Rechtsfolge einer diskriminierenden Zurückweisung festzulegen: der Arbeitgeber muß Schadensersatz leisten, der pauschaliert werden kann, etwa in Höhe von drei Monatsgehältern.

Benachteiligung behinderter Frauen

Vor allem im Arbeitsleben und im Rehabilitationsrecht sind behinderte Frauen besonders diskriminiert. Sie sind sowohl in den Rehabilitationsmaßnahmen als auch auf den mit Behinderten besetzten Arbeitsplätzen stark unterrepräsentiert. Auch hier könnten spezielle Gleichstellungsvorschriften weiterhelfen. Beratung behinderter Frauen durch Frauen, wohnortnahe und dezentrale Rehabilitationsangebote mit

Möglichkeit und Anspruch auf Kinderbetreuung, Quotierung der Plätze in Rehabilitationseinrichtungen und der von der Beschäftigungspflicht der Arbeitgeber betroffenen Arbeitsplätze könnten ohne weiteres eingeführt werden. Ebenso könnte eine Beteiligung von Frauen an den Schwerbehindertenvertretungen vorgesehen werden oder eine Verpflichtung aller beteiligten Stellen, die Belange behinderter Frauen besonders zu berücksichtigen und zu fördern.

Öffentlicher Personenverkehr

Im Personenbeförderungsgesetz und in anderen einschlägigen bundeseinheitlichen Vorschriften über den Öffentlichen Personenverkehr müßte festgelegt werden, daß nur behindertenzugängliche bzw. behindertengerechte Fahrzeuge eingesetzt werden dürfen oder solche zumindest – wie bei Taxen – Bestandteil eines abrufbaren Fuhrparks sein müssen. Gleiches gilt für den Luftverkehr. Auch die Vorschriften über die Gestaltung öffentlicher Verkehrsräume sollten Diskriminierungsverbote in Form verpflichtender behindertengerechter Ausstattung enthalten. Ergänzt werden müßte dies durch Vorschriften in den einschlägigen Landesgesetzen.

Telekommunikation

Die Zugänglichkeit von Einrichtungen der Telekommunikation für Menschen mit Behinderungen ist sicherzustellen, das gilt insbesondere auch für gehörlose oder sprachbehinderte Menschen.

Bauplanungsrecht

Das Recht der Bauleitplanung ist im Gegensatz zum Bauordnungsrecht, das sich mit der Gestaltung eines einzelnen Bauwerks beschäftigt, bundeseinheitlich im Baugesetzbuch geregelt. Auch hier könnten spezielle Vorschriften zugunsten behinderter Menschen verankert werden.

Verbandsklagerechte

Auch die notwendigen Verbandsklagerechte (hierzu unter Ziff. 4) müssen in den einschlägigen Bundesgesetzen (etwa: Zivilprozeßordnung, Verwaltungsgerichtsordnung, Verwaltungsverfahrensgesetze) verankert werden.

Mögliche Inhalte auf Landesebene

Wie bereits ausgeführt, bleiben noch einige wichtige Bereiche, in denen allein die Länder gesetzgebungsbefugt sind. Auch die Landesgesetzgebung ist an das Bundesrecht, insbesondere auch das Verfassungsrecht des Bundes gebunden. Auch hier wird verschiedentlich bereits aus dem Benachteiligungsverbot behinderter Menschen in Art. 3 Abs. 3 Satz 2 GG eine Verpflichtung des Landesgesetzgebers folgen, die einschlägigen Landesgesetze anzupassen. Hier sollen nur wenige Bereiche herausgegriffen werden.

Baurecht

Wie bereits erwähnt, gehört das sogenannte Bauordnungsrecht in die Gesetzgebungskompetenz der Länder. Die meisten Landesbauordnungen sehen auch bereits vor, daß bestimmte öffentlich zugängliche Gebäude für behinderte Menschen nutzbar sein müssen. Diese Vorschriften müssen konkretisiert werden, weil sie erfahrungsgemäß in der Praxis häufig nicht angewandt werden. Es muß zum Beispiel klargestellt werden, daß alle Geschäftslokale und Gaststätten zugänglich sein müssen, gegebenenfalls muß auch konkretisiert werden, wann eine solche Zugänglichkeit vorliegt. Einbezogen werden müssen auch die speziellen Bedürfnisse sehbehinderter, blinder, gehörloser und schwerhöriger Menschen. Vor allem bedarf es aber auch einer Erweiterung der Verpflichtung zum behindertenzugänglichen Bauen auf den privaten Wohnungsbau. Erstmals wurde in Hessen in der Bauordnung festgelegt, daß bei Häusern mit vier oder mehr Wohnungen mindestens eine Etage barrierefrei zugänglich sein muß. Ähnliches sollte in anderen Bundesländern folgen. Zudem bedarf es auch hier noch der Konkretisierung, was unter «barrierefrei» zu verstehen ist. In der Praxis wird dies nämlich erfahrungsgemäß auch dann angenommen, wenn ein stufenloser Zugang nur über erhebliche Umwege zu erreichen ist.

Schulrecht

Die meisten Schulgesetze der Länder sehen zwar mittlerweile vor, daß ein «sonderpädagogischer Förderbedarf» auch in der Regelschule – teilweise beschränkt bis zur vierten Jahrgangsstufe – durch integrative Beschulung wahrgenommen werden kann, wobei in der Regel eingeschränkt wird: soweit die personellen, sachlichen und räumlichen Möglichkeiten hierfür gegeben sind. Gleichwohl ist für behinderte Schüler die Sonderbeschulung nach wie vor faktisch die Regel, weil nach überwiegender Ansicht ein individueller Anspruch auf die Regelbeschulung nicht besteht. Eine Ausgliederung in die Sonderschule stellt jedenfalls eine Benachteiligung im Sinne von Artikel 3 Abs. 3 Satz 2 GG dar und ist daher nur zulässig, wenn sie zwingend erforderlich ist. Die Schulgesetze der Länder müssen daher dringend um einen individuellen Integrationsanspruch der einzelnen Schülerinnen und Schüler ergänzt werden.

Öffentlicher Personennahverkehr

Nach der Regionalisierung der Bahnen haben die Bundesländer eigene Bahngesetze erlassen, allerdings wiederum ohne eine Verpflichtung der Bahn-Unternehmen zum Einsatz behindertengerechter Fahrzeuge und zur behindertengerechten Gestaltung der Bahnsteige. Auch dies bedarf der Korrektur.

Durchsetzungsmöglichkeiten

Auch auf Landesebene besteht zumindest im Verwaltungsrecht die Möglichkeit, Verbandsklagemöglichkeiten einzuführen (hierzu näheres sogleich im nächsten Abschnitt). Nach § 42 Abs. 2 Verwaltungsgerichtsordnung (VwGO) kann nämlich eine verwaltungsgerichtliche Klage nur führen, wer in eigenen Rechten verletzt ist. Da sowohl das Baurecht als auch die anderen Rechtsgebiete gerade keine individuellen Ansprüche enthalten, ginge die Klage eines oder einer einzelnen Behinderten, der/die etwa die Einhaltung der Vorschriften zum behindertengerechten Bauen erreichen wollte, ins Leere. Es gibt aber ausdrücklich die Möglichkeit, daß gesetzlich anderes vorgesehen werden kann. So könnten auch die Bauordnungen der Länder, die Schulgesetze oder die ÖPNV-Gesetze die Möglichkeit eröffnen, hinsichtlich der Einhaltung der Vorschriften zugunsten behinderter Menschen Verbandsklagemöglichkeiten einzuführen, also das Recht für bestimmte Organisationen von Behinderten, notfalls im Klagewege die Beachtung der Vorschriften zugunsten Behinderter geltend zu machen.

4. Verbandsklagerechte

Die Verankerung von Gleichstellungsvorschriften wäre unvollständig, wenn sie nicht von wirksamen Möglichkeiten der Durchsetzung begleitet würden. Die Erfahrung mit den Bauordnungen der Länder, die heute schon vielfach Vorschriften zur behindertengerechten Gestaltung von öffentlich zugänglichen Gebäuden enthalten, sprechen eine deutliche Sprache. Die Einhaltung dieser Vorschriften durch die Bauherren wird allein von den Bauordnungsbehörden überwacht – oder auch nicht –, ohne daß jedenfalls nach bisher überwiegender Ansicht die Betroffenen eine verfahrensrechtlich abgesicherte Möglichkeit hätten, eine Beachtung des Gesetzes zu ihren Gunsten auch durchzusetzen. Ein ganz wesentlicher Gesichtspunkt eines Gleichstellungsgesetzes wäre daher, durch ein entsprechendes Verfahren sicherzustellen, daß die neuen Rechte von Behinderten und ihren Organisationen auch durchgesetzt werden können. Recht haben und recht bekommen ist eben immer noch zweierlei.

Hierfür käme etwa in Betracht, daß Organisationen von Behinderten das Recht bekommen, die Einhaltung der Gleichstellungsvorschriften gerichtlich und außergerichtlich geltend zu machen. Um bei dem Beispiel des Baurechts zu bleiben: Wenn eine Baugenehmigung ohne Beachtung der Belange Behinderter – die gesetzlich vorgeschrieben ist – erteilt wird, müßten die hierfür zuständigen Behinderten-Organisationen sowohl im Verwaltungsverfahren – durch Widerspruch gegen die Baugenehmigung – als auch notfalls auf dem Klageweg die Einhaltung der gesetzlichen Vorschriften durchsetzen können.

Beispiele für eine solche kollektive Wahrnehmung von Rechten gibt es durchaus auch heute schon, so das Verbandsklagerecht für Naturschutzverbände in den Naturschutzgesetzen mancher Länder. Anerkannte Naturschutzverbände können danach die Einhaltung der Naturschutzgesetze auch auf dem Klagewege geltend machen. Ein weiteres Beispiel sind die Abmahnvereine im Wettbewerbsrecht. Im Gesetz gegen unlauteren Wettbewerb sind verschiedene wettbewerbswidrige Maßnahmen untersagt. Bei Verstößen hiergegen durch eine unerlaubte Werbemaßnahme können die Abmahnvereine den betreffenden Geschäftsinhaber auf Unterlassung in Anspruch nehmen, also auffordern, das wettbewerbswidrige Verhalten zu unterlassen. Kommt der Betreffende dem nicht nach, kann der Anspruch auch vor Gericht durchgesetzt werden. In jedem Falle sind dem Abmahnverein auch die Kosten zu ersetzen, die ihm entstehen, und es heißt immer wieder, daß die Vereine davon sehr gut leben können.

Dieselbe Konstruktion gibt es auch bei Allgemeinen Geschäftsbedingungen. Wenn Bedingungen gesetzt werden, die insgesamt oder in einzelnen Klauseln dem Gesetz widersprechen, können auch hier Verbände oder die Industrie- und Handelskammer dagegen vorgehen. Wenn man immer mal wieder davon hört, daß die Allgemeinen Geschäftsbedingungen von Banken in einigen Klauseln für ungültig erklärt wurden oder auch einzelne Klauseln in Mustermietverträgen, beruht dies in aller Regel auf diesem Verfahren der kollektiven Rechtswahrnehmung. Warum sollte das, was im Wirtschaftsrecht problemlos möglich ist, bei der Wahrnehmung der Rechte Behinderter nicht auch funktionieren?

Übertragen auf unseren Bereich würde das heißen, daß Behinderten-Organisationen – entweder bereits bestehende oder neu zu gründende – diskriminierendes Verhalten «abmahnen» können, die Einhaltung überwachen und die Kosten hierfür von dem «Diskriminierer» kassieren können. Wer zum Beispiel ein Restaurant baute, ohne daß es für Behinderte zugänglich wäre, würde zunächst aufgefordert, die Vorschriften über Behindertenzugänglichkeit einzuhalten. Kommt er dem nach, ist alles in Ordnung, er muß nur die Kosten für die Abmahnung übernehmen. Folgt er der Aufforderung nicht, kann er von dem Behindertenverein auf Einhaltung der Vorschriften verklagt werden. Angesichts der dann entstehenden Kosten wird sich mancher gut überlegen, ob er nicht freiwillig der Aufforderung Folge leistet. Allerdings müßte diese Überwachungsfunktion auch gegenüber der Verwaltung gelten. Wenn etwa die Schulbehörden ein behindertes Kind in die Sonderschule einschulen wollen, könnte ein Behindertenverein aus eigener Befugnis die Rechte dieses Kindes auf Regelbeschulung wahrnehmen und notfalls einklagen.

5. Durchsetzungsmöglichkeiten

Die bisherige Diskussion über Gleichstellungsvorschriften zugunsten behinderter Menschen hat gezeigt, daß wir noch eine Menge Überzeugungsarbeit zu leisten haben. Insbesondere die Bundesregierung lehnt bisher in allen öffentlichen Stellungnahmen die Verabschiedung eines Gleichstellungsgesetzes ab, zum Teil mit widersprüchlichen Begründungen. Andererseits sind erste Ansätze für Gleichstellungsvorschriften immerhin im Referentenentwurf des Bundesarbeitsministeriums für ein SGB IX enthalten. Die Oppositionsparteien stehen unserem Anliegen eher positiv gegenüber, wobei die Einzelheiten noch weitgehend ungeklärt sind.

Die Erfahrungen mit dem Benachteiligungsverbot im Grundgesetz haben gezeigt, daß nur die Betroffenen selbst die politische Kraft entwickeln können, auch Gleichstellungsvorschriften auf einfachgesetzlicher Ebene durchzusetzen. Nur wenn alle Betroffenen, in großen und kleinen Organisationen oder unorganisiert, in Stadt und Land gemeinsam hierfür eintreten, können auch weitere Erfolge erzielt werden. Dies wird allerdings weit schwieriger werden als die Durchsetzung der Grundgesetzänderung, schon weil die Thematik viel komplexer ist und es noch ein weiter Weg sein wird, bevor überhaupt Einigkeit darüber besteht, welchen Inhalt ein Gleichstellungsgesetz zugunsten behinderter Menschen haben soll. Die Erfahrungen in anderen Ländern zeigen, daß Beharrlichkeit und Ausdauer erforderlich ist, um schließlich Erfolg zu haben.

Gunther Jürgens

Gleichstellung nicht erst in der Zukunft, sondern jetzt

Die juristischen Konsequenzen des geänderten Artikels 3

Aufgabe dieses Kapitels ist es, die juristischen (und nicht die politischen) Auswirkungen von Artikel 3 Absatz 3 Satz 2 Grundgesetz (GG) näher zu umschreiben. Zunächst wird grundsätzlich dargestellt, was diese Vorschrift inhaltlich bedeutet.[1] Sodann werden einige besondere Einzelaspekte erörtert. Den Abschluß bildet eine kurze Darstellung der Rechtsschutzmöglichkeiten.

Zum Inhalt von Art. 3 Abs. 3 S. 2 GG

Mit der Neufassung des Art. 3 Abs. 3 GG ist erstmalig in der Bundesverfassung ein eigenes Grundrecht für Behinderte eingeführt worden. Alle Verfassungen der neuen Bundesländer kennen zwar Vorschriften zugunsten Behinderter, jedoch handelt es sich hierbei mit Ausnahme des Art. 12 Abs. 2 der Verfassung Brandenburgs und Art. 11 der neuen Verfassung des Landes Berlin um sogenannte Staatszielbestimmungen, die keine subjektiven Rechte der Betroffenen begründen. In Baden-Württemberg ist im Februar 1995 eine mit Art. 3 Abs. 3 S. 2 GG wortgleiche Bestimmung in die Verfassung aufgenommen worden (Art. 2 a). In Niedersachsen und Nordrhein-Westfalen sind ohnehin alle Grundrechte des Grundgesetzes auch Bestandteil der jeweiligen Landesverfassung. Art. 3 Abs. 3 S. 2 GG stellt wie alle Grundrechte unmittelbar geltendes Recht dar (Art. 1 Abs. 3 GG) und ist als Individualrecht ausgestaltet, das jeden einzelnen Behinderten vor Benachteiligungen schützen soll. Jedenfalls wird die rechtliche Gleichstellung Behinderter damit nicht als ein in der Zukunft erst noch zu erreichendes Ziel angesehen, sondern bereits jetzt von der Verfassung garantiert. Grundrechtsträger sind alle Menschen mit einer Behinderung unabhängig von Ursache, Umfang, Grad und Schwere derselben. Insbesondere ist der Vorschrift entgegen anderslautender Stellungnahmen in der Literatur[2] keine Einschränkung auf die «Schwerbehinderten» im Sinne des

Schwerbehindertengesetzes zu entnehmen. Sowohl Körperbehinderte als auch geistig und seelisch Behinderte werden von der Vorschrift umfaßt.

Mit dem Verbot der Benachteiligung wird der im ersten Absatz des Art. 3 GG enthaltene allgemeine Gleichheitsgrundsatz konkretisiert. Der Verfassungsgesetzgeber hat eine Differenzierung, die an die Behinderung anknüpft, ausdrücklich verboten und damit festgelegt, daß Behinderte und Nichtbehinderte ebenso wie etwa Männer und Frauen als rechtlich gleich anzusehen sind. Eine Ungleichbehandlung ist untersagt. Allenfalls bei Vorliegen zwingender – nicht bereits nachvollziehbarer oder einleuchtender – Umstände ist eine Differenzierung zulässig.

Allerdings greift das Differenzierungsverbot des Art. 3 Abs. 3 S. 2 GG sozusagen nur in eine Richtung, indem es Benachteiligungen erfaßt und nicht auch Bevorzugungen. Diese bleiben somit erlaubt, womit die gesetzgebenden Organe offenbar auf Befürchtungen reagiert haben, bei einem Verbot auch der Bevorzugungen wie in Satz 1 des Art. 3 Abs. 3 GG würden Bestimmungen zugunsten Behinderter etwa im Schwerbehindertengesetz verfassungswidrig. Aus der Erlaubnis von Bevorzugungen kann jedoch eine Pflicht hierzu nicht abgeleitet werden. Die Vorschrift bietet somit keinen Ansatzpunkt für die Forderung nach Leistungen für Behinderte, auch nicht, wenn sie als Ausgleich für bestehende Benachteiligungen gedacht sein sollten.

Eine Benachteiligung ist verboten, wenn sie «wegen» einer Behinderung erfolgt. Dies bedeutet jedoch nicht, daß eine bewußte oder gar gezielte Beeinträchtigung vorliegen muß. Vielmehr wird damit auch eine Benachteiligung erfaßt, die sozusagen nur der Nebeneffekt einer Regelung mit anderer Zielrichtung ist, wie das Bundesverfassungsgericht in einer neueren Entscheidung zu Art. 3 Abs. 3 S. 1 GG ausdrücklich festgestellt hat.[3]

Was unter einer Benachteiligung zu verstehen ist, läßt sich abstrakt recht einleuchtend umschreiben. Es ist ein Vergleich der Lage des Betroffenen mit der Lage eines vergleichbaren Nichtbetroffenen vorzunehmen. Erweist sich die Situation eines Behinderten gegenüber der eines Nichtbehinderten aufgrund einer bestimmten Handlung oder einer bestimmten Regelung als qualitativ geringwertiger, liegt eine Benachteiligung vor. Im Einzelfall wird jedoch häufig Uneinigkeit bestehen. Vielfach wird eine von den Behinderten als Benachteiligung erlebte und erkannte Situation von anderen – insbesondere von Nichtbehinderten – nicht so bewertet, sondern als eine mit der Behinderung «notwendigerweise» verbundene und damit gleichsam schicksalhaft hinzunehmende individuelle Beeinträchtigung. So wird etwa eine Treppe üblicherweise nicht als eine rollstuhlfahrende Behinderte benachteiligende Einrichtung angesehen, sondern die Unmöglichkeit, diese zu besteigen, wird als individuelles Problem aufgefaßt, für das niemand etwas kann und das daher auch nicht zu beseitigen ist. Hier werden sich in der Praxis wohl die größten Streitpunkte ergeben.

Die Wirkungen des Grundrechts bestehen zunächst darin, daß dem Art. 3 Abs. 3 S. 2 GG entgegenstehendes nachrangiges Recht nichtig ist. Das gilt sowohl für förmliche Gesetze unterhalb des Verfassungsrangs als auch für Rechtsverordnungen, Satzungen etc. Betroffen ist nicht nur das Bundes-, sondern auch das gesamte Landesrecht, da ersteres letzterem vorgeht (Art. 31 GG). Gemäß Art. 1 Abs. 3 GG binden die Grundrechte Gesetzgebung, vollziehende Gewalt und Rechtsprechung, womit eine lückenlose Bindung aller Staatsgewalt besteht. Sie bezieht sich nicht nur auf Bund, Länder und Gemeinden, sondern auch auf sonstige Körperschaften des öffentlichen Rechts, die Träger vom Staat abgeleiteter öffentlicher Gewalt sind, wie etwa Sozialversicherungsträger. Für die Verwaltung hat das Grundrecht allerdings wegen der Gesetzesbindung (Art. 20 Abs. 3 GG) vor allem bei der Ausübung gesetzlich eingeräumten Ermessens und bei etwaiger gesetzesunabhängiger Tätigkeit Bedeutung. Die Rechtsprechung hat die in Art. 3 Abs. 3 S. 2 GG zum Ausdruck gekommene verfassungsrechtliche Wertung vor allem bei der Frage zu beachten, ob das von ihr anzuwendende Recht (noch) verfassungskonform ist oder gegebenenfalls auch verfassungskonform ausgelegt werden kann.

Da die Grundrechte nach herkömmlicher Lesart vor allem Abwehrrechte gegenüber der Staatsgewalt sind, finden sie im Umgang unter Privatleuten nach der Rechtsprechung des Bundesverfassungsgerichts keine unmittelbare Anwendung. Allerdings muß der Gesetzgeber auch das Zivilrecht so gestalten, daß es mit den Grundrechten nicht in Kollision gerät, und die Gerichte müssen auch bei der Auslegung und Anwendung von Zivilrecht die Wertung der Grundrechte beachten, insbesondere bei der Auslegung der sogenannten Generalklauseln und unbestimmten Rechtsbegriffe, die im Einzelfall konkretisiert werden müssen. Man spricht hier von einer mittelbaren Wirkung der Grundrechte.

Im privatrechtlichen Umgang der Bürger miteinander kann es zu

Kollisionen verschiedener Grundrechte kommen. So ist bereits die den Privatrechtsverkehr beherrschende «Privatrechtsautonomie» – das ist das Recht, sich grundsätzlich nach Belieben zu verhalten und insbesondere frei zu entscheiden, mit wem man Verträge schließt – Ausfluß des Grundrechts auf freie Entfaltung der Persönlichkeit (Art. 2 Abs. 1 GG).

Einzelaspekte

1. Öffentliches Recht

Zugang zu Schulen

Die Verweisung eines behinderten Schülers in eine Sondereinrichtung gegen seinen und seiner Eltern Willen stellt eine Benachteiligung gegenüber den nichtbehinderten Altersgenossen dar. Dem kann nicht entgegengehalten werden, daß er dort besondere Fördermaßnahmen erhalte, weil eine Benachteiligung auch dann gegeben ist, wenn es nachvollziehbare Gründe hierfür gibt und sie – angeblich – zum Wohle des Betroffenen geschieht. Diese Auffassung wird auch in der vom Beauftragten der Bundesregierung für die Belange der Behinderten herausgegebenen Broschüre, die von Prof. Dr. Herdegen verfaßt wurde und Mitte 1994 erschienen ist, geteilt (S. 39). Meines Erachtens sind daher in allen Bundesländern dem etwa entgegenstehende gesetzliche Regelungen wegen Verstoßes gegen die Verfassung nichtig und entsprechende Verwaltungspraktiken rechtswidrig. Beides ist zu ändern. Bereits jetzt kann sich aber jeder einzelne Betroffene unter Hinweis auf sein unmittelbar geltendes Grundrecht aus Art. 3 Abs. 3 S. 2 GG gegen eine Verweisung in eine Sonderschule zur Wehr setzen.

Öffentlicher Personenverkehr

In der bereits genannten Broschüre des Behindertenbeauftragten der Bundesregierung wird die Auffassung vertreten, das neue Grundrecht vermöge als «schlichtes Benachteiligungsverbot... keine Forderung nach umfassender behindertengerechter Ausgestaltung öffentlicher Verkehrsmittel zu tragen» (S. 42). Auch wenn dies zutreffen mag, bin ich der Ansicht, daß das Anbieten von Fahrzeugen, die ausschließlich für die Benutzung durch Nichtbehinderte geeignet sind, jedenfalls dann eine Behinderte benachteiligende Maßnahme darstellt, wenn die Nutzbarmachung auch für sie technisch möglich ist. Hierbei wird nämlich durch die technische Gestaltung dieser Teil der Bevölkerung von der Nutzung ausgeschlossen und damit hinsichtlich der Befriedigung des Mobilitätsbedürfnisses gegenüber dem anderen Teil benachteiligt. Der Ausschluß Behinderter vom öffentlichen Personenverkehr ist eine Benachteiligung im Sinne von Art. 3 Abs. 3 S. 2 GG. Hieraus ergibt sich zumindest ein Abwehranspruch unmittelbar aus dem genannten Grundrecht gegen die Einführung von Beförderungsmitteln mit ausschließendem Charakter. Zwar kann damit nur zum Beispiel die Einführung von ungeeigneten Fahrzeugen verhindert und nicht die Einführung von geeigneten Fahrzeugen verlangt werden. Jedoch kann sich für die Beförderungsunternehmen eine faktische Notwendigkeit zur Beachtung der Belange Behinderter ergeben, um rechtliche Konsequenzen zu vermeiden. Dies gilt sowohl gegenüber öffentlich-rechtlichen Körperschaften – insbesondere Kommunen –, die öffentlichen Personenverkehr anbieten, als auch gegenüber den von diesen in privatrechtlicher Form betriebenen Gesellschaften, weil sich die öffentliche Hand nicht durch Übertragung von öffentlichen Aufgaben auf Private der Grundrechtsbindung entziehen darf.

Gestaltung öffentlicher Gebäude

Werden Behinderte von der Benutzung öffentlicher Gebäude durch die architektonische Gestaltung ausgeschlossen, liegt hierin eine Benachteiligung. Die Bauordnungen der Länder enthalten allerdings Vorschriften, wonach bauliche Anlagen, die unter anderem von Behinderten nicht nur gelegentlich aufgesucht werden, so zu gestalten sind, daß sie von diesen ohne fremde Hilfe zweckentsprechend genutzt werden können. Nach bisher wohl überwiegender Auffassung stellen diese Vorschriften zwar Anforderungen an die Gestaltung der Gebäude auf, geben jedoch den Betroffenen keinen subjektiven öffentlichen Anspruch auf entsprechende Ausführung.[4] In der Literatur sind jedoch bereits Stimmen laut geworden, die eine neue verfassungskonforme Auslegung der Regelungen im Hinblick auf das Benachteiligungsverbot für geboten ansehen und bezogen auf öffentliche Gebäude – anders bei privaten Gebäuden, auch wenn sie dem öffentlichen Verkehr zu dienen bestimmt sind – einen Anspruch jedenfalls der behinderten Bürger annehmen, die ihren Lebensmittelpunkt in der fraglichen Kommune oder – bei kleinen Gemeinden – dem «kulturellen Einzugsgebiet» haben.[5] Diese Auffassung verdient Zustimmung und Unterstützung.

2. Zivilrecht

Reisekostenentschädigung

Die mehrfach von verschiedenen Zivilgerichten vorgenommene Qualifizierung des Zusammentreffens mit Behinderten im Urlaub als zur Minderung des Reisepreises berechtigenden Reisemangels[6] ist mit dem Benachteiligungsverbot im Grundgesetz nicht zu vereinbaren. Zum einen wird hierdurch einem Urlauber Schadensersatz zugestanden für einen Sachverhalt, den die neue Verfassungsnorm als geradezu «normal» ansieht, und zum anderen werden die Chancen Behinderter auf Erlangung einer Urlaubsunterkunft wegen der Furcht der Veranstalter vor Schadensersatzansprüchen anderer Reisender verringert, woran mitzuwirken das Benachteiligungsverbot den Gerichten untersagt. Auch in der oben bereits genannten Broschüre des Behindertenbeauftragten der Bundesregierung wird diese Auffassung vertreten (S. 40f). Allerdings bleibt weiterhin die Schwierigkeit bestehen, in Gerichtsverfahren dieser Art auf die Entscheidung Einfluß zu nehmen, weil die Behinderten regelmäßig nur Gegenstand der rechtlichen Beurteilung sind, aber nicht Beteiligte in den Verfahren. Sie können daher nach wie vor keine Rechtsmittel gegen solche Urteile ergreifen.

Zugang zu Gaststätten

Immer wieder – wenn auch in letzter Zeit seltener – ist davon zu hören, daß Behinderten der Zugang zu Gaststätten verweigert oder sie zum Verlassen aufgefordert werden. Die Rechtsprechung und die juristische Literatur haben sich bereits mehrfach mit dem Fall der Zugangsversagung an ausländische Mitbürger beschäftigt. Die hierbei angestellten Überlegungen insbesondere zur rechtlichen Bedeutung des Art. 3 Abs. 3 (nunmehr S. 1) GG sind meines Erachtens im wesentlichen übertragbar. Grundsätzlich hat jeder Gastwirt das Recht, frei zu entscheiden, mit wem er einen Bewirtungsvertrag schließt. Ein Abschlußzwang («Kontrahierungszwang») besteht grundsätzlich nicht[7], woran nach herrschender Meinung auch Art. 3 Abs. 3 GG nichts ändert, weil er zwischen Privatleuten nicht unmittelbar gilt.[8] Einen Abschlußzwang nimmt die Rechtsprechung nur bei Monopolinhabern an, soweit es sich um die Versorgung der Bevölkerung mit lebenswichtigen Gütern handelt (etwa Elektrizitätsversorgungsunternehmen), was bei einer Gaststätte wohl kaum jemals gegeben sein wird. Allerdings kann sich der betreffende Gastwirt gemäß § 826 Bürgerliches Gesetzbuch (BGB) schadensersatzpflichtig machen, wenn die Versagung der Bewirtung eine «sittenwidrige vorsätzliche Schädigung» im Sinne dieser Vorschrift darstellt, wobei teilweise die Auffassung vertreten wird, daß eine entgegen Art. 3 Abs. 3 GG vorgenommene Differenzierung immer sittenwidrig ist.[9] Da nach § 249 S. 1 BGB der Geschädigte durch den zum Schadensersatz Verpflichteten so zu stellen ist, wie er ohne das schädigende Ereignis gestanden hätte, kann sich hieraus ein Anspruch auf Vertragsabschluß ergeben.[10] Vielfach wird allerdings dieser «mittelbare Kontrahierungszwang» abgelehnt[11] und die Zuerkennung eines Unterlassungsanspruchs wegen Verletzung des allgemeinen Persönlichkeitsrechts (aus § 823 Abs. 1 in Verbindung mit § 1004 BGB analog) und eines Schmerzensgeldanspruchs (aus § 847 BGB) für ausreichend erachtet.[12]

Nicht unerwähnt bleiben soll in diesem Zusammenhang, daß in der Rechtsprechung die Zurückweisung eines Besuchswilligen durch einen Inhaber einer öffentlichen Gaststätte ohne erkennbaren sachlichen Grund als Erfüllung des objektiven Tatbestandes der Beleidigung gem. § 185 Strafgesetzbuch angesehen worden ist.[13] Außerdem kann die zuständige Verwaltungsbehörde eine gaststättenrechtliche Erlaubnis wegen fehlender Zuverlässigkeit des Gastwirtes gem. § 4 Abs. 1 Nr. 1 Gaststättengesetz (GastG) verweigern bzw. widerrufen (§ 15 Abs. 2 GastG), wenn dieser mehrfach oder nachhaltig gegen das Diskriminierungsverbot des Art. 3 Abs. 3 GG verstößt, weil zur Zuverlässigkeit des Gastwirtes der Betrieb der Gaststätte unter Einhaltung geltenden Rechts gehört.[14]

Versicherungsverträge

Als Diskriminierung wird es vielfach empfunden, wenn Versicherer den Abschluß von Versicherungsverträgen wegen der Behinderung verweigern oder nur mit erhöhten Beiträgen anbieten. Die privaten Versicherer – die öffentlichen Sozialversicherungen mit ihren Besonderheiten sollen hier nicht behandelt werden – trifft ebenfalls kein Kontrahierungszwang. Etwas anderes gilt aufgrund gesetzlicher Sonderregelung in § 5 Abs. 2 Pflichtversicherungsgesetz allein für die Anbieter von Kfz-Haftpflichtversicherungen. Hinsichtlich anderer Versicherungsarten sind hingegen die Versicherer in ihrer Entscheidung frei, mit wem und zu welchen Bedingungen sie einen Versicherungsvertrag abschließen. Auch hier kann sich im Einzelfall allenfalls ein Abschlußanspruch aus §§ 826, 249 BGB in Verbindung mit Art. 3 Abs. 3 S. 2 GG ergeben. Allerdings sind die Besonderheiten der Versicherungswirtschaft zu beachten, die von einer Balance zwischen individuellem Schadensrisiko und Versicherungsprämie gekennzeichnet sind. Als sittenwidrige vorsätzliche Schädigung kann es sich darstellen, wenn ein Versicherungsunternehmen eine Versicherung für ein bestimmtes Risiko an jeden Interessierten anbietet, sie jedoch wegen einer Behinderung verweigert, die keine Erhöhung des Schadensrisikos beinhaltet. Ist mit der Behinderung ein erhöhtes Risiko verbunden, was insbesondere bei Unfall-, Lebens- und (privaten) Krankenversicherungen gegeben sein kann, ist der Versicherer berechtigt, dies bei der Abschlußentscheidung bzw. der Vertragsgestaltung zu berücksichtigen. Er ist auch berechtigt, bereits bei den Vertragsverhandlungen nach solchen Risikofaktoren zu fragen, zumal der Versicherungsnehmer nach den Regelungen im Versicherungsvertragsgesetz verpflichtet ist, von sich aus alle Umstände anzugeben, die für die Abschätzung des Schadensrisikos erheblich sein können. Ob sich aus einer Behinderung ein erhöhtes Risiko hinsichtlich des konkret zu versichernden Schadensfalles ergibt, läßt sich nur im Einzelfall beurteilen. Dies wird vom Versicherer jeweils nachvollziehbar darzulegen sein.

Arbeitsrecht

Auch im Arbeitsrechtsverhältnis als «besonderem Zivilrechtsverhältnis» gilt Art. 3 Abs. 3 S. 2 GG nicht unmittelbar. Ein Anspruch auf Arbeit allgemein oder gar einen bestimmten Arbeitsplatz läßt sich aus dem Benachteiligungsverbot nicht ableiten. Allerdings enthält § 75 Abs. 1 S. 1 Betriebsverfassungsgesetz (BetrVG) eine ausdrückliche Übertragung der Grundsätze des Art. 3 Abs. 3 S. 1 GG auf den Betrieb[15], indem Arbeitgeber und Betriebsrat verpflichtet werden, eine Ungleichbehandlung der Arbeitnehmer wegen der dort aufgeführten Merkmale (unter anderem Religion, Herkunft und Geschlecht) zu unterlassen. Hier ist der Gesetzgeber gefordert, auch das Benachteiligungsverbot des Art. 3 Abs. 3 S. 2 GG in § 75 BetrVG einzuarbeiten. Dabei sollte ebenfalls nur die Benachteiligung verboten werden, weil sonst etwa die Pflicht der Arbeitgeber gemäß § 14 Abs. 2 Satz 2 Schwerbehindertengesetz zur bevorzugten Berücksichtigung Schwerbehinderter bei innerbetrieblichen Maßnahmen der beruflichen Bildung in Kollision mit dem Unterscheidungsverbot des § 75 Abs. 1 BetrVG geraten könnte. Diese Bestimmung gilt nur für die Behandlung der Betriebsangehörigen und nicht für die Auswahl derselben, also für die Einstellung. Nach Ansicht der IG Metall in einer Erklärung zum Welttag der Behinderten am 3.12.1995 hat sich an der Benachteiligung Behinderter bei der Einstellungsentscheidung durch das Diskriminierungsverbot nichts geändert. Im Oktober 1995 seien 174000 Behinderte arbeitslos gewesen.[16] Hier kann auf juristischem Gebiet nur eine dem § 611a BGB entsprechende Bestimmung helfen, die vom Gesetzgeber einzufordern ist. Danach ist unter anderem bei der Begründung des Arbeitsverhältnisses eine Benachteiligung wegen des Geschlechts verboten und gleichzeitig eine Beweislastumkehr vorgesehen, wenn der Arbeitnehmer oder die Arbeitnehmerin Tatsachen glaubhaft macht, die eine Benachteiligung wegen des Geschlechts vermuten lassen. In Abs. 2 der Vorschrift ist außerdem eine Schadensersatzpflicht des Arbeitgebers bei Verstoß gegen das Benachteiligungsverbot normiert. Eine ähnliche Vorschrift bezogen auf Behinderungen könnte die Rechtsposition Behinderter gegenüber Arbeitgebern stärken.

Rechtsschutzmöglichkeiten

1. Vor den «Fachgerichten»

Rechtsschutz ist zunächst vor dem für das jeweilige Rechtsgebiet zuständigen Gericht zu suchen. Für das Zivilrecht sind die Amts- und Landgerichte zuständig, für das Arbeitsrecht als «besonderem Zivilrecht» die Arbeitsgerichte. Für öffentlich-rechtliche Streitigkeiten sind grundsätzlich die Verwaltungsgerichte zuständig, wobei Ausnahmen für sozialrechtliche Streitigkeiten nach dem Sozialgerichtsgesetz gelten, die dann in die Zuständigkeit der Sozialgerichte fallen. Hierbei ist für die praktisch relevantesten Klagearten – die gegen einen belastenden Verwaltungsakt gerichtete Anfechtungsklage und die auf Erlaß eines begünstigenden Verwaltungsaktes gerichtete Verpflichtungsklage – die Durchführung eines Vorverfahrens (Widerspruchsverfahren) als Klagevoraussetzung vorgeschrieben. Alle Gerichte haben das von ihnen anzuwendende Recht auf seine Vereinbarkeit mit höherrangigem Recht hin zu überprüfen. Sieht ein Gericht ein im konkreten Fall entscheidungserhebliches Gesetz etwa als mit Art. 3 Abs. 3 S. 2 GG unvereinbar an, kann es jedoch nicht von der Ungültigkeit des Gesetzes ausgehen, sondern muß das Verfahren aussetzen und gemäß Art. 100 Abs. 1 S. 1 GG die Entscheidung des Bundesverfassungsgerichts hierüber einholen (sogenannte «konkrete Normenkontrolle»). Dieses hat dann über diese Frage mit verbindlicher Wirkung zu entscheiden.

Da «Recht haben» bekanntlich für den Ausgang eines Klageverfahrens nicht immer allein ausschlaggebend ist, sei darauf hingewiesen, daß vor Erhebung einer Klage nicht allein die Rechtslage bedacht sein will. Wichtig kann auch die Beweislage sein, weil ein Behinderter, der eine Benachteiligung im Sinne des Art. 3 Abs. 3 S. 2 GG behauptet, gegebenenfalls die volle Beweislast hierfür trägt, was insbesondere Schwierigkeiten aufwerfen kann, wenn zum Beispiel von Gastwirten, Versicherern oder Arbeitgebern andere Beweggründe vorgeschoben werden. Außerdem fallen regelmäßig Kosten an, deren Höhe vom jeweiligen Streitwert abhängig ist und die von der unterlegenen Partei zu tragen sind. Je höher die Kosten, desto erfolgversprechender sollte eine Klage sein, um das Kostenrisiko im Rahmen zu halten.

2. Vor dem Bundesverfassungsgericht

Gemäß Art. 93 Abs. 1 Nr. 4a GG entscheidet das Bundesverfassungsgericht «über Verfassungsbeschwerden, die von jedermann mit der Behauptung erhoben werden können, durch die öffentliche Gewalt in einem seiner Grundrechte ... verletzt zu sein». Nach der Rechtsprechung des Bundesverfassungsgerichts muß der Beschwerdeführer behaupten, «selbst, unmittelbar und gegenwärtig» in seiner grundrechtlich geschützten Position verletzt zu sein. Erfolg hat die Verfassungsbeschwerde, wenn sich diese Behauptung als zutreffend erweist. Die Verfassungsbeschwerde kann sich zwar auch gegen Gerichtsurteile richten, jedoch hat das Bundesverfassungsgericht hierbei die Entscheidung nur hinsichtlich ihrer Vereinbarkeit mit den fraglichen Grundrechten zu überprüfen und nicht die Richtigkeit umfassend zu beurteilen. Das Bundesverfassungsgericht ist kein «Superrevisionsgericht».

Das Verfahren ist näher geregelt in §§ 90ff des Gesetzes über das Bundesverfassungsgericht (BVerfGG). Ist gegen die gerügte Grundrechtsverletzung der Rechtsweg zulässig, so kann die Verfassungsbeschwerde, von Sonderfällen abgesehen, erst nach Erschöpfung des Rechtsweges – das heißt, nach Durchlaufen aller Instanzen – erhoben werden (§ 90 Abs. 2 S. 1 BVerfGG). Die Verfassungsbeschwerde ist binnen eines Monats zu erheben und zu begründen (§ 93 Abs. 1 S. 1 BVerfGG), wobei in der Begründung das Recht, das verletzt sein soll, und die Handlung oder Unterlassung des Organs oder der Behörde, durch die der Beschwerdeführer sich verletzt fühlt, zu bezeichnen sind (§ 92 BVerfGG). Die Frist beginnt mit der Zustellung oder formlosen Mitteilung der in vollständiger Form abgefaßten Entscheidung, wenn diese verfahrensrechtlich vorgesehen ist. Ansonsten beginnt sie mit Verkündung oder sonstiger Bekanntgabe der Entscheidung (§ 93 Abs. 1 S. 2,3, BVerfGG). Bei Versäumung der Frist ohne Verschulden kann Wiedereinsetzung in den vorigen Stand gewährt werden (§ 93 Abs. 2 BVerfGG). Bei Verfassungsbeschwerden gegen ein Gesetz oder einen anderen Hoheitsakt, gegen den kein Rechtsweg gegeben ist, kann die Verfassungsbeschwerde nur binnen eines Jahres seit Inkrafttreten des Gesetzes oder Erlaß des Hoheitsaktes erhoben werden (§ 93 Abs. 3 BVerfGG). Bei Verfassungsbeschwerden unmittelbar gegen ein Gesetz hat das Bundesverfassungsgericht in seiner Rechtsprechung allerdings eine weitere Hürde aufgebaut. Danach ist eine «unmittelbare Betroffenheit» nur anzunehmen, wenn das Gesetz selbst in die Rechtsposition des Betroffenen eingreift, ohne daß es eines «Vollzugsaktes» bedürfte. Wird die gesetzliche Regelung jedoch erst mit einem das Gesetz ausführenden Verwaltungsakt für den Betreffenden konkret wirksam, muß er zunächst gegen diesen vorgehen, wobei die Gültigkeit des Gesetzes incidenter mit zu überprüfen ist und das zuständige Gericht gegebenenfalls eine konkrete Normenkontrolle (siehe oben) einzuleiten hat.

Eine gute Nachricht zum Schluß: Die Verfahren vor dem Bundesverfassungsgericht sind gerichtskostenfrei (§ 34 Abs. 1 BVerfGG). Das Gericht kann jedoch bei einer mißbräuchlichen Einlegung der Verfassungsbeschwerde eine sogenannte Mißbrauchsgebühr von bis zu 5000 Mark erheben (§ 34 Abs. 2 BVerfGG). Bei einer begründeten Verfassungsbeschwerde hingegen sind dem Beschwerdeführer die notwendigen Auslagen ganz oder teilweise zu erstatten (§ 34 a Abs. 2 BVerfGG).

Anmerkungen

1 Vgl. hierzu Jürgens, NVwZ 1995, 452 und ders., ZfSH/SGB 1995, 353.
2 Vgl. Sannwald, NJW 1994, 3313 (3314).
3 BVerfGE 85, S. 191.
4 Vgl. etwa Simon, Bayerische Bauordnung, Stand: August 1994, Art. 51, Rdnr. 1.
5 Vgl. Grams, BauR 2/1995, 195.
6 Vgl. Landgericht Frankfurt/Main, NJW 1980, 1169 f; Amtsgericht Frankfurt/Main, NJW 1980, 1965 (hierzu: Brox, NJW 1980m S. 1939 ff); Amtsgericht Flensburg, NJW 1993, 272 (hierzu: Rogosch, DRiZ 1993, S. 438 ff).
7 So auch Michel/Kienzle, Das Gaststättengesetz, 9. Aufl., § 4, Rdnr. 20.
8 So auch Kühner, NJW 1986, 1397 (1401).

9 Dürig, in: Maunz/Dürig etc., GG, Stand Mai 1994, Art. 3 Abs. 1, Rdnr. 516, sieht auch ohne direkte Anwendung des Art. 3 Abs. 3 GG die Zurückweisung etwa von Farbigen, Ausländern etc. als sittenwidrig an.
10 So auch Dürig, a. a. O., Rdnr. 519.
11 So Kühner, a. a. O.
12 Vgl. auch Mager, ZAR 1992, 170 (171) m. w. N.
13 So BayObLG, NJW 1983, 2040 für den Fall der Zurückweisung eines farbigen US-Soldaten.
14 Michel/Kienzle, a. a. O.; Lohse, NJW 1985, 1677 (1681).
15 Wachter, Erläuterungen zum Betriebsverfassungsgesetz, in: Das Deutsche Bundesrecht, Stand: Oktober 1995, VB 30, Zu § 75.
16 FR vom 2. 12. 1995.

Horst Frehe

Europa – eine Chance?*

Immer mehr Entscheidungen, die vorher im nationalen Kontext getroffen wurden, werden nun auf europäischer Ebene gefällt. Der Prozeß der Harmonisierung und Standardisierung in Europa verändert die Entscheidungsstrukturen, so daß notwendige Veränderungen nicht mehr im eigenen Bundesland oder im eigenen Staat durchgesetzt werden können.

So gibt es den Vorschlag für eine EU-Richtlinie für Reise- oder Stadtbusse. In diesem sollen die Anforderungen an Busse für die Hersteller europaweit vereinheitlicht werden. Unberücksichtigt blieben darin die Bedürfnisse von blinden, gehörlosen Menschen und von Menschen im Rollstuhl. In der Richtlinie sind weder Vorschriften für den Einbau von Liften noch verbindliche Vorgaben für akustische und visuelle Signale vorgesehen.

In einer anderen Richtlinie über Teleterminals (91/263) sind die Bedürfnisse Behinderter überhaupt nicht berücksichtigt. Die Richtlinie über Führerscheine (91/439) schließt gehörlose Menschen vom Führerscheinerwerb aus. Die gegenwärtige Verordnung über die Angleichung der Systeme der sozialen Sicherung (1408/71) regelt zwar die Berücksichtigung von rentenrechtlichen Zeiten in einem anderen EU-Land, nicht aber die Sicherung persönlicher Assistenz bei dem Wechsel in ein anderes Land. So kann es zum Beispiel passieren, daß ein Franzose aus dem Elsaß, der in Deutschland arbeitet, 30 Jahre Beiträge zur Pflegeversicherung zahlt, aber keinen Anspruch auf Leistungen in seinem Land erwirbt. Gleichzeitig verliert sein deutscher Kollege den Anspruch, wenn er sich aus Gesundheitsgründen in einem südlichen Land niederläßt.

Dieses sind nur einige Beispiele für die Notwendigkeit, Behindertenpolitik nicht mehr nur national, sondern auf europäischer und internationaler Ebene zu betreiben. Hinzu kommt, daß die Entscheidungen

* Dieser Beitrag erschien erstmals in: Domino – Nachrichtenmagazin für gehinderte Menschen (4/95).

in der EU weitgehend ohne parlamentarische Kontrolle gefaßt werden. Anders als in Demokratien üblich, ergehen die wesentlichen Entscheidungen nicht durch Gesetze, die vom Parlament erlassen werden, sondern der Europäische Rat erläßt Verordnungen, Richtlinien und Empfehlungen. Er besteht aus den Vertreterinnen und Vertretern der Mitgliedstaaten, deren nationale Interessen daher einen entscheidenden Einfluß auf die Rechtssetzung haben. Das Europäische Parlament (EP) hat lediglich ein Beteiligungs- und Vorschlagsrecht und kann einzelne Verordnungen, Richtlinien und Empfehlungen zunächst zurückweisen, so daß sie neu verhandelt werden müssen. Es fehlten aber noch eine originäre Gesetzgebungskompetenz und ein verfassungsrechtlicher Rahmen des EP. Um so wichtiger ist es für uns, in dieser quasi «vorkonstitutionellen» Zeit Einfluß auf die Rechtssetzung zu nehmen.

Die europäische «Quasi-Verfassung» ist der alte «EWG-Vertrag» von 1957 in der Fassung des «Vertrages über die Europäische Union» (EU-V) von Maastricht 1992. Dieser beschreibt den Rahmen, in dem die Organe der EU Verordnungen, Richtlinien und Empfehlungen erlassen können. Verordnungen sind unmittelbar geltendes Recht in den Mitgliedsstaaten, Richtlinien sind Vorgaben, die noch in nationales Recht umgesetzt werden müssen, und Empfehlungen sind unverbindliche Orientierungen für die nationalen Politiken.

Der Vertrag über die Europäische Union sieht zwar in Artikel 6 ein Diskriminierungsverbot aufgrund der Staatsangehörigkeit vor, führt in Artikel 8 die Unionsbürgerschaft ein und sieht in Artikel 8 a das Recht auf Freizügigkeit, in 8 b das Kommunalwahlrecht und in 8 d das Petitionsrecht vor. Umfassende Menschen- und Bürgerrechte, insbesondere auch für behinderte Menschen, werden jedoch in dem Vertrag bisher nicht gewährt. Wenn die Europäische Union sich zu einem demokratischen Bundesstaat weiterentwickeln will, muß diese Lücke gefüllt werden.

Dabei bietet sich an, eine verfassungsmäßige Ordnung in zwei Schritten zu entwickeln. Der erste Schritt muß die Aufnahme von Menschen- und Bürgerrechten wie ein Diskriminierungsverbot und Gleichstellungsgebot in Artikel 6 EU-V sein. Gleichzeitig sollte eine europäische Verfassung angestrebt werden. Bei beiden Schritten sollten wir als behinderte Menschen unseren Einfluß geltend machen.

So müssen wir ein Diskriminierungsverbot und ein Gleichstellungsgebot bei der Europäischen Regierungskonferenz in Dublin 1996 durchsetzen. Für uns geht es dabei um die Chance, europaweit einen

Perspektivenwechsel von einer aussondernden, bevormundenden und diskriminierenden Fürsorgepolitik zu einer Politik der integrativen, selbstbestimmten und gleichberechtigten Teilhabe an der Gesellschaft zu erreichen.

Konkret schlägt die europäische Selbstbestimmt-Leben-Bewegung, die im August dieses Jahres auf einer Konferenz in Bremen einen Vorschlag erarbeitet hat, folgende Änderung beziehungsweise Ergänzung der Artikel 6 EU-V und 6a EU-V vor:

Artikel 6 EU-V

«Innerhalb des Anwendungsbereiches dieses Vertrages und unbeschadet irgendwelcher darin enthaltenen besonderen Bestimmungen ist jede Diskriminierung aufgrund von Nationalität, Rasse, Geschlecht, sexueller Orientierung, Alter, Behinderung, Religion oder des sozialen Status verboten.»

«Für den Zweck dieses Vertrages ist Diskriminierung definiert als Beeinträchtigung oder Benachteiligung bei der Entfaltung der Persönlichkeit, bei der gleichberechtigten Teilhabe am Leben in der Gesellschaft und bei der selbstbestimmten Lebensführung. Dabei sind alle Planungen und Maßnahmen an dem Prinzip gleicher Rechte auszurichten.»

Artikel 6a EU-V

«Bei allen Aktivitäten im Rahmen dieses Vertrages berücksichtigt die Union die Bedürfnisse Behinderter.»

Mit diesen Formulierungen in einem neugefaßten Art. 6 EU-V und einem neueingeführten Art. 6a EU-V wären wir als behinderte Menschen in ein allgemeines Diskriminierungsverbot einbezogen und hätten eine spezifische Gleichstellungsverpflichtung für alle Aktivitäten der Union und der Vertragsstaaten verankert. Damit müßten die Harmonisierungen und Standardisierungen der EU unsere Bedürfnisse berücksichtigen. Wir hätten damit einen wesentlichen Schritt hin zu einer behindertenpolitischen Gleichstellung in Europa erreicht.

Um in diesem Bereich voranzukommen, sollte ein eigener Unter-Fonds des Sozialfonds «Selbstbestimmt Leben» geschaffen werden. Dieses sollte in den Artikeln 123 EU-V und einem neuen 123a EU-V geschehen. Damit könnten die Aktivitäten für Behinderte, die gegenwärtig auf verschiedene Programme wie Helios, Horizon und andere verteilt sind, in einem größeren Programm zusammengefaßt werden. Gleichzeitig wäre so auch eine bessere Ausrichtung der Aktivitäten auf nicht aussondernde und nicht bevormundende Programme möglich.

Während bisher eine Vielzahl von Organisationen Zugang zu diesen Finanzen hatte, die nicht verdächtigt werden können, die Selbstbestimmung Behinderter zu unterstützen, könnte dann die Errichtung und Anlauffinanzierung von Selbstbestimmt-Leben-Zentren/Beratungsstellen ermöglicht werden. Darüber hinaus müssen auch die Institutionen der EU selbst angehalten werden, in ihren Entscheidungsgremien behinderte Menschen zu beteiligen und auf ihren Arbeitsplätzen eine angemessene Zahl Behinderter zu beschäftigen. Darüber hinaus müssen alle Gebäude rollstuhlzugängig gestaltet sowie mit taktilen und akustischen Hinweisen versehen werden. In Konferenzen muß die Teilnahme von Gehörlosen durch Gebärden-Dolmetscher ermöglicht werden. Die schriftlichen Dokumente müssen auf Kassetten, Disketten und in Braille-Schrift zur Verfügung stehen. Sie sollten zudem aus Datenbanken von behinderten Nutzern problemlos abgefragt werden können.

In der Deklaration 23 der Schlußakte zu dem EU-Vertrag von Maastricht ist die Bedeutung der Kooperation der EU mit den Wohlfahrtsverbänden als Teil der Subsidiarität festgeschrieben. Führt man die Subsidiarität konsequent fort, so ist vorrangig die Kooperation mit den Selbstorganisationen der Betroffenen zu suchen. Wohlfahrtsorganisationen haben kein Recht der Interessenvertretung Behinderter, soweit diese sich selbst organisiert haben. Um dieses deutlich zu machen, sollte eine entsprechende Formulierung des Vorrangs von Betroffenengruppen oder als Vorrang der Selbsthilfe- und Selbstbestimmungs-Bewegung Behinderter aufgenommen werden.

Sicher könnten noch eine ganze Reihe von Vorschlägen gemacht werden, um den Maastricht-Vertrag an unsere Bedürfnisse anzupassen. Jedoch hat zunächst die Konzentration auf die Forderungen zum Diskriminierungsverbot in Art. 6 EU-V und zur Gleichstellung behinderter Menschen in Art. 6a EU-V Vorrang. Der Kampf um diese Bestimmungen könnte der Beginn einer kontinuierlichen, die nationalen Begrenzungen überschreitenden Behindertenpolitik werden. Wir würden damit nicht nur dazu beitragen, daß Schweden, Finnen und Dänen ihre sozialen Standards erfolgreich verteidigen, Briten, Österreicher und Deutsche die Gleichstellungsdiskussion verbreitern und Italien und Niederlande ihre fortschrittlichen Eingliederungsbestimmungen behalten können, sondern auch Länder wie Spanien und Portugal, Griechenland und Frankreich würden hiervon profitieren.

Auch darf nicht der Einfluß auf künftige EU-Mitglieder wie Polen, Ungarn, Tschechien und die baltischen Staaten sowie die Mitgliederstaaten des Europarates vergessen werden. Es wird Zeit, daß wir den nur nationalen Blickwinkel verlassen und uns auf eine europäische Behindertenpolitik einstellen. Die anderen haben es längst getan. Anstatt nur Geld, Waren und Dienstleistungen unbehinderter fließen zu lassen, müssen wir dafür kämpfen, daß unsere Menschen- und Bürgerrechte in ganz Europa Geltung erlangen.

Ottmar Miles-Paul

Paragraphen mit Biß verändern das Bewußtsein

Gleichstellungsgesetze in den USA und anderen Ländern

«Die Plastiktüten in der Obst- und Gemüseabteilung des Supermarktes, in dem Laura Clowers in ihrer Nachbarschaft einkauft, befinden sich mittlerweile in ihrer Reichweite. Ihre Bank hat einen Geldautomaten installiert, dessen Knöpfe so niedrig angebracht sind, daß sie von ihr problemlos benutzt werden können. Und die Umkleidekabinen im Ballston Einkaufszentrum, in dem sie häufig einkauft, wurden so groß gestaltet, daß Laura Clowers und ihr Rollstuhl ohne Probleme hinein passen.»[1] So beschreibt die *Washington Post* im September 1995 – fünf Jahre nach der Verabschiedung des amerikanischen Gleichstellungsgesetzes für Behinderte – einige der Veränderungen, die behinderte Menschen in Washington D. C. in den letzten Jahren in ihrem Alltag erlebt haben. Auch wenn das Futter für ihren Papagei in der Tierhandlung immer noch nur über einige Stufen erreichbar ist und in einigen Geschäften die Gänge noch sehr eng sind, ist Laura Clowers nicht mehr so zögerlich wie früher, wenn sie etwas unternehmen will. «Wenn ich heute mit Freunden ausgehen möchte, muß ich mir nicht mehr so viele Gedanken darüber machen, ob ich mit dem Rollstuhl reinkomme oder was passiert, wenn ich auf die Toilette muß. Man merkt zwar immer noch, daß man behindert ist und einen Rollstuhl benutzt, aber man fühlt sich nicht mehr wie eine Aussätzige», erzählt die 31jährige Laura , die aufgrund ihrer Behinderung durch *spina bifida* einen Rollstuhl benutzt.

Solche Veränderungen sind nicht über Nacht durch ein Wunder zustande gekommen, sondern das Resultat einer Entwicklung, die entscheidend durch die Verabschiedung des amerikanischen Gleichstellungsgesetzes für Behinderte beeinflußt wurde – dem *Americans with Disabilities Act* von 1990. Mit Hilfe dieses Gesetzes und der damit verbundenen neuen Betrachtungsweise von Behinderung, in deren Mittelpunkt nicht mehr vorrangig nur die Fürsorge und Wohltätigkeit gegenüber Behinderten, sondern vielmehr deren Bürgerrechte auf eine gleichberechtigte Teilnahme am Leben der Gesellschaft steht, konnten in den letzten Jahren in den USA eine Reihe von Verbesserungen für Behinderte erreicht werden, von denen viele Betroffene noch vor zehn Jahren nicht zu träumen gewagt hatten.

- So sind heute in Washington D. C. zum Beispiel die U-Bahn und mehr als 60 Prozent der insgesamt 1300 im Einsatz befindlichen Busse behindertengerecht. Selbst in Millionenstädten wie New York City und Los Angeles sind die Prozentzahlen für die Zugänglichkeit der öffentlichen Verkehrsmittel für Mobilitätsbehinderte ähnlich hoch.

- Die First Union Bank hat zum Beispiel neben dem Geldautomaten, den Laura Clowers benutzt, allein in der Washingtoner Region weitere 130 rollstuhlzugängliche Automaten installiert, die auch mit Braille-Anleitungen ausgestattet sind.

- Das JC Penny Bekleidungsgeschäft hat zum Beispiel 5000 Dollar investiert, um seine Umkleidekabinen für Rollstuhlbenutzerinnen und -benutzer zugänglich zu machen.

Klagemöglichkeiten öffnen so manche Tür

Während die meisten dieser Veränderungen von den Verantwortlichen ohne gerichtliche Einwirkungen durch die freiwillige Einhaltung des Gleichstellungsgesetzes vorgenommen wurden, konnten die Betroffenen und ihre Verbände aber auch eine Reihe von Veränderungen für Behinderte auf gerichtlichem Wege durchsetzen. Das Gesetz macht es möglich. Es geht weit über den sonst so häufigen bloß appellativen Charakter hinaus und räumt den Betroffenen konkrete Klagemöglichkeiten ein – der *Americans with Disabilities Act* ist also ein Gesetz mit Zähnen. Wie aus einem Bericht des US-Justizministeriums vom Juli 1995 zum fünften Jahrestag der Verabschiedung des Gleichstellungsgesetzes für Behinderte hervorgeht, führten die Tausende von Beschwerden Behinderter und ihrer Organisationen und die damit verbundenen Vergleiche und Prozesse bereits zu einer Reihe von Verbesserungen für Behinderte.[2]

- So wurde mit der Stadt Chicago eine Übereinkunft erzielt, daß die Notrufnummer 911 auch mit einem Schreibtelefon von Gehörlosen, Schwerhörigen und Sprachbehinderten erreichbar sein muß, die

Empfänger der Notrufe in der Benutzung des Gerätes geschult werden und dieses neue Angebot gegenüber der Bevölkerung bekannt gemacht wird. Eine gehörlose Frau, die in einem Notfall die Notrufnummer mit ihrem Schreibtelefon nicht erreichen konnte und mit einem Taxi ins Krankenhaus fahren mußte, hatte gegen die Stadt geklagt, nachdem ihr die Ärzte verkündet hatten, daß sie sterben hätte können, falls sie eine Stunde später ins Krankenhaus gekommen wäre. In Los Angeles wurde eine ähnliche Übereinkunft erzwungen, nachdem eine gehörlose Mutter ihren am Kopf verletzten zweijährigen Sohn nach vergeblichen Versuchen, die Notrufnummer mit ihrem Schreibtelefon zu erreichen, selbst ins Krankenhaus bringen mußte.

- Das Hyatt Regency Hotel in Dallas einigte sich mit Klägern darauf, 28 zugängliche Hotelräume einzurichten, drei in verschiedenen Stockwerken gelegene Toiletten behindertengerecht umzubauen, Rampen für den Zugang zum Swimmingpool einzubauen und an 24 behinderte Kläger insgesamt 36000 Dollar Schadenersatz zu bezahlen, nachdem es das Hotel versäumt hatte, die gesetzlich vorgeschriebenen und machbaren Veränderungen für Behinderte vorzunehmen. Die Betroffenen hatten einen Kongreß der amerikanischen spina bifida-Vereinigung mit einem Urlaub in dem Hotel verbunden und wegen der Benachteiligungen, die sie dort nach ihrer Ankunft feststellen mußten, gegen das Hotel geklagt.

- Ebenfalls aufgrund einer Klage verpflichtete sich AVIS, der zweitgrößte Autovermieter der USA, Autos mit Handkontrolle für Behinderte an den meisten großen Verleihstellen nach einer maximal achtstündigen Anmeldezeit zur Verfügung zu stellen und seine Beschäftigten in deren Benutzung und im Umgang mit behinderten Kunden zu schulen.

- Ismael Pena hatte sich elf Jahre lang vom gleichen Zahnarzt behandeln lassen. Nachdem dieser erfahren hatte, daß sein Patient Aids hatte, verweigerte er die weitere Behandlung. Der Zahnarzt wurde vom Gericht zu einer Strafe von 60000 Dollar an Pena und weiteren 60000 Dollar an einen anderen abgewiesenen HIV-infizierten Kläger verurteilt. Zudem stimmte er der Auflage zu, gemeinsam mit seinen Beschäftigten einen Kurs über den besseren Umgang mit HIV-Infizierten und über die Behandlungspflicht von Ärzten zu belegen.

- Die nationale Finanzagentur Smith Barney verpflichtete sich nach einem Rechtsstreit, die Kontoauszüge und die Korrespondenz auf Anfrage auch in Großdruck zu versenden und leistete eine Zahlung von 1500 Dollar an den sehbehinderten Kläger. Zuvor wurden diese Unterlagen lediglich in Normaldruck und Brailleschrift verbreitet. Seit der Ankündigung dieses Angebotes wurde dieser Service bereits von weiteren 645 Kunden in Anspruch genommen.

Wie es dazu kam

Diese massiven Veränderungen im Alltag von behinderten Menschen in den USA, die sich seit der Verabschiedung des *Americans with Disabilities Acts* von 1990 über die USA langsam aber sicher ausbreiten, haben ihren Ursprung in den amerikanischen Bürgerrechtsbewegungen der Schwarzen und der Frauen der 60er Jahre, auf deren Grundsätze und Erfahrungen sich die behinderten Bürgerrechtler der USA gestützt haben. Bereits 1973 gelang es ihnen, im damals neu geschaffenen Rehabilitationsgesetz mit der Section 504 einen Passus zu verankern, durch den festgeschrieben wurde, daß niemand aufgrund seiner Behinderung von der gleichberechtigten Teilhabe an einer Aktivität, die von der Bundesregierung finanziell unterstützt wird, ausgeschlossen oder dabei benachteiligt werden darf. Dieses sehr einfach gefaßte Prinzip, nach dem die Gelder der Bundesregierung so eingesetzt werden müssen, daß die daraus finanzierten Angebote von allen Bürgerinnen und Bürgern gleichberechtigt in Anspruch genommen werden können, bewirkte in den Folgejahren bereits eine Reihe von Verbesserungen für Behinderte. Auf diese Weise wurden viele Universitäten für Behinderte zugänglicher gestaltet, wurden Verkehrsmittel behindertengerecht ausgestattet und viele öffentliche Anlagen von vornherein barrierefrei konzipiert.

Das Problem von Section 504 des Rehabilitationsgesetzes bestand jedoch darin, daß diese Bestimmung sich nur auf die von der Bundesregierung geförderten Aktivitäten bezog und die Diskriminierungen Behinderter, die in anderen Bereichen nach wie vor weit verbreitet waren, nicht geahndet werden konnten. Der Besitzer eines Kinos konnte einer Rollstuhlbenutzerin also lediglich aufgrund ihrer Behinderung nach wie vor den Zutritt verweigern, ohne daß ihm deshalb irgendwelche rechtlichen Konsequenzen drohten, wie dies von einer Rollstuhlbenutzerin während einer Anhörung des Kongresses 1989 in Washington D.C. sehr anschaulich geschildert wurde. Nachdem die US-amerikanischen Behindertenorganisationen über viele Jahre hinweg auf diesen Mißstand hingewiesen hatten und sich verbands- und behinderungsübergreifend für die Schaffung eines umfassenden Gleichstellungsgesetzes stark gemacht hatten, wurde der *Americans with Disabilities Act* mit überwältigender Mehrheit vom Kongress der USA verabschiedet und am 26. Juli 1990 vom damaligen Präsidenten Bush in einer großen Feierstunde vor mehr als 3000 Gästen auf dem Rasen des Weißen Hauses unterzeichnet.

Ein Gesetz mit Biß

Der *Americans with Disabilities Act*, weltweit zur Zeit wohl das weitestgehende Gleichstellungsgesetz für Behinderte, regelt die Gleichstellung Behinderter in den wesentlichen Bereichen des öffentlichen Lebens, auch auf dem privaten Sektor. Im ersten Teil des Gesetzes ist zum Beispiel geregelt, daß Betriebe mit mehr als 15 Beschäftigten sicherstellen müssen, daß behinderte Menschen bei der Bewerbungsprozedur, der Einstellung, Beförderung, Entlohnung, Aus- und Fortbildung sowie hinsichtlich der Arbeitsbedingungen aufgrund ihrer Behinderung nicht benachteiligt werden dürfen. Das heißt zum Beispiel, daß sehbehinderten Menschen die Bewerbungsunterlagen bei Bedarf in Großschrift zur Verfügung gestellt werden oder diese mehr Zeit für die Bearbeitung der Einstellungstests bekommen müssen.

Auch hinsichtlich der Nutzung öffentlicher Einrichtungen und Dienstleistungen schreibt das Gleichstellungsgesetz vor, daß behinderte Menschen nicht benachteiligt werden dürfen. Das heißt, daß Neubauten, die von öffentlich genutzten Einrichtungen in Anspruch genommen werden, behindertengerecht gestaltet werden müssen. Bei bereits bestehenden Gebäuden, die von öffentlich genutzten Einrichtungen, zum Beispiel Schulen, Waschsalons, Geschäften, Kinos, Ämtern, in Anspruch genommen werden, fordert das Gesetz, daß «leicht verwirklichbare» und «ohne große Kosten umsetzbare» Veränderungen vorgenommen werden müssen. Je nach Größe der Einrichtung kann dies den Bau einer Rampe über zwei Stufen hinweg oder auch den Einbau eines Fahrstuhls bedeuten. Darüber hinaus schreibt das Gesetz vor, daß im Falle von Umbau- und Renovierungsarbeiten der umgebaute Bereich für Behinderte zugänglich gemacht werden muß, solange die Kosten für diese Maßnahme nicht in einem unangemessenen Verhältnis zu den allgemeinen Umbaumaßnahmen stehen.

Die Bestimmungen des Gesetzes beziehen sich jedoch nicht nur auf das Zugänglichmachen von Angeboten für Gehbehinderte, sondern auch für andere Behindertengruppen, zum Beispiel auf das Bereitstellen von Speisekarten, die auch von Blinden und Sehbehinderten in Restaurants gelesen werden können, oder die Nutzbarkeit des Telefonsystems für schwerhörige und gehörlose Menschen durch die Bereitstellung von Schreibtelefonen in öffentlichen Telefonzellen und die Einrichtung von Übersetzungsdiensten für gehörlose Menschen bei den Telefongesellschaften.

Ein Bereich des Gesetzes, der vor allem hierzulande viel Beachtung gefunden hat, betrifft den öffentlichen Personenverkehr. Seit August 1990 dürfen die öffentlichen Verkehrsbetriebe in den USA nur noch Busse anschaffen oder leasen, die für Behinderte zugänglich sind. Auch der Eisenbahnverkehr muß für Behinderte zugänglich gemacht werden, und die Haltestellen und Bahnhöfe müssen nach und nach behindertengerecht umgestaltet werden.

Last but not least regelt das Gesetz, daß sämtliche Aktivitäten, die von den einzelnen Bundesstaaten und den Kommunen durchgeführt werden, ähnlich den bereits seit 1973 auf Bundesebene im Rehabilitationsgesetz festgeschriebenen Regelungen, so konzipiert werden müssen, daß behinderte Menschen nicht benachteiligt werden.

Die Umsetzung der Bestimmungen kann entweder von den Betroffenen selbst gerichtlich eingeklagt oder davon unabhängig von staatlicher Seite durch den Generalstaatsanwalt eingefordert werden. Neben der Verpflichtung zur Ausführung von Maßnahmen, durch die Benachteiligungen aufgehoben werden, können im Rahmen dieses Gesetzes in groben Fällen von Diskriminierungen und Uneinsichtigkeit Strafen bis zu 100 000 Dollar verhängt werden.

Das Bewußtsein verändert sich

Auch wenn die vielfältigen Aktivitäten der Betroffenen für die Verabschiedung und Umsetzung des Gesetzes bereits einen enormen Bewußtseinswandel im Denken über Behinderung und für die Unterstützung des Gesetzes in den USA bewirkt haben, können die Betroffenen ihre

Hände nicht in den Schoß legen. Vor allem sie selbst sind gefordert dafür einzutreten, daß die weitreichenden Bestimmungen des Gesetzes in die Praxis umgesetzt werden und der Gedanke der Gleichstellung Behinderter selbstverständlich wird. Auch wenn das Gesetz hin und wieder unter Beschuß gerät, stehen viele Politikerinnen und Politiker der USA fest hinter dem Grundgedanken der Gleichstellung Behinderter. So haben sich zum Beispiel Präsident Clinton und viele andere Politiker eindeutig hinter dieses Gesetz gestellt und sich gegen jegliche Aufweichung der Vorschriften ausgesprochen. Um Klagen so weit wie möglich zu vermeiden, setzt die amerikanische Regierung vor allem auf Schulung und Information. So wurden seit der Verabschiedung des Gleichstellungsgesetzes Tausende von Seminaren über die Bestimmungen des Gesetzes in allen Teilen der USA für Betroffene, Arbeitgeber, Architekten, Verwaltungsangestellte und andere Adressaten durchgeführt. Allein das Justizministerium der USA hat in den letzten Jahren über 70 Millionen Exemplare von Publikationen und Informationsblättern über den *Americans with Disabilities Act* verbreitet. Ein extra für die richtige Umsetzung des Gesetzes eingerichteter gebührenfreier telefonischer Informationsservice wird monatlich durchschnittlich von 6500 Personen in Anspruch genommen, da sich die verschiedenen Einrichtungen von sich aus um die Zugänglichmachung ihrer Angebote kümmern müssen, wenn sie nicht Gefahr laufen wollen, wegen einer Benachteiligung verklagt zu werden.[3] So ist es den amerikanischen Behinderten in einigen Bereichen gelungen, von stetigen Bittstellern für Veränderungen zu kompetenten Beraterinnen und Beratern zu avancieren, die den gesellschaftlichen Einrichtungen helfen, die gesetzlichen Bestimmungen einzuhalten.

Eine Idee geht um die Welt

Während die Auswirkungen der amerikanischen Gleichstellungsgesetzgebung für Behinderte hierzulande immer wieder für Schlagzeilen sorgten, blieb weitgehend unbemerkt, daß behinderte Menschen auch in vielen anderen Ländern der Welt nicht untätig geblieben sind, ihre Bürgerrechte durchzusetzen und den vielbeschworenen Perspektivenwechsel der Behindertenpolitik voranzutreiben. Viele Behindertenorganisationen und vor allem die in über 100 Ländern vertretenen Mitgliedsorganisationen von *Disabled Peoples' International*, die für die

Einhaltung der Menschenrechte Behinderter eintreten, starteten in vielen Ländern Kampagnen für die Verabschiedung von Gleichstellungsbestimmungen, die nicht ohne Erfolg geblieben sind, so daß wir heute von Australien über Kanada bis zu Frankreich Gleichstellungsbestimmungen für Behinderte vorfinden. Hier einige Beispiele:

Australien

Die australische Gleichstellungsgesetzgebung für Behinderte reicht bis ins Jahr 1977 zurück, als im *Anti-Discrimination Act* des Bundesstaates New South Wales mit seiner Hauptstadt Sydney ein umfassendes Gleichstellungsgesetz verankert wurde und neben Diskriminierungen aufgrund der Rasse, des Geschlechts oder von Homosexualität auch die Diskriminierung aufgrund einer körperlichen oder geistigen Beeinträchtigung für ungesetzlich erklärt wurde. Bereits auf der Basis dieses Gesetzes wurde mit dem *Anti-Discrimination Board* eine Beschwerdestelle eingerichtet, die Beschwerden annimmt und verfolgt, zudem wurde die Möglichkeit der Verhängung von Geldstrafen durch ein Gleichstellungstribunal eingeräumt.

So konnten sich die australischen Behinderten und die Regierung auf eine über 15jährige Erfahrung mit diesem Gesetz und mit Gleichstellungsgesetzen für andere benachteiligte Gruppen stützen, als am 5. 11. 1992 der *Disability Discrimination Act* (DDA) – das australische Gleichstellungsgesetz für Behinderte – vom australischen Parlament verabschiedet wurde, das am 1. März 1993 in Kraft trat. Das 58 Seiten umfassende Gesetzeswerk regelt die Gleichstellung Behinderter in weiten Bereichen des gesellschaftlichen Lebens, so bei der Arbeit, beim Wohnen, der Bildung und hinsichtlich des Zugangs zu öffentlichen Angeboten. Um die Einhaltung dieser Bestimmungen zu fördern und zu überwachen, wurde das Amt einer Gleichstellungsbeauftragten (Disability Discrimination Commissioner) geschaffen, das seit dem 1. Februar 1993 von der als Kind an Polio erkrankten und einen Rollstuhl benutzenden Psychologin Elisabeth Hastings bekleidet wird, die auch der neu geschaffenen Gleichstellungskommission vorsitzt. Bei dieser Kommission können Beschwerden gegen die Nichteinhaltung des Gesetzes eingereicht werden, denen sie dann nachgeht. Im Falle der Nichteinhaltung des Gesetzes kann nicht nur die Herstellung des nichtdiskriminierenden Zustandes eingefordert, es können auch Geldstrafen verhängt werden. Behörden und Dienstleister müssen nach diesem neuen Gesetz der Kommission Aktionspläne vorlegen, aus denen hervorgeht, wie sie die Ziele des Gesetzes erreichen.[4] Als konkrete Umsetzung der Bestimmungen des Bundesgleichstellungsgesetzes auf der Ebene der einzelnen Bundesstaaten hat der Staat New South Wales bereits am 8. April 1993 mit dem *Disability Service Act* ein Gesetz verabschiedet, durch das die volle Teilhabe behinderter Menschen am gesellschaftlichen Leben verankert werden soll.[5]

Benachteiligungsverbote in Verfassungen

Während es den kanadischen Behinderten bisher noch nicht gelungen ist, ein umfassendes Gleichstellungsgesetz durchzusetzen – auch wenn dieses in verschiedenen Bundesstaaten schon seit mehreren Jahren diskutiert wird –, können sie sich aber bei der Durchsetzung ihrer Gleichstellung auf Artikel 15 der kanadischen Grundrechts-Charta beziehen. Dort wurde 1982 festgeschrieben, «daß Menschen nicht aufgrund ihrer Rasse, ihrer nationalen oder ethnischen Zugehörigkeit, ihrer Hautfarbe, ihrer Religion, ihres Geschlechts, ihres Alters, ihrer geistigen oder körperlichen Schwächen diskriminiert werden dürfen.»[6] Auch wenn sich die Durchsetzung dieses Grundrechtes für den einzelnen als außerordentlich schwierig gestaltet, wie von den dortigen Behindertenorganisationen betont wird, bietet dieses Diskriminierungsverbot die Grundlage für eine Reihe von Veränderungen, die die Situation Behinderter in den letzten Jahren in Kanada verändert haben. Vor allem – so hoffen viele Behindertenorganisationen in Kanada – wird es die Grundlage für die Verabschiedung eines umfassenden Gleichstellungsgesetzes für Behinderte bieten, das dem des Nachbarstaates USA in seiner Wirksamkeit ähnelt.

Andere Länder wie Portugal haben in ihrer Verfassung ebenfalls ein Benachteiligungsverbot für Behinderte verankert, wobei die dort offensichtlichen Mängel der Gleichstellung Behinderter deutlich machen, daß es mit einem Satz in der Verfassung allein nicht getan ist, sondern konkreter und einklagbarer Gleichstellungsbestimmungen bedarf, wenn sich die Situation Behinderter entscheidend verbessern soll.

Das französische Antidiskriminierungsgesetz

In Frankreich können die behinderten Menschen bereits seit 1990 auf ein Antidiskriminierungsgesetz zurückgreifen, das die Gleichstellung Behinderter in Frankreich regelt. Auch wenn aus Frankreich bisher nur wenige solch spektakuläre Fälle wie aus den USA hinsichtlich der Durchsetzung der Rechte Behinderter zu vernehmen waren, bietet das französische Gleichstellungsgesetz eine Reihe von Sanktionsmöglichkeiten im Falle von Diskriminierungen: zum Beispiel Geldstrafen zwischen 2000 und 40 000 Francs und in besonderen Fällen auch Haftstrafen von zwei Monaten bis zu einem Jahr. Gastwirte zum Beispiel, die sich weigern, behinderte Gäste zu bewirten – wie in Avignon geschehen –, müssen sich seit der Verabschiedung dieses Gesetzes im Falle einer Klage vor Gericht verantworten, ähnlich wie Taxifahrer oder andere Dienstleistungsanbieter, die sich weigern, behinderte Menschen zu bedienen. Neben der individuellen Klage gibt es in Frankreich die Möglichkeit des Verbandsklagerechtes, wobei als einzige Voraussetzung gilt, daß der Verband bereits fünf Jahre lang geschäftsfähig sein muß.[7] Viele Franzosen bestätigen jedoch, daß dieses Gleichstellungsgesetz noch zu wenige Zähne hat und daß noch viel Arbeit für die Umsetzung der Gleichstellung in Frankreich geleistet werden muß.

Perspektiven für die Zukunft

Wie beschrieben, ist der internationale Trend zur Schaffung von umfassenden und einklagbaren Gleichstellungsbestimmungen für Behinderte unverkennbar. In vielen weiteren Ländern wie Großbritannien oder Dänemark, auf die in diesem Beitrag nicht eingegangen werden konnte, wurden ebenfalls erste wichtige Schritte zur Gleichstellung Behinderter unternommen: In der Schweiz und in Österreich sind Initiativen für Verfassungsänderungen auf dem Weg. Diese Entwicklungen werden entscheidend von den Betroffenen selbst vorangetrieben, die tagtäglich mit vielfältigen Diskriminierungen konfrontiert werden und nicht mehr willens sind, dies widerspruchslos hinzunehmen. Mit nationalen und internationalen Gleichstellungskampagnen, Aktionstagen, Behindertenparlamenten und vielem mehr weisen sie immer wieder vehement darauf hin, daß Diskriminierung aufgrund von Behinderung das größte Hemmnis für eine gleichberechtigte Teilhabe am Leben der

Gesellschaft darstellt und daß diesem Verhalten, durch das behinderte Menschen ausgesondert, entmündigt und entmutigt werden, entschieden entgegengetreten werden muß. Dazu finden diese Aktivitäten auf nationaler und internationaler Ebene langsam ihren Niederschlag in den politischen Entscheidungsprozessen und der sich verändernden Praxis.

Mit der Resolution 48/96 beschloß die Generalversammlung der Vereinten Nationen am 20. Dezember 1993 zum Beispiel «Rahmenbestimmungen für die Herstellung der Chancengleichheit für Behinderte», die die gleichberechtigte Teilhabe Behinderter in allen Bereichen des gesellschaftlichen Lebens und die Schaffung von Gleichstellungsbestimmungen auf nationaler und regionaler Ebene empfehlen.[8] Die Verabschiedung dieser Resolution, die ein Ergebnis jahrelanger Lobbyarbeit von international tätigen Behindertenorganisationen wie *Disabled Peoples' International* darstellt, wird allgemein als ein wichtiger Durchbruch auf dem Weg zu einer Veränderung des Bewußtseins in Richtung auf die Verankerung von Gleichstellungsbestimmungen in vielen Ländern der Erde gesehen.

Auch auf der für uns immer wichtiger werdenden Ebene der Europäischen Union hat sich zum Beispiel im Hinblick auf die Aktivitäten im Rahmen des HELIOS-Programmes der Europäischen Union und die vielfältigen Aktivitäten der Behindertenverbände das Bewußtsein für die Gleichstellung Behinderter entscheidend verändert. Es gibt die berechtigte Hoffnung, daß ein Benachteiligungsverbot für Behinderte in dem zu überarbeitenden Maastrichter Vertrag verankert werden kann, um einen Rahmen für eine ausgeprägte Gleichstellungspolitik für Behinderte in der Europäischen Union und in deren Mitgliedsstaaten zu bieten.

Zusammenfassend kann also festgestellt werden, daß der Traum von der Gleichstellung Behinderter, den vor vielen Jahren nur einige wenige behinderte Menschen geträumt haben, mittlerweile von vielen geträumt wird, die zielstrebig auf seine Verwirklichung hinarbeiten. Inwieweit wir sie noch zu unseren Lebzeiten in voller Blüte erleben dürfen, hängt nicht zuletzt von uns selbst und unserem Engagement für diese Sache ab.

Anmerkungen

1 Vgl. Lipton, Eric: Disabled Winning an Uphill Battle. In: The Washington Post – METRO B1 und METRO B4, Sunday, September 3, 1995.
2 Vgl. US Department of Justice: A Fifth Anniversary Status Report from the Department of Justice. 26. July 1995.
3 Vgl. US Department of Justice: A Fifth Anniversary Status Report from the Department of Justice. 26. July 1995.
4 Vgl. Heiden, H.-Günter: Das australische Anti-Diskriminierungsgesetz. In: Leben und Weg 2/94 S. 8 f.
5 Vgl. NSW Department of Community Services: Disability Services Regulation 1993.
6 Vgl. Molloy, Anne: Immer nur verhandeln reicht nicht aus. In: Selbsthilfe 3/92, S. 12.
7 Vgl. Boulinier, Paul: Gleichstellung ist nur mit der Gesellschaft möglich. In: Selbsthilfe 3/92, S. 13.
8 Vgl. Bundesministerium für Arbeit und Sozialordnung: Rahmenbestimmungen für die Herstellung der Chancengleichheit für Behinderte. Resolution der Generalversammlung der Vereinten Nationen vom 20. Dezember 1993. Juli 1995.

Peter Mand

Zurück in die Wirklichkeit!

Wege behindertenpolitischer Pressearbeit

Ein einziges Inserat in einer Regionalzeitung ist geeignet, am Erfolg der bundesweiten emanzipatorischen Behindertenbewegung in den letzten 15 Jahren mindestens ernste Zweifel zu wecken. Ende 1995 stand im «Mannheimer Morgen» folgende Todesanzeige (Name und Daten verändert):

> **Bernd (Bernie) Rolofs**
> Student Medizin
> * 2. Juni 1970 † 6. Dezember 1995
>
> Sein Leidensweg ist beendet!
> Seine Querschnittslähmung konnte er nicht überwinden – er erlöste sich selbst!
> Unser besonderer Dank gilt Herrn Pfarrer … und Herrn … vom …-Gymnasium für ihre trostreichen Worte. Dank auch an alle, die Bernie auf seinem letzten Weg begleitet haben.
>
> (Unterschriften:
> vier Paare, namentlich aufgeführt,
> und Angehörige)

Warum «Bernie» diesen Weg gegangen ist, werden wir nicht erfahren. Diese Information wäre auch nutzlos, denn offensichtlich kann ihm jetzt niemand mehr helfen. Warum ihm vor seinem Selbstmord niemand helfen konnte, mit der Behinderung leben zu lernen wie Millionen anderer Menschen in diesem Land, bleibt ebenso offen.

Deprimierend ist die offen zur Schau getragene Verachtung behinderten Lebens, wie sie von den Angehörigen des Opfers (die Bezeichnung wurde mit Bedacht gewählt!) vor allem in den zwei Ausrufezeichen betont wird. Hatte Bernie keine Chance, weil seine Umgebung wie im Prinzip die Gesamtgesellschaft einen behinderten Lebenslauf immer als «Leidensweg» einschätzt? Hinter diesem Begriff steckt in der Regel eine kirchliche, vermutlich katholische Überzeugung. Die Erwähnung des Pfarrers stützt diese Annahme. Jesus Christus hatte zwar sein Kreuz einen langen Weg zu tragen, aber er hat sich keineswegs selbst getötet. Das haben die damaligen Machthaber getan, denen er als politisch unkalkulierbarer Aufrührer zu gefährlich wurde. Im Prinzip ächtet die Kirche den Selbstmord, was bis zur Verweigerung der kirchlichen Beerdigung gehen kann.

Aber in diesem Fall endet der Leidensweg mit einem triumphierenden Ausrufezeichen. Das soll wohl heißen, hier hat einer die letzte Möglichkeit einer sinnvollen Konsequenz wahrgenommen, will sagen: Leben als Krüppel lohnt nicht, deshalb «erlöste (er) sich selbst!» Und wieder dieses kategorische Zeichen. Die Überwindung einer «Querschnittslähmung» (das lange bekämpfte «s» in der Wortmitte steht jetzt auch im Duden) ist trotz inzwischen angelaufener, teilweise recht aussichtsreich erscheinender Forschung tatsächlich in absehbarer Zeit in der Regel nicht möglich. Aber warum haben es Hunderte betroffener Schreibender in den letzten Jahren nicht vermocht, in den Köpfen der Allgemeinheit wenigstens eine Botschaft unterzubringen: daß das Leben nicht durch eine Behinderung seinen Sinn verliert?

Wenn diese eine Aussage nicht ankommt, welchen Sinn machen dann die anderen: daß behinderte Frauen doppelt benachteiligt sind, wir ein auf allen Ebenen verankertes System von Antidiskriminierungsgesetzen benötigen, die Versuche auf europäischer Ebene, behinderte nichteinwilligungsfähige Menschen zu Opfern medizinischer Versuche zu machen, verbrecherisch sind oder – wohl nicht nur für mich das wichtigste ideologische Gut und die Grundidee aller politischen Initiative – daß alle Menschen das Recht auf Selbstbestimmung haben?

Das Dilemma, vor dem wir stehen, lautet: Diese Aussagen, die uns so wichtig sind, kommen bei «der Bevölkerung» nicht an. Nicht nur, daß sie damit vielfach nicht einverstanden wäre, sie versteht erst gar nicht, worum es sich handelt oder, noch schlimmer: Es ist ihr völlig schnurz.

In einem Beitrag über Urlaubsmöglichkeiten für Rollstuhlfahrende in Spanien meinte eine Kollegin, den Leuten dort sei der Sinn einer Rampe nur schwer zu erklären. Sie seien allgemein der Ansicht, es wäre immer jemand da, der mal eben mit anpacken könne. Mit dem Wort «Selbstbestimmung» könne niemand etwas anfangen. Das gilt nicht nur für Spanien. Der nichtbehinderte deutsche Mensch betrachtet den behinderten als andersartiges, fremdes Wesen, von dem er sicher, wenn auch völlig unbegründet, annimmt, daß es ganz andere, vor allem viel bescheidenere Ansprüche ans Leben stellt als er selbst. Und wenn dieses fremde Wesen sich als Mann oder Frau herausstellt, mit einem Bedürfnis nach Liebe, dem Wunsch nach Berufstätigkeit, einer Wohnung, gar einer eigenen Familie, wird es für völlig übergeschnappt und maßlos gehalten.

Hilflos allein zu Haus

Hier könnte dieser Beitrag enden, in tiefer Resignation. Nichts da. Wenigstens das haben wir inzwischen erreicht: Viele «Normalos» haben angefangen, uns mit etwas anderen Augen zu sehen, zu bemerken, daß wir auch Menschen sind.

Als Gesamtbevölkerungsgruppe allerdings werden wir nach wie vor betrogen. Das haben gerade viele Schwerpflegeabhängige erfahren, deren Bedürfnisse in dem Pflegeversicherungsgesetz bewußt ausgegrenzt wurden: Berufstätige kommen nach den perversen Strichlisten der Medizynischen Dienste häufig nicht einmal dann in die höchste Bedarfsstufe III, wenn sie nachweislich schon seit Jahren Tag und Nacht Hilfe benötigen. Diese nackten Tatsachen sind ein gutes Beispiel, was dem Massenpublikum vermittelbar ist und was nicht: Hilflos allein zu Haus zu liegen, kein Geld zu haben, damit jemanden zu bezahlen, der einen wäscht, zum Klo oder ins Bett bringt, das verstehen auch Herr und Frau Nachbar als individuelle Katastrophe.

Das soll nicht bedeuten, daß wir uns nur auf Themen beschränken, die der Mehrheit vermittelbar sind, im Gegenteil wäre das politischer Selbstmord. Vielmehr sollten wir in Zukunft mehr darüber nachdenken, welche Themen für eine offensive, eventuell auch allgemeinöffentliche Diskussion geeignet sind und welche anderen mehr Gegenstand politischer Taktik sein sollten.

In der amerikanischen Bürgerrechtsbewegung gibt es ein Konzept des dreistufigen Weges zur politischen Veränderung, das etwa so aussieht: Stufe 1 ist der Protest gegen Benachteiligungen, der unweigerlich zum Konflikt mit den Herrschenden, aber unter Umständen auch mit den Vorurteilen und den objektiven Interessen der Mehrheit führt. In Stufe 2 beginnt langsam Akzeptanz für die Interessen der um ihre Rechte kämpfenden Minderheit zu wachsen, und erst in Stufe 3 beginnt die Veränderung. Eine schöne Theorie, die zwar deutlich macht, daß

Veränderung erst über mehrere Zwischenschritte zu erreichen ist, aber natürlich nicht die Frage nach dem zeitlichen Ablauf beantworten kann.

Wie lief es bei uns? Gleich zu Beginn des Ausflugs in die Historie ein persönliches Bekenntnis: Über die Bedingungen behinderter Menschen in der DDR nach dem Zweiten Weltkrieg weiß ich wenig, nur das, was mir bei einigen Gesprächen Betroffene erzählten und was im Verbandsorgan «Die Stütze» vom (ursprünglich ostdeutschen) ABiD, dem «Allgemeinen Behindertenverband in Deutschland», mit dem idealistischen Namenzusatz «Für Selbstbestimmung und Würde» zu lesen war. Demnach konnte eine Behindertenbewegung der Art, wie es sie im Westen spätestens seit 1980 gab, unter den gesellschaftlichen Bedingungen in der DDR gar nicht erst entstehen.

Wie alles anfing

1974 erschien im Fischer Taschenbuch Verlag in Frankfurt/Main der Behinderten-Report von Ernst Klee, dem zahlreiche Bücher, Zeitungs- und Zeitschriftenartikel, Fernseh- und Hörfunksendungen des (nichtbehinderten) Autors zum gleichen Themenkreis folgten. Klee ist von behinderten Menschen häufig dafür kritisiert worden, daß er als Nichtbetroffener Stellung zu ihren Problemen bezog. Das stimmt zwar, ist aber nicht fair. Die Bedeutung der Klee-Bücher und später des Behinderten-Kalenders für die Identifikationsbildung und Bewußtwerdung behinderter Menschen in Deutschland kann gar nicht hoch genug eingeschätzt werden. Die Aktionen des Frankfurter Volkshochschulkurses «Bewältigung der Umwelt», die ersten Demonstrationen vor unzugänglichen öffentlichen Bauten, die ersten Blockaden von ebensolchen Verkehrsmitteln wurden erst durch diese Veröffentlichungen bekannt.

Sicher gab es auch vorher schon Behindertenverbände alten Zuschnitts wie den VdK und den Reichsbund (beides ursprünglich Kriegsopferlobbyisten), Elternvereine für Spastiker, Contergangeschädigte, Geistigbehinderte (die Aufzählung ist sicher nicht vollständig) ebenso wie beinah überall den einen oder anderen Freizeit-/Jugendclub oder privaten Kaffeeklatsch. Nichts davon hatte jedoch Einfluß auf die gesellschaftspolitische Entwicklung der Bundesrepublik nehmen können. Behinderte waren die Sparschweine der Nation, Aktion Sorgenkind und die Münchner Pfennigparade sammelten ein Scherflein für die armen Hascherl, damit die weiter ihr karges Dasein in einer betreuten Einrichtung fristen konnten. Es war unbestrittene öffentliche Meinung, daß behinderte Menschen spätestens ab einem bestimmten Schweregrad ihrer Einschränkung im Heim zu leben hatten.

Der erste bundesweit wahrgenommene öffentliche Schlag gegen dieses festgebaute und -verwurzelte Vorurteil war die Demonstration gegen das sogenannte «Frankfurter Urteil» von 1980, in dem ein Richter einer Klägerin Schadensersatz zuerkannt hatte, weil sie im Urlaub eine Behindertengruppe im gleichen Hotel ertragen mußte. Die Empörung unter den Betroffenen war einhellig. Erstmals kam eine bundesweite, von den Medien stark beachtete Demonstration zustande, die selbstorganisiert war und bei der nichtbehinderte Freunde, unter ihnen Ernst Klee, zu Randfiguren wurden.

1981 folgte der zweite Streich, der nicht nur auf ein Ereignis reagierte, sondern den Charakter eines Manifestes bekam. Das «UNO-Jahr der Behinderten» sollte mit einer Großveranstaltung in der Dortmunder Westfalenhalle feierlich eröffnet werden. Eine große Zahl behinderter Künstler freute sich über das urplötzlich erwachte öffentliche Interesse an den eigenen Darbietungen und nahm ein Engagement gerne an. Hanns Dieter Hüsch, gehbehinderter Kabarettist, ließ eine Gruppe Protestierender auf die Bühne. Diese Aktion hätte kaum die bundesweite Aufmerksamkeit erreicht, wenn nicht der damalige Bundespräsident Karl Carstens an seiner offiziellen Eröffnungsrede für das UNO-Jahr gehindert worden wäre.

Die Empörung besonders in der Landes- und Bundespolitik war groß. Die Tagesschau und viele andere berichteten, die Medienwirkung war mit einem Schlag da. Da störte es auch nicht sehr, daß die Forderungen der Bühnebesetzenden nicht sehr differenziert waren. Daß von ihnen und vielen Sympathisierenden vor allem negativ definiert wurde: «Keine Reden, keine Feiern, keine Bevormundung», änderte nichts an der Klarheit des Auftritts: Betroffene stellten hier zum erstenmal klar, daß sie nicht nur nicht damit einverstanden waren, was für sie getan wurde, sie verbaten sich zum erstenmal überhaupt, daß stellvertretend für sie gehandelt und geredet wurde.

Die erste öffentliche Reaktion war irritiert. Damit hatte niemand gerechnet. Auf der Veranstaltung selbst war bei den Angegriffenen schon ein Aggressionspotential zu spüren. Schließlich wurde da Betreuenden und Politikern gesagt, daß sie nicht nur überflüssig, sondern auch noch unerwünscht ihre jahrzehntealte Rolle tradierten. Besonders hervor tat sich mit Drohungen wie: man könne auch in Zukunft die Sozialgesetze nicht mehr ganz so großzügig auslegen, der nordrhein-westfälische Ministerpräsident Johannes Rau.

Ohne Konfrontation keine Veränderung

Auch daran läßt sich die Wirkung öffentlicher Minderheitenpolitik auf die Medien und Machthaber erkennen: Die Aggression gegen die als undankbar empfundene Minderheit erwacht. Damit ist der erste Schritt zu der erwähnten US-Theorie der Taktik der gesellschaftlichen Veränderung getan: Ohne Konfrontation geht es nicht. Die Interessen der Minderheit stehen in objektivem Gegensatz zu denen der Mehrheit. Ohne die zahllosen Besetzungen von Verkehrsmitteln gäbe es bis heute keine Niederflurstraßenbahnen und -busse in Deutschland. Daran hätten Tausende kommunaler Arbeitskreise nichts geändert.

Allerdings war beim Beispiel Umbau öffentlicher Verkehrsmittel die durch Konfrontation in Gang gekommene politische Entwicklung durch Gespräche zwischen Initiativen und Entscheidenden weiter in Schwung zu halten. Keineswegs trifft die Behauptung zu, daß, wer einmal demonstrierte und dann verhandelt, seine Positionen aufgegeben hat. Ein US-amerikanischer Blindenfunktionär, von dem ich wußte, daß er schon bei Reagan zum Kaffeetrinken gewesen war, säbelte in einem Luxushotel zur Kennzeichnung mit dem Taschenmesser eine dicke Kerbe in den Rahmen seiner Zimmertür, um sich anschließend empört bei der Rezeption über die fehlende Punktschrift auf dem Türschild zu beschweren. Auf die Widersprüchlichkeit seines Handelns angesprochen, meinte er nur lakonisch: «Du mußt alle Knöpfe drücken, um herauszufinden, welcher funktioniert.»

Diese Lockerheit im Umgang mit Strategien geht uns Deutschen wohl ab. Wie viele erbitterte Diskussionen haben seit 1981 zwischen Menschen stattgefunden, die alle innerhalb der Behindertenbewegung für mehr Menschenrechte fochten?

Die erste große Spaltung fand bereits Ende 1981 statt. Ausgerechnet am «Krüppeltribunal» wollten die Krüppelgruppen nicht teilnehmen, weil auch Nichtbehinderte mit von der Partie waren. Manche Betroffene gaben ihnen im nachhinein recht, nachdem auch sie Erfahrungen mit autoritärem und eigensüchtigem Verhalten speziell von Sonderpädagog/inn/en («Integrationsweltmeister») gemacht hatten. Mit unserer Hilfe stiegen einige dieser Herrschaften die Karriereleiter nicht nur an den Unis einige Schritte herauf. Einer der Menschen, mit denen ich die schlechtesten Erfahrungen gemacht habe, wurde Professor.

Das Krüppeltribunal beschäftigte sich mit «Menschenrechtsverletzungen an Behinderten», mit dem alltäglichen Kampf gegen Behörden und Einrichtungen. Es wurde ein Schlag ins Wasser, kam in der Berichterstattung kaum vor. Das darüber erschienene Buch mußte fast vollständig verramscht werden. Was war passiert? Die dreitägige Veranstaltung war doch viel intensiver vorbereitet worden als die Aktion zur Eröffnungsveranstaltung? Der Moloch, genannt Medien, frißt nicht jedes Futter. Erst Aktion, dann Reflexion, das macht Sinn, macht aber optisch und akustisch nicht viel her. Gedanken knallen nicht laut genug. Bittere Erkenntnis.

Eine andere Gefahr drohte: Einzelne Gruppen dachten nur noch an das Medienecho. So wird Politik zum Zerrbild. Und: Die Mehrheit der Betroffenen kommt nicht mit. Wer mit behinderten Menschen, Zufallsbegegnungen, spricht, stellt fest: Sie haben meistens gar kein Problembewußtsein, geschweige denn ein politisches. Sie sagen vielleicht: Ich bin gar nicht benachteiligt. Oder, schlimmer: Ich sehe mich gar nicht als behindert, in meinem Leben läuft alles normal. Der Zwang zur Normalität, der vermittels einer alles ersäufenden, durch Kabel- und Privatfernsehen gigantisch gestiegenen Medienflut übermächtig geworden ist, macht vor der Minderheit nicht halt. Wichtig wäre, die eigenen Leute dazu zu bringen, daß sie die eigene Lage in der eigenen Umgebung mit eigenen Augen erkennen. Der nächste Schritt wäre dann die Anleitung zur Gegenwehr. Aber im Moment fehlt es dafür noch enorm an Bewußtsein.

Von nun an ging's bergab

Mit einer Entpolitisierung hatten wir es in den 80ern ohnehin zu tun. Schleichend faßte die Entwicklung auch in den Initiativen Fuß. Der Sozialabbau der letzten Jahre, etwa die Gesundheitsreformen, die viele hart trafen, wurde widerspruchslos hingenommen, obwohl sowohl die Normalopresse als auch die Behindertenzeitschriften ausführlich darüber berichteten.

Gleichzeitig kam etwas in Gang, das auf den ersten Blick von vielen für eine grundlegende Verbesserung der Verhältnisse gehalten wurde, aber in Wirklichkeit nichts anderes war als eine Komfortverbesserung, die wie immer nur der Verschleierung wirklicher gesellschaftlicher Machtverhältnisse diente. Sicher nutzte es den betroffenen Menschen, wenn in den letzten zwanzig Jahren, wie geschehen, öffentliche barrierefreie Toiletten, abgesenkte Bordsteine, Niederflurverkehrsmittel oder Behindertenparkplätze Einzug in die Realität hielten. Nur: In der gleichen Zeit stieg die Arbeitslosigkeit Schwerbehinderter immer weiter, im Osten nach der Wiedervereinigung kahlschlagartig. Dort wurde den Betroffenen die Lüge verkauft, nach neuem gesamtdeutschem Rentenrecht müßten sie jetzt alle Erwerbsunfähigkeitsrente beantragen. Verunsichert, wie viele ehemalige DDR-Bürgerinnen und -Bürger damals waren, vielleicht auch noch unter dem Eindruck der Tatsache, daß die Beschäftigung im untergegangenen Staat oft eher eine Bemäntelung des Fehlens geeigneter Arbeitsplätze war, ließen sich viele aufs Abstellgleis schieben.

Im Westen gab es bereits seit 1980 immer wieder Einschnitte. Nach den Spargesetzen kamen die Gesundheitsreformen, danach die für Schwerstpflegebedürftige oft fatale Pflegeversicherung. Das alles vor dem Hintergrund von allgemeinem Sozialabbau, zunehmender Wohnungsnot und Arbeitslosigkeit. Logisch, daß behinderte Menschen, für die nur ein geringer Prozentsatz der Wohnungen geeignet ist, die nur wenige Unternehmen einstellen wollen, von diesen Entwicklungen besonders schwer getroffen wurden.

Teilweise ist die Gegenläufigkeit der Veränderungen absurd. Heute gibt es behindertengerechte Studentenwohnheime mit Pflegeplätzen. Gleichzeitig wurden die Sozialgesetze verschärft, so daß die Finanzierung des Studiums immer schwieriger wird. Trotzdem drängt sich der Eindruck auf, daß behinderte Studierende von heute mehr an dem eigenen Komfort (der sich in den letzten Jahren schon wesentlich verbessert hat) interessiert sind als an politischer Arbeit.

Das unterscheidet behinderte nicht von nichtbehinderten Studierenden. Der Trend zum Egoismus, gegen die Lobbypolitik schon revolutionär wirkt, ist allgemein und leider auch bei den Minderheiten nicht zu übersehen. Glücklicherweise gibt es auch Gegenbewegungen. Wir werden uns allerdings damit abfinden müssen, daß eine neue Gruppe engagierter Behindertenpolitikerinnen und -politiker sich nicht an 15 bis 20 Jahre alten Konzepten orientieren wird.

Was steht an? Sicher fehlt uns noch ein realitätsbezogenes Konzept zum selbstbestimmten Leben unter sich verschärfenden Bedingungen. Zwar mag das Konzept der *Independent Living Centers* aus den USA unter den Bedingungen des dortigen Staates ohne Pflichtkrankenversicherung und praktisch ohne nennenswerte Sozialleistungen funktionieren.

Nur sind die Bedingungen bei uns eben ganz anders. Wir hatten einen mehr oder weniger funktionierenden Sozialstaat und kämpfen jetzt gegen einen Abbau, der nicht nur uns zu Opfern macht und offensichtlich, auch für Nichtmarxisten, nur den Interessen des Kapitals dient. Oder wie sonst ist es zu erklären, daß der Reallohn der Lohnabhängigen sinkt, während gleichzeitig der Ertrag aus Vermögen und Unternehmenstätigkeit immer weiter steigt? Das führt zu einem absurden privaten Reichtum (der Ertrag aus Grundstücks- und Immobilienwertsteigerung wird immer noch nicht besteuert!) und wachsender öffentlicher Armut, bei der nicht nur an Geldern für behinderte Menschen, sondern auch zum Beispiel für Jugendarbeit und Straßenreparaturen gespart werden muß.

Erschreckend, daß auch die liberale Presse diese offensichtliche Entwicklung nicht deutlich beschreibt. Aber tun das die Behindertenmedien oder die sich öffentlich zu Wort meldenden Behindertenpolitikerinnen und -politiker in ausreichendem Maße? Sie geben sich Mühe. Aus eigener Erfahrung weiß ich, wie schwer es ist, der behinderten Öffentlichkeit auch in kleinen Dosen politisches Bewußtsein zu vermitteln. Die meisten sind nur an den Interessen der eigenen Gruppe interessiert. Querschnittgelähmte interessieren sich nicht für die Lage Blinder, Contergangeschädigte nicht für Spastiker, Körperbehinderte haben Panik davor, mit Geistigbehinderten in Verbindung gebracht zu werden. Wer ein solchermaßen eingeschränktes Bewußtsein hat, wird die eigene Situation in Verbindung mit gesamtgesellschaftlichen Entwicklungen nicht erkennen können.

Und da setzt die Aufgabe des künftigen kritischen Behindertenjournalismus an. Wir haben bisher oft vergessen, daß unsere Leute nicht genug über sich selbst wissen. Selbstverständlich wollen sie ihren Komfort, wollen ihr Leben von überflüssigen Barrieren und Stufen befreien. Das ist ihr gutes Recht, ebenso wie die Verwirklichung von Freizeit- und Lebensträumen. Es bleibt aber die schwere Aufgabe, zu vermitteln, daß Antidiskriminierungsgesetze im Alltag Verteidigungswaffen gegen Benachteiligungen sein können, daß kein Mensch gezwungen werden darf, gegen seinen Willen in einer Sondereinrichtung zu leben, oder daß behinderte Frauen zusätzliche Förderungsmaßnahmen brauchen. Solange unsere eigenen Leute diese Grundsätze nicht verinnerlicht haben, werden sie wohl kaum im allgemeinen Bewußtsein Fuß fassen können.

Wege dahin sind nicht asphaltiert, aber auch nicht vorgeschrieben. Mir persönlich sind manche Kompromisse zuwider. Unter dem Siegel der Aktion Sorgenkind, die mir und vielen anderen immer noch verhaßt ist, könnte ich auch heute nach wie vor nicht arbeiten. Aber wir alle müssen unserer eigenen Route folgen. Behinderte Parlamentsabgeordnete können den Bewußtseins- und Gesellschaftsveränderungsprozeß genauso beschleunigen wie Blockadeaktionen oder Verhandlungen mit Verantwortlichen auf kommunaler Ebene. Wichtig sind das Ziel und der Zusammenhalt. Und wichtig ist, daß die angewandte Taktik keine kopflastig-akademische sein darf, die auch die Mehrheit unserer Leute nicht versteht. Zurück in die Wirklichkeit!

Anhang

Düsseldorfer Appell gegen die Diskriminierung Behinderter

Mit Gleichstellungsgesetz Unrecht beenden!

Behinderte Menschen sind in vielen Lebensbereichen erheblichen Benachteiligungen ausgesetzt: Sie werden nicht gleich geachtet, in ihren Entfaltungsmöglichkeiten behindert, in ihren Entscheidungen bevormundet – sie werden in vielfacher Weise diskriminiert.

Zum Beispiel wird geistig behinderten Menschen oft kein Ehe- und Familienleben zugestanden. Behinderte Schüler dürfen nicht dieselbe Schule besuchen wie ihre Freunde von nebenan. Eine blinde Schöffin wird aufgrund ihrer Behinderung von der Schöffenliste gestrichen. Rollstuhlfahrende Verkehrsteilnehmer können alleine keinen Bus, keine Straßenbahn besteigen, ohne Hilfe gelangen sie oft nicht in öffentliche Gebäude. Blinde und gehörlose Menschen werden von der Alltagskommunikation ausgeschlossen. Behinderte Frauen werden zusätzlich diskriminiert: Wenn sie eine eigene Erwerbstätigkeit und beruflichen Erfolg anstreben, stoßen sie auf noch größere Barrieren als behinderte Männer. Auch wird ihnen vielfach das Recht auf Mutterschaft und eine eigene Sexualität abgesprochen. Die krassesten Übergriffe sind Vergewaltigungen, die in der derzeitigen Rechtsprechung oftmals nicht geahndet werden. Es ist offensichtlich, daß hier Unrecht geschieht!

Die unterzeichnenden Einzelpersonen, Organisationen und Verbände fordern eine grundlegende Verbesserung der Situation Behinderter in den alten und neuen Ländern der Bundesrepublik Deutschland. Behinderte Menschen müssen mit wirksameren, einklagbaren Rechten ausgestattet werden, die sie vor Diskriminierung schützen.

Diese Schutzrechte sollten unter dem Dach eines umfassenden Gleichstellungs- bzw. Antidiskriminierungsgesetzes zusammengefaßt werden, das als Rahmengesetz die Gleichstellungsansprüche auf allen politischen und gesellschaftlichen Ebenen regelt.

Zentraler Ausgangspunkt einer Antidiskriminierungsgesetzgebung muß die eindeutige Interpretation, gegebenenfalls eine Erweiterung des Diskriminierungsverbotes in Artikel 3, Absatz 3 des Grundgesetzes sein. Niemand darf wegen einer körperlichen, geistigen oder seelischen Beeinträchtigung benachteiligt oder bevorzugt werden! Zum Ausgleich bestehender Ungleichheiten sind Maßnahmen des Nachteilsausgleichs und der Förderung zulässig.

Begründung

Über 30 Jahre moralische Appelle und intensive Aufklärungskampagnen haben in vielen Bereichen keinen erkennbaren Fortschritt für die Rechte und Lebensbedingungen behinderter Menschen gebracht. Das «UNO-Jahr der Behinderten 1981», die «Dekade der Behinderten 1981–1991» haben die tatsächlichen Mißstände lediglich verdeutlicht, aber nicht beseitigt. Zwar hat das «Weltaktionsprogramm für Behinderte» (1982 von der 37. Generalversammlung der UN verabschiedet) im Abschnitt 4, Punkt 109 festgelegt, daß die «Mitgliedstaaten die notwendigen Maßnahmen zur Beseitigung jeder Diskriminierung der Behinderten ergreifen sollten», doch sind konkrete gesetzgeberische Schritte der Unterzeichnerstaaten – also auch der Bundesrepublik – zur Herstellung der Chancengleichheit bisher weitgehend unterblieben.

Etwa jeder zehnte Mitbürger ist von einer körperlichen, geistigen oder seelischen Beeinträchtigung betroffen, und ein großer Teil von ihnen ist durch vielfältige Diskriminierungen in ihren Lebensmöglichkeiten wesentlich behindert. Diese Diskriminierung behinderter Menschen hat viele Seiten: Sie tritt auf als Nichtbeachtung besonderer Bedürfnisse behinderter Menschen in der gebauten Umwelt oder als Benachteiligung behinderter Bewerber im Berufsleben. Sie kann mit der Abwertung behinderten Lebens als «unwert» zur Lebensbedrohung werden. Abscheu, Ekel und Ängste vor Behinderung beeinflussen das Zusammenleben und schlagen sich mitunter sogar in der Rechtspraxis nieder.

Für eine rechtliche Gleichstellung, d. h. die volle Herstellung der Menschen- und Bürgerrechte für Behinderte, ist das Grundgesetz die wichtigste Grundlage. Es verweist in Artikel 1, Absatz 2 auf die unveräußerlichen Menschenrechte, wie sie auch in der Menschenrechtscharta der UN verankert sind.

Verfassungstext und Realität

In der Verfassung steht:
«Die Würde des Menschen ist unantastbar. Sie zu achten und zu schützen ist Verpflichtung aller staatlichen Gewalt» (Art. 1, Abs. 1 – GG).

«Jeder hat das Recht auf Leben und körperliche Unversehrtheit. Die Freiheit der Person ist unverletzlich» (Art. 2, Abs. 2 – GG).

Die Realität ist:
Das Lebensrecht behinderter Menschen vom Säugling bis ins hohe Alter wird heute wieder zur Disposition gestellt. Unter dem Begriff «Sterbehilfe» findet eine perfide Diskussion statt, um das «Töten auf Verlangen» zu legalisieren. Die Ermordung von hilfsbedürftigen Patienten in Pflegeheimen sind erste, erschreckende Auswirkungen dieser unmenschlichen Denkweise. Auch Zwangsbehandlungen mit Psychopharmaka oder Elektroschocks sind versteckte Formen der Gewalt gegenüber psychisch Behinderten, die als «medizinisch notwendig» gerechtfertigt werden.

In der Verfassung steht:
«Jeder hat das Recht auf die freie Entfaltung seiner Persönlichkeit, soweit er nicht die Rechte anderer verletzt und nicht gegen die verfassungsmäßige Ordnung oder gegen das Sittengesetz verstößt» (Art. 2, Abs. 1 – GG).

«Alle Deutschen haben das Recht, Beruf, Arbeitsplatz und Ausbildungsstätte frei zu wählen» (Art. 12, Abs. 1 – GG).

Die Realität ist:
Zu Sonder-Einrichtungen wie Heimen, Sonderschulen, Werkstätten gibt es für Behinderte kaum Alternativen. Es gibt keinen gleichberechtigten Zugang zu den allgemeinen Bildungseinrichtungen und Arbeitsplätzen. Aufgrund fehlender Wahlfreiheit kommt es oft zu Einweisungen in Spezialeinrichtungen, auch gegen den Willen der Betroffenen oder Erziehungsberechtigten. Das Recht auf «Nicht-Aussonderung» der Betroffenen existiert ebensowenig wie das Recht auf ein «selbstbestimmtes Leben». In den Werkstätten für Behinderte werden den Beschäftigten bisher nicht einmal arbeitnehmerähnliche Rechte, geschweige denn der Arbeitnehmerstatus gewährt.

In der Verfassung steht:
«Alle Deutschen genießen Freizügigkeit im ganzen Bundesgebiet» (Art. 11, Abs. 1 – GG).

Die Realität ist:
Bauliche Barrieren verhindern die Mobilität von Menschen mit Behinderungen. Viele öffentliche Einrichtungen sind nicht zugänglich, der öffentliche Personenverkehr berücksichtigt bis auf wenige Ausnahmen kaum die Belange Behinderter, barrierefreie Wohnungen sind Mangelware. Durch fehlende zugängliche, öffentliche Sanitäreinrichtungen wird der Bewegungskreis behinderter Menschen eingeschränkt. Auch die Bindung mancher Versorgungsleistungen wie Pflege oder Fahrdienst an die Gemeindezugehörigkeit verhindert oft die freie Wahl des Wohnortes.

In der Verfassung steht:
«Alle Menschen sind vor dem Gesetz gleich» (Art. 3, Abs. 1 – GG).

Die Realität ist:
Die rechtliche Gleichstellung sieht für Behinderte zahlreiche Ausnahmen vor: Behinderten Sozialarbeitern kann die staatliche Anerkennung wegen körperlicher, geistiger oder seelischer Gebrechen verweigert oder entzogen werden. Feuerpolizeiliche Vorschriften werden zum Ausschluß von Rollstuhlfahrern in Kinos oder Kongreßzentren benutzt. Behinderte Führerscheinbewerber werden obligatorisch einem psychologischen Test unterworfen, auch wenn sie nur körperbehindert sind. Wahlgesetze schließen geistig Behinderte mit einer Pflegschaft von Bundestags- und Landtagswahlen aus, obwohl sie nicht entmündigt sind. Die Frist für die legale Abtreibung wird bei der eugenischen Indikation von 12 auf 22 Wochen verlängert, weil ein behindertes Kind Eltern nicht zugemutet werden soll.

Schon an diesen wenigen Beispielen wird deutlich: Verfassungstext und Verfassungswirklichkeit klaffen weit auseinander. Daher ist es an der Zeit, daß die Menschen- und Bürgerrechte auch für Behinderte Realität werden. Es ist höchste Zeit für ein umfassendes Gleichstellungsgesetz!

Vorbilder aus anderen Staaten zeigen, daß ein solches Gesetz politisch machbar und sinnvoll ist: In den USA wurde 1990 der «Americans with disabilities act – ADA» verabschiedet, der die Diskriminierung behinderter Menschen verhindern soll. Dort ist u. a. geregelt, daß alle Busse und Bahnen, Restaurants, Hotels, Geschäfte und Arztpraxen behinderten Bürgern den gleichen Zugang gewähren müssen wie allen anderen. In Frankreich wurde ebenfalls 1990 ein Antidiskriminierungsgesetz beschlossen: Wer Behinderten den Zugang zu einem öffentlichen Lokal verweigert, weil sie körperlich behindert sind, oder wer sie aus diesem Grund entläßt oder anderswie benachteiligt, riskiert eine hohe Geldstrafe bzw. Gefängnis. In Kanada ist die Nichtdiskriminierung Behinderter bereits in der Verfassung festgeschrieben. Die Bundesrepublik muß diesen Vorbildern folgen, sie ist nach den Maßgaben des «UN-Weltaktionsprogrammes» dazu verpflichtet!

Erstunterzeichner: Initiativkreis Gleichstellung Behinderter (AENGENENDT, Dr. Hans, Behindertengemeinschaft Bonn (†) / BRABÄNDER, Susanne, Richterin in Aachen / FLOERECKE, Dr. Peter, BAGH – Sozialpolitik – Düsseldorf / FREHE, Horst, Richter in Bremen / HEIDEN, H.-Günter, Chefredakteur von «LEBEN UND WEG» – BSK / HELLMANN, Ulrich, Jurist, BV Lebenshilfe – Marburg / LACHWITZ, Klaus, Justitiar, BV Lebenshilfe – Marburg / MILES-PAUL, Ottmar, Interessen-Vertretung Selbstbestimmt Leben Deutschland – Kassel / NACHTIGÄLLER, Christoph, BAGH-Geschäftsführer – Düsseldorf / PREIS, Heinz – BSK-Vorsitzender)

(Dieser Text wurde erstmals auf der REHA '91 in Düsseldorf der Öffentlichkeit übergeben. Bis Ende 1992 hatten ihn über 120 Organisationen und etwa 10000 Einzelpersonen unterzeichnet.)

Gesetzestexte zur Gleichstellung behinderter Menschen in Deutschland

1. Bundesebene

«Die Vertragsstaaten achten die in diesem Übereinkommen festgelegten Rechte und gewährleisten sie jedem ihrer Hoheitsgewalt unterstehenden Kinde ohne jede Diskriminierung unabhängig von der Rasse, der Hautfarbe, dem Geschlecht, der Sprache, der Religion, der politischen oder sonstigen Anschauung, der nationalen, ethnischen oder sozialen Herkunft, des Vermögens, einer Behinderung, der Geburt oder sonstigen Status des Kindes, seiner Eltern oder seines Vormunds.»

(Art. 2, Abs. 1 Gesetz zu dem Übereinkommen vom 20. November 1989 über die Rechte des Kindes).

«Niemand darf wegen seiner Behinderung benachteiligt werden.»

(Art. 3, Abs. 3, Satz 2; Grundgesetz der Bundesrepublik Deutschland in der Fassung vom 15. November 1994).

2. Länderebene

Baden-Württemberg

«Niemand darf wegen seiner Behinderung benachteiligt werden.»

(Art. 2a, Verfassung des Landes Baden-Württemberg in der Fassung vom 15. Februar 1995).

Berlin

«Menschen mit Behinderung dürfen nicht benachteiligt werden. Das Land ist verpflichtet, für die gleichwertigen Lebensbedingungen von Menschen mit und ohne Behinderungen zu sorgen.»

(Art. 11, Verfassung des Landes Berlin in der Fassung vom 29. November 1995).

Brandenburg

«Niemand darf wegen seiner Rasse, Abstammung, Nationalität, Sprache, seines Geschlechtes, seiner sexuellen Identität, seiner sozialen Herkunft oder Stellung, seiner Behinderung, seiner religiösen, weltanschaulichen oder politischen Überzeugung bevorzugt oder benachteiligt werden.»

«Das Land, die Gemeinden und Gemeindeverbände sind verpflichtet, für die Gleichwertigkeit der Lebensbedingungen von Menschen mit und ohne Behinderungen zu sorgen.»

(Art. 12, Absätze 2 und 4 der Verfassung des Landes Brandenburg in der Fassung vom 20. August 1992).

Mecklenburg-Vorpommern

«Land, Gemeinden und Kreise gewähren alten und behinderten Menschen besonderen Schutz. Soziale Hilfe und Fürsorge dienen dem Ziel, das Leben gleichberechtigt und eigenverantwortlich zu gestalten.»

(Art. 17, Abs. 2, Verfassung des Landes Mecklenburg-Vorpommern in der Fassung vom 12. Juni 1994).

Niedersachsen

«Die im Grundgesetz für die Bundesrepublik Deutschland festgelegten Grundrechte und staatsbürgerlichen Rechte sind Bestandteil dieser Verfassung.»

(Art. 3, Abs. 2, Satz 1 der niedersächsischen Verfassung in der Fassung vom 6. Juni 1994. Damit gilt auch der neue Artikel 3 GG, d. Herausgeber).

Nordrhein-Westfalen

«Die im Grundgesetz für die Bundesrepublik Deutschland in der Fassung vom 23. Mai 1949 festgelegten Grundrechte und staatsbürgerlichen Rechte sind Bestandteil dieser Verfassung und unmittelbar geltendes Landesrecht.»

(Art. 4, Abs. 1 Verfassung für das Land Nordrhein-Westfalen in der Fassung vom 24. November 1992. Da das GG von 1949 durch die Fassung vom 15. November 1994 geändert wurde, ist somit auch die geänderte Fassung Bestandteil der Landesverfassung NRW, d. Herausgeber).

Sachsen

«Das Land bekennt sich zur Verpflichtung der Gemeinschaft, alte und behinderte Menschen zu unterstützen und auf die Gleichwertigkeit ihrer Lebensbedingungen hinzuwirken.»

(Art. 7, Abs. 2, Verfassung des Freistaates Sachsen in der Fassung vom 27. Mai 1992).

Sachsen-Anhalt

«Ältere Menschen und Menschen mit Behinderung stehen unter dem besonderen Schutz des Landes. Das Land fördert ihre gleichwertige Teilnahme am Leben in der Gemeinschaft.»

(Art. 38 der Verfassung des Landes Sachsen-Anhalt in der Fassung vom 16. Juli 1992).

Thüringen

«Menschen mit Behinderung stehen unter dem besonderen Schutz des Freistaats. Das Land und seine Gebietskörperschaften fördern ihre gleichwertige Teilnahme am Leben in der Gemeinschaft.»

(Art. 2, Abs. 4 der Verfassung des Freistaates Thüringen in der Fassung vom 16. Oktober 1994).

(Stand: 31. 1. 1996, Zusammenstellung: Hans-Günter Heiden)

Auswahlbibliographie zum Thema «Antidiskriminierungs-/Gleichstellungsgesetz»

Die in diese Liste aufgenommenen Titel beanspruchen nicht, alle Aspekte der Diskriminierungen bzw. Benachteiligungen behinderter Menschen darzustellen. Es handelt sich bei dieser Auswahlbibliographie vielmehr um Titel, die sich mit dem Zustandekommen der Gleichstellungsbewegung in der Bundesrepublik und den Konsequenzen für eine neue Behindertenpolitik befassen.

AG Antidiskriminierung und neue Verfassung (Hg).: Die RechthaberInnen, AStA Uni Mainz 1992

Aktionsprogramm 2000: Behinderte Menschen – gleichberechtigte Bürger/-innen (vorgestellt anläßlich der zentralen Veranstaltung zum Europatag der Behinderten 1995 am 2. Dezember in Bonn, Wasserwerk)

Aktionstag für die Gleichstellung behinderter Menschen – 5. Mai 1992, In: Randschau 4/92, S. 4 ff

Andres, Gerd (MdB): Ausbau des Sozialstaates durch ein Antidiskriminierungs-/Gleichstellungsgesetz – Aktivitäten der SPD-Bundestagsfraktion (Manuskript v. 13. 2. 93)

Anti – Diskriminierungstreff der AG Freizeit e. V. Marburg: «Es ist besser, wenn wir das erzählen». Diskriminierung als Alltagserfahrung, Marburg 1993

Arnade, Sigrid: Was wäre, wenn... In: DMSG-aktiv Nr. 138/1988, S. 7/8

Arnade, Sigrid/Heiden, H.-Günter: Der Weg zu einem umfassenden Gleichstellungsgesetz, In: LEBEN UND WEG 3/91, S. 16 ff

Arnade, Sigrid/Heiden, H.-Günter: Vom «dankbaren Musterkrüppelchen» zu selbstbewußten Bürgerinnen und Bürgern mit Behinderung (unveröff. Vortrag), Berlin 1992

Arnade, Sigrid: Revolte im Rollstuhl, In: Deutsches Allgemeines Sonntagsblatt, Nr. 12 (20. März 1992)

ASKIO – Behinderten-Selbsthilfe Schweiz: Ein Anti-Diskriminierungs-

gesetz für die Schweiz? Referatstexte der ASKIO – Delegiertenversammlung vom 24. April 1993, Bern
Augustsson, Lars: Access to the USA – Recent Disability Legislation, Swedish Handicap Institut 1991
Barnes, Colin: Die Regierungspolitik für behinderte Menschen in Großbritannien seit 1940 und die Kampagne für ein Anti-Diskriminierungsgesetz (Vortrag auf der Internationalen Konferenz der BAGH am 3./4. Mai 1992 in Düsseldorf)
Boulinier, Paul: Französische Behinderten-Gesetzgebung im Jahre 1992 (Vortrag auf der Internationalen Konferenz der BAGH am 3./4. Mai 1992 in Düsseldorf)
Bündnis 90/Die Grünen NRW (Hg.): Mit Recht anders. Für die Gleichstellung von Menschen mit Behinderungen. (Dokumentation der gleichnamigen Tagung vom 30. 8. 1993), Düsseldorf 1994
Bündnis 90/Die Grünen im Bundestag: Im Namen des Volkes: Mehr Demokratie wagen! Unsere Vorschläge für eine neue Verfassung, Bonn 1993
Bundesarbeitsgemeinschaft Hilfe für Behinderte – BAGH (Hg.): Behindertenpolitik in den Neunziger Jahren, darin Abschnitt «Gleichstellungsgesetz» (S. 8/9), Düsseldorf 2. Aufl. 1991
Bundesarbeitsgemeinschaft Hilfe für Behinderte – BAGH: Außerordentliche Mitgliederversammlung fordert einstimmig Änderung des Grundgesetzartikels 3, In: selbsthilfe 4/92, S. 10/11
Bundesminister für Arbeit und Sozialordnung (Hg.): Die Lage der Behinderten und die Entwicklung der Rehabilitation. 3. Bericht der Bundesregierung, Bonn 1994
Bundesministerium für Arbeit und Sozialordnung (Hg.): Rahmenbestimmungen für die Herstellung der Chancengleichheit für Behinderte. Resolution der Generalversammlung der Vereinten Nationen vom 20. Dezember 1993 (Bonn 1995)
Bundesrat: Stenographischer Bericht der 674. Sitzung vom 23. September 1994 (Schlußdebatte und Abstimmung zur Verfassungsreform)
Bundesverband Selbsthilfe Körperbehinderter e. V. – BSK (Hg.): Ein Leben ohne Barrieren – Plädoyer für ein Mobilitätssicherungsgesetz. Tagungsbericht, Bonn 1990
Bundesvereinigung Lebenshilfe für geistig Behinderte e. V. (Hg.): Menschenwürde, Grundgesetz, geistige Behinderung: Eine Bilanz nach 40 Jahren Verfassungswirklichkeit, Marburg 1989
Bundesvereinigung Lebenshilfe für geistig Behinderte e. V. (Hg.): Glei-

che Bürgerrechte für Familien mit geistig behinderten Angehörigen. Memorandum zum Internationalen Jahr der Familie 1994
Dart, Justin: Einstieg in die aktive Gestaltung einer behindertengerechten Gesellschaft (Vortrag auf der Internationalen Konferenz der BAGH am 3./4. Mai 1992 in Düsseldorf)
Degener, Theresia: Antidiskriminierungspolitik versus Wohlfahrtspolitik, In: Geistige Behinderung 1/93, S. 44ff
Degener, Theresia: Von Alphörnern, Reiseprozessen und Internationalem Recht, In: Randschau 1/93, S. 27ff
Deklaration der allgemeinen und besonderen Rechte der geistig Behinderten (angenommen von der Vollversammlung der Internationalen Liga von Vereinigungen zugunsten geistig Behinderter am 24. Oktober 1968 in Jerusalem)
Der Beauftragte der Bundesregierung für die Belange der Behinderten (Hg.): Der neue Diskriminierungsschutz für Behinderte im Grundgesetz, Bonn 1995
Desai, J. M.: Human Rights of the Disabled. The National Association For The Blind, Bombay 1990
Deutscher Bundestag: Stenographischer Bericht der 209. Sitzung vom 4. Februar 1994 (Änderung des Grundgesetzes)
Deutscher Bundestag: Drucksache 12/6981 vom 7.3.1994 (Antrag der Abgeordneten Vera Wollenberger u. a. «Gleichstellung von Menschen mit Behinderungen»)
Deutscher Bundestag: Stenographischer Bericht der 222. Sitzung vom 21. April 1994 (Diskussion des Antrags 12/6981)
Deutscher Bundestag: Stenographischer Bericht der 238. Sitzung vom 30. Juni 1994 (Schlußdebatte und Abstimmung zur Verfassungsreform)
Deutscher Bundestag: Antwort der Bundesregierung auf die Große Anfrage der Abgeordneten Ottmar Schreiner, ... und der Fraktion der SPD (Drucksache 13/2441 vom 27.9.1995)
Deutscher Bundestag: Große Anfrage der Abgeordneten Volker Beck, ... und der Fraktion Bündnis 90/DIE GRÜNEN (Gleichstellungs- und Antidiskriminierungsregelungen vom 14.2.1996)
Disabled Persons' Status in the European Treaties: Invisible Citizens; (veröffentlicht anläßlich des Europäischen Tages behinderter Menschen am 3. Dezember 1995; Bezugsadresse: Secretariat of European day of Disabled Persons, 7 boulevard Clovis, B – 1040 Brussels, Belgium)

Doyle, Brian: Großbritannien – Regierung legt Gesetzentwurf vor, In: Domino – Nachrichtenmagazin für gehinderte Menschen, Ausgabe 1/95, S. 26f

Europäisches Parlament: Bericht des Petitionsausschusses über die Rechte von geistig Behinderten. Sitzungsdokument vom 29. Juni 1992 (A3-0231/92)

Fischer, Elisabeth: Gesetz kann nur ein erster Schritt gegen Diskriminierung sein, In: selbsthilfe 3/92, S. 6ff

Floerecke, Peter: Diskriminierung-/Antidiskriminierung. Strategien zur rechtlichen und sozialen Gleichstellung Behinderter, In: selbsthilfe 3/92, S. 28ff

Floerecke, Peter: Anhörung der Behindertenverbände vor der Verfassungskommission, In: selbsthilfe 2/93, S. 34f

Forum behinderter Juristinnen und Juristen: Vorschläge für Gleichstellungsvorschriften, Kassel 1995

Frehe, Horst: Thesen zu einem Antidiskriminierungsgesetz (unveröff. Manuskript, Bremen 1987)

Frehe, Horst: Ein anderes Schwerbehindertengesetz, In: Hand- und Fußbuch für Behinderte, hrsg. von Gusti Steiner, Fischer TB, Frankfurt 1988

Frehe, Horst: Bürgerrechte statt Sonderregelungen, In: Die Stütze 20/91, S. 3ff

Frehe, Horst: Warum brauchen wir ein Gleichstellungsgesetz? (Vortrag auf der Internationalen Konferenz der BAGH am 3./4. Mai 1992 in Düsseldorf)

Frehe, Horst: Brauchen wir ein Anti-Diskriminierungs- und Gleichstellungsgesetz? Brauchen wir eine Verfassungsergänzung? In: Für-Sprachrohr der Behinderten-Liga 46/92, S. 6ff

Frehe, Horst: Initiativen für ein Gleichstellungs- und Antidiskriminierungsgesetz für Behinderte in der BRD, In: ISL e. V. (Hg.): Gleichstellung Behinderter, Kassel 1992, S. 63ff

Frehe, Horst: Zur historischen Entwicklung der Diskriminierung behinderter Menschen, In: selbsthilfe 1/93, S. 26ff

Frehe, Horst: Man wird mit uns rechnen müssen! In: Randschau 1/93, S. 29ff

Görtemaker, Gerd: Niemand darf wegen seiner Behinderung benachteiligt werden, In: Der Schwerbehinderte im öffentlichen Dienst 11/12–94, S. 41f

Golden, Marylin: Anti-Diskriminierungsgesetzgebung für Behinderte in den USA, In: ISL e. V. (Hg.): Gleichstellung Behinderter, Kassel 1992, S. 27 ff

Golden, Marylin: Durchsetzungsstrategien der US-amerikanischen Behindertenbewegung für die Verabschiedung von Anti-Diskriminierungsvorschriften für Behinderte, In: ISL e. V. (Hg.): Gleichstellung Behinderter, Kassel 1992, S. 45 ff

Heiden, H.-Günter: Vorsichtiger Ansatz zu einem Anti-Diskriminierungsgesetz, In: REHAB-report 5/90, S. 106 ff

Heiden, H.-Günter: Bausteine zu einem umfassenden Gleichstellungsgesetz, In: LEBEN UND WEG 3/92, S. 6/7

Heiden, H.-Günter: «Düsseldorfer Appell» übergeben – Erfolg vor (und nach) der Verfassungskommission, In: Behinderte in action, 1/93

Heiden, H.-Günter: Diskriminierungsverbot in der Verfassung verankert, In: paraplegiker 3/94, S. 40

Hellmann, Ulrich: Gleichstellung als Staatsziel, In: LHZ 1/93, S. 2

Helsinkier Erklärung zu Menschenrechten und Behinderung (Erklärung auf der Tagung der Grünen Krüppel Finnlands vom 10./11. April 1992) In: Die Stütze 19/92, S. 13 ff

Herdegen, Matthias: Die Aufnahme besonderer Vorschriften zugunsten behinderter Personen in das Grundgesetz, In: Vierteljahresschrift für Sozialrecht 4/1992, S. 245 ff

Herdegen, Matthias: Möglichkeiten und Grenzen eines Diskriminierungsschutzes für Behinderte durch Verfassung und Gesetz (Redemanuskript vom 15.4.1994 anläßlich einer Veranstaltung der SPD-Bundestagsfraktion)

Hermes, Gisela (Hg.): Mit Recht verschieden sein. Forderungen behinderter Frauen an Gleichstellungsgesetze. bifos-Schriftenreihe Band 2, Kassel 1994

Herrmann, Josef: Das französische Anti-Diskriminierungsgesetz, In: paraplegiker 2/91, S. 32

Initiativkreis Gleichstellung Behinderter (Hg.): Düsseldorfer Appell gegen die Diskriminierung Behinderter vom 23. Oktober 1991

Initiativkreis Gleichstellung Behinderter (Hg.): Behinderte in action – Antidiskriminierungsinfos 1/91–1/95

Initiativkreis Gleichstellung Behinderter (Hg.): Gleichstellungsgebot ins Grundgesetz! Forderungen und Positionen der Betroffenen. Ein Reader zur Anhörung der Behindertenverbände vor der Gemeinsamen Verfassungskommission am 15. Januar 1993 in Bonn

Initiativkreis Gleichstellung Behinderter (Hg.): Eckpunkte für ein umfassendes Gleichstellungs-/Antidiskriminierungsgesetz – GstG/ADG vom 9.10.1993
ISL e.V. (Hg.): Gesetz über behinderte amerikanische Staatsbürger/innen. Zusammenfassung, Kassel 1992
ISL e.V. (Hg.): Gleichstellung Behinderter. Vergleich USA–BRD (Tagungsbericht), Kassel 1992
Jürgens, Andreas: Anti-Diskriminierungsgesetz in den USA und bei uns, In: Randschau Okt.–Dez. 1986, S. 14–17
Jürgens, Andreas: Rechtliche Aspekte der Diskriminierung Behinderter in der Bundesrepublik Deutschland, In: ISL e.V. (Hg.): Gleichstellung Behinderter, Kassel 1992, S. 8ff
Jürgens, Andreas: Gleichstellungsgesetz für Behinderte? In: Zeitschrift für Rechtspolitik 4/93, S. 129ff
Jürgens, Andreas: Einleitungsreferat zur rechtspolitischen Fachtagung des Forums behinderter JuristInnen (unveröff.), Kassel 1993
Jürgens, Gunther: Grundrecht für Behinderte, In: NVwZ 5/95, S. 452f
Jürgens, Gunther: Die verfassungsrechtliche Stellung Behinderter nach Änderung des Grundgesetzes, In: ZfSH/SGB 7/95, S. 353ff
Lachwitz, Klaus: Das Recht und die Würde Geistig Behinderter, In: Für-Sprachrohr der Behinderten-Liga 41788, S. 11ff
Lachwitz, Klaus: Behindertes Leben – Behinderte Rechte. Alltag und Anspruch für Menschen mit geistiger Behinderung (Referat, gehalten auf dem FORUM 90 in Schladming/Österreich)
Lachwitz, Klaus: Brauchen wir ein Gesetz gegen die Diskriminierung im Alltag? In: LHZ 4/91
LAG «Hilfe für Behinderte» Bremen e.V./Selbstbestimmt Leben e.V. (Hg.): 1. Bremer Behindertenparlament am 4. Mai 1995 (Dokumentation)
Lebensrecht und Menschenwürde. Positionspapier der Arbeitsgemeinschaft Spina bifida und Hydrocephalus, 6. Oktober 1990
Mayer, Anneliese: Brauchen wir ein Antidiskriminierungsgesetz für Behinderte? In: Randschau 2/91, S. 20f
Mensching, Christiane/Nolte, Dirk: Das amerikanische Antidiskriminierungsgesetz zugunsten Behinderter – «Americans with Disabilities Act» (ADA), In: ZfSH/SGB 6/93, S. 289ff
Miles-Paul, Ottmar: Anti-Diskriminierungsgesetzgebung in den USA, In: LEBEN UND WEG 5/91, S. 33ff + 6/91, S. 24ff

Miles-Paul, Ottmar: Wir sind nicht mehr aufzuhalten. Behinderte auf dem Weg zur Selbstbestimmung. AG Spak, München 1992 (vgl. auch Einträge unter Paul, Ottmar)

Molloy, Anne: Gleichstellung Behinderter durch die Absicherung ihrer Grundrechte in der Verfassung. Der kanadische Weg (Vortrag auf der Internationalen Konferenz der BAGH am 3./4. Mai 1992 in Düsseldorf)

Nolte, Dirk: Regelungen zur Gleichstellung Behinderter in den USA und Deutschland unter Berücksichtigung der Regelungen in Frankreich, Schweden und Belgien, Bonn, Wissenschaftliche Dienste des Deutschen Bundestages 267/92

Paul, Ottmar: Bewegung in den USA, In: Randschau 6/89, S. 6ff

Paul, Ottmar: Theorie und Praxis des US-amerikanischen Antidiskriminierungsgesetzes, In: BSK (Hg.): Ein Leben ohne Barrieren, Bonn 1990, S. 37ff

Schatz, Andrea: Diskriminierungsverbot in das Grundgesetz, In: Die Stütze 2/93, S. 3ff

Schatz, Andrea: Die Entstehung von Gleichstellungsinitiativen behinderter Menschen in Deutschland (Vortrag 5.–7.11.93 in Köln)

Schatz, Andrea: Gleichstellung statt Wohlfahrt (Vortrag am 13.1.94 in Berlin)

Schleider, Tim: Mit Mitleid ist es nicht getan, In: Deutsches Allgemeines Sonntagsblatt vom 14.2.1992

Schwarz, Gregor: Was bedeutet ein Gleichstellungsgesetz für Muskelkranke? In: Muskelreport 4/92, S. 30f

Schwehm, Thomas: Deutsches, amerikanisches, kanadisches und australisches Behindertenrecht, Bonn, Wissenschaftliche Dienste des Deutschen Bundestages 208/93

SPD-Bundestagsfraktion (Hg.): Deutschland in neuer Verfassung. Vorschläge der SPD zur Reform des Grundgesetzes (Dokumentation), Bonn 1993

SPD-Bundestagsfraktion (Hg.): Deutschland in bessere Verfassung. Beiträge und Dokumente zur ersten Lesung der Gesetzentwürfe zur Verfassungsreform im Plenum des Deutschen Bundestages am 4. Februar 1994

SPD-Parteivorstand (Hg.): Deutschland in bessere Verfassung. Benachteiligungsverbot für Behinderte in das Grundgesetz (Dokumentation des Workshops vom 15. April 1994 in Bonn)

SPD-Landtagsfraktion/SPD-Landesverband Hessen (Hg.): Neue Wege

in der Behindertenpolitik – selbstbestimmt oder betreut. Dokumentation einer Fachtagung am 4. 11. 1993 in Wiesbaden
United Nations (Hg.): World Programme Of Action Concerning Disabled People, New York 1983
United Nations (Hg.): A Compendium of Declarations on the Rights of Disabled Persons, New York o. J.
Versteegh, Pauline: Aktivitäten des Niederländischen Rates behinderter Menschen für eine Gleichstellungsgesetzgebung (Kurzfassung eines Vortrags auf der Internationalen Konferenz der BAGH am 3./4. Mai 1992 in Düsseldorf)
Vogel, Hans-Jochen: Positionen der SPD zum Gleichstellungsgebot für Behinderte im Grundgesetz (Beitrag für einen Sammelband der BAGH, Düsseldorf 1994)
Weber, Albrecht: Minderheitenschutz und Nichtdiskriminierung in Kanada in rechtsvergleichender Perspektive, In: EuGRZ 21–22/1994, S. 537 ff
Wienand, Manfred: «Niemand darf wegen seiner Behinderung beeinträchtigt werden». In: Blätter der Wohlfahrtspflege 7 + 8/92, S. 200 ff
Windisch, Matthias/Miles-Paul, Ottmar (Hg.): Diskriminierung Behinderter. Erfahrungen, Analysen, Gegenstrategien, Kassel 1993
Worklife. ADA – A Special Issue (Sonderausgabe 1991 des President's Committee on Employment of People with Disabilities, Washington DC 20004-1107)
Worseck, Thomas: Anti-Diskriminierungs- und Gleichstellungsgesetz für behinderte Menschen. In: Das Zeichen 23/93, S. 51 ff

(Stand: 15. 3. 1996, Zusammenstellung: Hans-Günter Heiden)

Adressen

1. BAGH und Mitgliedsverbände

Bundesarbeitsgemeinschaft Hilfe für Behinderte (BAGH)
Kirchfeldstr. 149
40215 Düsseldorf
Tel.: 0211/31006-0 Fax.: 0211/31006-48

In mittlerweile 15 Bundesländern gibt es Landesarbeitsgemeinschaften (LAGH's), und derzeit sind über 60 bundesweit tätige Behindertenverbände Mitglied in der BAGH:

Arbeitsgemeinschaft Allergiekrankes Kind – Hilfen für Kinder mit Asthma, Ekzem oder Heuschnupfen e.V.
Hauptstr. 29 II, 35745 Herborn
Tel.: 02772/9287-0,
Fax.: 02772/928748

Arbeitsgemeinschaft Spina bifida und Hydrocephalus e.V.
Münsterstr. 13,
44145 Dortmund
Tel.: 0231/834777,
Fax.: 0231/833911

Arbeitsgemeinschaft Kunstfehler in der Geburtshilfe e.V.
Rosental 23–25,
44135 Dortmund
Tel.: 0231/525872,
Fax.: 0231/526048

Arbeitskreis überaktives Kind e.V.
Dietrichsstr. 9, 30159 Hannover
Tel.: 0511/3632729,
Fax.: 0511/3632772

Bundesarbeitsgemeinschaft für hörgeschädigte Studenten und Absolventen (BHSA) e.V.
c/o Andreas Kammerbauer
Hinter der Hochstätte 2a,
65239 Hochheim/Main
Tel./Schreibtel./BTX: 06146/7958
Fax.: 06192/26289

Bundeselternvereinigung für anthroposophische Heilpädagogik und Sozialtherapie e.V.
Schloßstr. 9, 61209 Echzell
Tel.: 06035/81190,
Fax.: 06035/81217

Bundesselbsthilfeverband für Osteoporose e.V.
Kirchfeldstr. 149,
40215 Düsseldorf
Tel.: 0211/319165

Bundesselbsthilfeverband kleinwüchsiger Menschen e.V.
Harald Berndt, Hauptstr. 14,
56587 Oberhonnefeld-Gierend
Tel.: 02634/5422,
Fax.: 02634/5291

Bundesverband Contergangeschädigter e.V., Hilfswerk vorgeburtlich Geschädigter
Paffrather Str. 132–134,
51069 Köln
Tel.: 0221/6803479,
Fax.: 0221/682010

Bundesverband der Angehörigen psychisch Kranker e.V. (BAPK e.V.)
Thomas-Mann-Str. 49a,
53111 Bonn
Tel.: 0228/632646,
Fax.: 0228/658063

Bundesverband der Kehlkopflosen e.V.
Obererle 65, 45897 Gelsenkirchen
Tel. + Fax.: 0209/592282

Bundesverband der Organtransplantierten e.V. (BDO)
Unter den Ulmen 98,
47137 Duisburg
Tel.: 0203/442010,
Fax.: 0203/442127

Bundesverband für die Rehabilitation der Aphasiker e.V.
Georgstr. 9, 50389 Wesseling
Tel.: 02236/46698,
Fax.: 02236/83176

Bundesverband für Körper- und Mehrfachbehinderte e.V.
Brehmstr. 5–7,
40239 Düsseldorf
Tel.: 0211/626651,
Fax.: 0211/613972

Bundesverband Hilfe für das autistische Kind – Vereinigung zur Förderung autistischer Menschen e.V.
Bebelallee 141, 22297 Hamburg
Tel.: 040/5115604,
Fax.: 040/511083

Bundesverband Kleinwüchsige Menschen und ihre Familien e.V.
Westerstr. 98–104,
28199 Bremen
Tel.: 0421/502122 und
507873, Fax.: 0421/505752

Bundesverband Legasthenie e.V.
Königstr. 32, 30175 Hannover
Tel.: 0511/318738,
Fax.: 0511/318739

Bundesverband Polio e.V.
Thaerstr. 27, 35392 Gießen
Tel.: 0641/23433

Bundesverband Selbsthilfe Körperbehinderter e. V.
Altkrautheimer Str. 17
74238 Krautheim/Jagst
Tel.: 06294/680,
Fax.: 06294/95383

Bundesverband Skoliose Selbsthilfe e.V.
c/o Ria Hunger,
An der Kreuzkapelle 4,
41352 Korschenbroich
Tel. und Fax.: 02161/644226

Bundesvereinigung Lebenshilfe für geistig Behinderte e.V.
Postfach 80, 35020 Marburg
Tel.: 06421/491-0,
Fax.: 06421/491167

Bundesvereinigung Stotterer Selbsthilfe e.V.
Gereonswall 112, 50670 Köln
Tel.: 0221/1391106-08,
Fax.: 0221/1391370

Bund zur Förderung Sehbehinderter e.V.
Margaret Reinhardt, Max-Planck-Str. 24, 40880 Ratingen
Tel.: 02102/444737

Dachverband Psychosozialer Hilfsvereinigungen e.V.
Thomas-Mann-Str. 49a,
53111 Bonn
Tel.: 0228/632646,
Fax.: 0228/691759

Deutsche Aids-Hilfe
Postfach 610149, 10921 Berlin
Tel.: 030/690087-0,
Fax.: 030/690087-42

Deutsche Alzheimer Gesellschaft e.V.
Büchsenstr. 34, 70174 Stuttgart
Tel.: 0711/2268598,
Fax.: 0711/2268519

Deutsche Epilepsievereinigung e.V.
Zillestr. 102, 10585 Berlin
Tel.: 030/3424414

Deutsche Gesellschaft für Muskelkranke e.V.
Im Moos 4, 79112 Freiburg
Tel.: 07665/9447-0,
Fax.: 07665/9447-20

Deutsche Gesellschaft für Osteogenesis imperfecta Betroffene e.V.
Postfach 1546,
63155 Mühlheim
Tel. und Fax.: 06108/76334

Deutsche Gesellschaft zur Förderung der Gehörlosen und Schwerhörigen e.V.
Veit-Stoß-Str. 14,
80687 München
Tel./Schreibtel./BTX: 089/588848, Fax.: 089/5808379

Deutsche Hämophiliegesellschaft zur Bekämpfung von Blutungskrankheiten e.V.
Halenseering 3, 22149 Hamburg
Tel.: 040/6722970,
Fax.: 040/6724944

Deutsche Heredo Ataxie Gesellschaft – Bundesverband e.V.
Haußmannstr. 6,
70188 Stuttgart
Tel.: 0711/2155-114,
Fax.: 0711/2155-214

Deutsche Huntington-Hilfe e.V.
Postfach 281251,
47241 Duisburg
Tel.: 0203/788777,
Fax.: 0203/782504

Deutsche Ileostomie-Colostomie-Urostomie-Vereinigung e.V. (ILCO)
Kepserstr. 50, 85356 Freising
Tel.: 08161/84911, 84909 (vormittags),
Fax.: 08161/85521

Deutsche Interessengemeinschaft Phenylketonurie (PKU) und verwandte angeborene Stoffwechselstörungen e.V.
c/o Hansjörg Schmidt,
Adlerstr. 6,
91077 Kleinsendelbach
Tel.: 09126/4453

Deutsche Interessengemeinschaft für Verkehrsunfallopfer e.V. Dignitas
c/o Angelika Oidtmann
Friedlandstr. 6, 41747 Viersen
Tel.: 02162/20032,
Fax.: 02162/352312

Deutsche Leberhilfe e.V.
Gesmolder Str. 27,
49324 Melle
Tel.: 05422/44499,
Fax.: 05422/6568

Deutsche Leukämie Forschungshilfe, Aktion für krebskranke Kinder e.V.
Joachimstr. 20, 53113 Bonn
Tel.: 0228/221833,
Fax.: 0228/218646

Deutsche Morbus Crohn/Colitis ulcerosa Vereinigung (DCCV) e.V.
Bundesverband für entzündliche Erkrankungen des Verdauungstraktes
Paracelsusstr. 15,
51375 Leverkusen
Tel.: 0214/75957,
Fax.: 0214/75979

Deutsche Multiple Sklerose Gesellschaft e.V. Bundesverband
Vahrenwalder Str. 205–207,
30165 Hannover
Tel.: 0511/633023,
Fax.: 0511/633887

Deutsche Narkolepsie-Gesellschaft
Günter Baus, Postfach 1107,
42755 Haan
Tel.: 02129/53723,
Fax.: 02129/32945

Deutsche Parkinson Vereinigung-Bundesverband e.V.
Moselstr. 31, 41464 Neuss
Tel.: 02131/41016/17,
Fax.: 02131/45445

Deutsche Retinitis Pigmentosa Vereinigung e.V.
c/o Frau Fritze, Vaalser Str. 108,
52074 Aachen
Tel.: 0241/870018,
Fax.: 0241/873961

Deutsche Rheuma-Liga e.V.
Rheinallee 69, 53173 Bonn
Tel.: 0228/95750-0,
Fax.: 0228/95750-20

Deutsche Sarkoidose-Vereinigung e.V.
Renate Braune, Postfach 3043,
40650 Meerbusch
Tel. und Fax.: 02150/7360

Deutsche Tinnitus-Liga e.V. (DTL)
Lohsiepen 18, 42369 Wuppertal
Tel.: 0202/24 65 20,
Fax.: 0202/4670932

Deutsche Vereinigung Morbus Bechterew e.V. (DVMB)
Metzgergasse 16,
97421 Schweinfurt
Tel.: 09721/22033,
Fax.: 09721/22955

Deutsche Zöliakie-Gesellschaft e.V.
Filderhauptstr. 61,
70599 Stuttgart
Tel.: 0711/454514,
Fax.: 0711/4567817

Deutscher Allergie- und Asthmabund e.V.
Hindenburgstr. 110,
41061 Mönchengladbach
Tel.: 02161/183024,
Fax.: 02161/208502

Deutscher Blindenverband e.V.
Bismarckallee 30, 53173 Bonn
Tel.: 0228/95 58 20,
Fax.: 0228/357719

Deutscher Diabetiker-Bund e.V.
Danziger Weg 1,
58511 Lüdenscheid
Tel.: 02351/989153

Deutscher Gehörlosen-Bund e.V.
Paradeplatz 3, 24768 Rendsburg
Tel.: 04331/5897-22,
Fax.: 04331/589745

Deutscher Neurodermitiker Bund e.V.
Spaldingstr. 210,
20097 Hamburg
Tel.: 040/230810,
Fax.: 040/231008

Deutscher Psoriasisbund e.V.
Oberaltenallee 20A,
22081 Hamburg
Tel.: 040/223399,
Fax.: 040/2270986

Deutscher Schwerhörigenbund e.V.
Schiffbauerdamm 13,
10117 Berlin
Tel.: 030/2807877,
Fax.: 030/2832980

Deutscher Verein der Blinden und Sehbehinderten in Studium und Beruf e.V.-DVBS
Frauenbergstr. 8,
35039 Marburg
Tel.: 06421/481450

Dialysepatienten Deutschlands e.V.
Weberstr. 2, 55130 Mainz
Tel.: 06131/85152,
Fax.: 06131/835198

Fördergemeinschaft für Taubblinde e.V.
Schilfweg 20, 53721 Siegburg
Tel.: 02241/55630

Frauenselbsthilfe nach Krebs – Bundesverband e.V.
B6, 10/11, 68159 Mannheim
Tel.: 0621/24434,
Fax.: 0621/154877

Freundeskreis Camphill e.V.
Gütergotzer Str. 85,
14165 Berlin
Tel.: 030/8012069

Gaucher Gesellschaft Deutschland e.V.
An der Ausschacht 9,
59556 Lippstadt
Tel. + Fax.: 02941/18870

Lernen fördern – Bundesverband zur Förderung Lernbehinderter e.V.
Rolandstr. 61, 50677 Köln
Tel.: 0221/380666,
Fax.: 0221/385954

Mukoviszidose e.V.
Bendenweg 101, 53121 Bonn
Tel.: 0228/661026 und -27,
Fax.: 0228/669264

NCL-Gruppe Deutschland e.V.
Rudolf Nölke, Vierkanten 32b,
21629 Neu-Wulmstorf
Tel.: 040/7007521

Selbsthilfegruppe Sklerodermie in Deutschland e.V.
c/o Helga Kandora, Bergschlagsweg 38, 46569 Hünxe
Tel.: 02064/30232

Schutzverband für Impfgeschädigte e.V.
Postfach 1160,
57259 Hilchenbach
Tel.: 02733/12273

Von Recklinghausen-Gesellschaft e.V.
Langenhorner Chaussee 560,
22419 Hamburg
Tel.: 040/5271-2822,
Fax.: 040/5277462

Wolfgang Rosenthal Gesellschaft e.V.
Selbsthilfevereinigung für Menschen mit Lippen-, Kiefer-, Gaumen-, Segelfehlbildungen und deren Familien
Donaustr. 6, 35625 Hüttenberg
Tel. und Fax.: 06403/5575

2. Weitere Organisationen der Behindertenselbsthilfe/ Kriegsopferverbände, die bundesweit arbeiten, sind:

Aktion psychisch Kranke
Brungsgasse 4–6,
53117 Bonn
Tel.: 0228/676740,
Fax.: 0228/676742

Allgemeiner Behindertenverband in Deutschland (ABiD)
Am Köllnischen Park 6–7,
10179 Berlin
Tel./Fax.: 030/2380 6673

Bundesarbeitsgemeinschaft der Clubs Behinderter und ihrer Freunde (BAGC)
Eupener Str. 5, 55131 Mainz
Tel.: 06131/225514,
Fax.: 06131/238834

Bundesarbeitsgemeinschaft «Gemeinsam leben – Gemeinsam lernen – Eltern gegen Aussonderung»
c/o Christa Roebke
Auguste-Viktoria-Str. 55,
50321 Brühl
Tel.: 02232/12401

Bund der Kriegsblinden Deutschlands
Schumannstr. 35, 53113 Bonn
Tel.: 0228/213134,
Fax.: 0228/217398

Bund Deutscher Kriegsopfer, Körperbehinderter und Sozialrentner
Bonner Talweg 88,
53113 Bonn
Tel.: 0228/216116

Bundeskoordination der Netzwerke behinderter Frauen (i. Gr.)
c/o Hessisches Koordinationsbüro für behinderte Frauen
Jordanstr. 5, 34117 Kassel
Tel.: 0561/72885-22,
Fax.: 0561/72885-29

Bundesverband Psychiatrie-Erfahrener
c/o Dachverband Psychosozialer Hilfsvereinigungen
Thomas-Mann-Str. 49a,
53111 Bonn
Tel.: 0228/632646,
Fax.: 0228/691759

Bundesverband für Rehabilitation und Interessenvertretung Behinderter (BDH)
Humboldtstr. 32, 53115 Bonn
Tel.: 0228/651012,
Fax.: 0228/693914

Deutscher Behindertensportverband (DBS)
Friedrich-Alfred-Str. 15,
47055 Duisburg
Tel.: 0203/7381-622,
Fax.: 0203/7381-628

Deutscher Rollstuhlsportverband (DRS)
Friedrich-Alfred-Str. 15,
47055 Duisburg
Tel.: 0203/7381-625,
Fax.: 0203/7381-629

Fördergemeinschaft der Querschnittgelähmten
Silcherstr. 15, 67591 Mölsheim
Tel./Fax.: 06243/5256

Forum behinderter Juristinnen und Juristen
c/o ISL Kassel
Jordanstr. 5, 34117 Kassel
Tel.: 0561/728850,
Fax.: 0561/72885-29

Forum der Krüppel- und Behinderteninitiativen
c/o AG Spak
Adlzreiterstr. 23,
80337 München
Tel./Fax.: 089/1782809

Interessenvertretung Selbstbestimmt Leben (ISL)
Luitpoldstr. 42,
91052 Erlangen
Tel.: 09131/205313,
Fax.: 09131/205472
(Bei der ISL ist auch eine aktuelle Adreßliste der Zentren für selbstbestimmtes Leben zu erhalten.)

Krüppel-Lesben-Netzwerk
c/o Frauenbuchladen Amazonas
Schmidtstr. 12, 44793 Bochum
Tel./Fax.: 0234/683194

Netzwerk behinderter Schwuler
c/o Hans-Hellmut Schulte
Schwulenberatung
Kulmer Str. 20A, 10783 Berlin
Tel./Fax.: 030/2153742

Reichsbund der Kriegs- und Wehrdienstopfer, Behinderten, Sozialrentner und Hinterbliebenen
Beethovenallee 56–58
53173 Bonn
Tel.: 0228/363071–73,
Fax.: 0228/361550

Sozialverband VdK
Wurzerstr. 4a, 53175 Bonn
Tel.: 0228/82093-0,
Fax.: 0228/82093-43

3. Sonstige wichtige Adressen im Rehabilitationssektor

Arbeitsgemeinschaft der Schwerbehindertenvertretungen des Bundes und der Länder
Villemoblerstr. 76,
53123 Bonn
Tel.: 0228/615-2397,
Fax.: 0228/615-4436

Arbeitsgemeinschaft Deutscher Berufsförderungswerke
August-Krogmann-Str. 52,
22159 Hamburg
Tel.: 040/6458l-201,
Fax.: 040/64581-204

Bundesarbeitsgemeinschaft der Berufsbildungswerke (BAG/BBW)
Waldwinklerstr. 1,
84544 Aschau
Tel.: 08638/64250,
Fax.: 08638/64248

Bundesarbeitsgemeinschaft für Rehabilitation (BAR)
Walter-Kolb-Str. 9–11,
60594 Frankfurt a. M.
Tel.: 069/605018-0,
Fax.: 069/605018-29

Bundesarbeitsgemeinschaft für unterstützte Beschäftigung
Fuhlsbütteler Str. 402,
22309 Hamburg
Tel.: 040/6325494,
Fax.: 040/6325496

Bundesarbeitsgemeinschaft Werkstätten für Behinderte
Sonnemannstr. 5,
60314 Frankfurt a. M.
Tel.: 069/439905,
Fax.: 069/499857

Deutsche Behindertenhilfe-Aktion Sorgenkind
Franz-Lohe-Str. 17,
53129 Bonn
Tel.: 0228/226-1,
Fax.: 0228/226-203

Deutsche Vereinigung für die Rehabilitation Behinderter
Friedrich-Ebert-Anlage 9,
69117 Heidelberg
Tel.: 06221/25485,
Fax.: 06221/166009

REHADAT – Datenbank
c/o Institut der Deutschen Wirtschaft
Gustav-Heinemann-Ufer 84–88,
50968 Köln
Tel.: 0221/37655-13,
Fax.: 0221/37655-55

Stiftung Rehabilitation
Bonhoefferstraße,
69123 Heidelberg
Tel.: 06221/88-0,
Fax.: 06221/88-3434

4. Behindertenbeauftragte in Bund und Ländern

Der Beauftragte der Bundesregierung für die Belange der Behinderten
Otto Regenspurger, MdB
Postfach 140280,
53107 Bonn
Tel.: 0228/527-2944, -2794
Fax.: 0228/527-1167
Schreibtelefon: 0228/527-2421
T-Online: * bbbb #
Büro Berlin:
Postfach 66,
10001 Berlin
Tel.: 030/2014-1853/1822
Fax.: 030/2014-1871

Landesbeauftragte (noch nicht in allen Bundesländern vorhanden):

Bayern:
Dr. Gerhard Merkl (Staatssekretär)
Bayerisches Staatsministerium für Arbeit und Sozialordnung, Frauen und Gesundheit
Winzererstr. 9, 80797 München
Tel.: 089/1261-1581
Fax.: 089/1261-2174

Berlin:
Angela Grützmann
Senatsverwaltung für Gesundheit und Soziales
An der Urania 12–14,
10787 Berlin
Tel.: 030/2122-2917
Fax.: 030/2122-3359

Brandenburg:
Rainer Kluge
Ministerium für Arbeit, Gesundheit, Soziales und Frauen
Heinrich-Mann-Allee 103,
14473 Potsdam
Tel.: 0331/866-5795
Fax.: 0331/866-5189

Hamburg:
Elke Frank, Senatskanzlei
Poststr. 11, 20354 Hamburg
Tel.: 040/3681-2492
Fax.: 040/3681-2298

Mecklenburg-Vorpommern:
Frieder Jelen
Landesbehindertenbeauftragter
Johannes-Stelling-Str. 14 (Bürocontainer), 19053 Schwerin
Tel.: 0385/525-2719, -2709
Fax.: 0385/525-2744

Niedersachsen:
Karl Finke
Sozialministerium Niedersachsen
Hinrich-Wilhelm-Kopf-Platz 2,
30159 Hannover
Tel.: 0511/120-425
Fax.: 0511/120-443

Nordrhein-Westfalen:
Andreas Burkert (*)
Koordinierungsreferent für Behindertenpolitik
MAGS/Horionplatz 1,
40213 Düsseldorf
Tel.: 0211/837-3321
Fax.: 0211/837-3490

Rheinland-Pfalz:
Klaus Jensen
Ministerium für Arbeit, Soziales und Gesundheit
Bauhofstr. 9, 55116 Mainz
Tel.: 06131/16-2384, -2385
Fax.: 06131/16-2014

Saarland:
Wolfgang Gütlein
Ministerium für Frauen, Arbeit, Gesundheit und Soziales
Franz-Josef-Röder-Str. 23,
66119 Saarbrücken
Tel.: 0681/501-3253
Fax.: 0681/501-3335

Sachsen:
Sächsischer Landesbeirat für Behindertenfragen beim Sächs. Staatsministerium für Soziales, Gesundheit und Familie (*)
Dr. Jürgen Trogisch
Albertstr. 10, 01097 Dresden
Tel.: 0351/564-7746, -7745
Fax.: 0351/546-7784

Sachsen-Anhalt:
Jürgen Braun
Ministerium für Arbeit und Soziales
Seepark 5–7, 39116 Magdeburg
Tel.: 0391/567-6905
Fax.: 0391/567-6937

Schleswig-Holstein:
Ulrich Hase
Landesbehindertenbeauftragter
Adolfstr. 48, 24105 Kiel
Tel.: 0431/988-1891
Fax.: 0431/988-1894

(*) Hierbei handelt es sich um Koordinationsreferate bzw. Beiräte auf Landesebene, hier fungieren keine Einzelpersonen als Behindertenbeauftragte.

5. Wichtige europäische Adressen

Europäisches Behindertenforum
c/o Johan Wesemann
Rue Franklin, 110,
B – 1040 Bruxelles
Tel.: + 32-2/735-7218
Fax.: + 32-2/735-5354

Europäisches Parlament
Intergruppe Behinderte
c/o Barbara Schmidbauer (MEP)
Rue Belliard 97–113,
B – 1047 Bruxelles
Tel.: + 32-2/284-7529 (-5529)
Fax.: + 32-2/284-9529

(Stand: 15.3.96; Zusammenstellung: Hans-Günter Heiden)

Expertengruppe HELIOS
Av. de Cortenberg 79 B,
B – 1049 Bruxelles
Tel.: + 32-2/735-4105
Fax.: + 32-2/735-1671

Kommission der EU/DGV E.3
Generaldirektion «Beschäftigung, Arbeitsbeziehungen, soziale Angelegenheiten»; Abteilung «Eingliederung der Behinderten»
200 Rue de la Loi,
B – 1049 Bruxelles
Tel.: + 32-2/296-0561
Fax.: + 32-2/295-1012

Zu den Autorinnen und Autoren

Sigrid Arnade, Jahrgang 1956, lebt in Berlin. Die promovierte Tierärztin erkrankte 1977 an Multipler Sklerose (MS) und ist zur Fortbewegung auf einen Rollstuhl angewiesen. Seit 1986 arbeitet sie als Journalistin für Fernsehen und Printmedien mit dem Schwerpunkt Behinderung. Im Initiativkreis Gleichstellung Behinderter hat sie sich für die Ergänzung des Grundgesetzes engagiert. Außerdem hat sie ein Buch über die Erfahrungen behinderter Frauen im Fischer Verlag veröffentlicht und das Netzwerk behinderter Frauen Berlin mitgegründet.

Karl Finke, Jahrgang 1947, kaufmännische Ausbildung; Erblindung mit 21 Jahren. Besuch der Blindenstudienanstalt Marburg, anschließend Studium für Erwachsenenbildung in Hannover sowie in der Verwaltungshochschule in Speyer; von 1978 bis 1981 bei der Bundesanstalt für Arbeit tätig; seit 1981 Abteilungsleiter für Behinderte und benachteiligte Zielgruppen der Volkshochschule Hannover; langjährige Mitarbeit in Selbsthilfegruppen/Selbsthilfezusammenschlüssen sowie dem Blindenverein; seit Dezember 1990 Behindertenbeauftragter des Landes Niedersachsen.

Horst Frehe, Jahrgang 1951, Richter am Sozialgericht Bremen; Mitglied im Forum behinderter Juristinnen und Juristen, Vorstandsmitglied von Selbstbestimmt Leben Bremen, Vorsitzender des Europäischen Netzwerkes für selbstbestimmtes Leben (ENIL); viele Veröffentlichungen zu Themen der Behindertenpolitik.

Uwe Frevert, Jahrgang 1957, mit zwei Jahren an Polio erkrankt, seitdem auf den Rollstuhl angewiesen; Studium an der FH für Sozialwesen in München, 1983/84 Jahrespraktika in den USA (St. Louis/ Berkeley – «Centers for Independent Living»); arbeitete als Diplom-Sozialpädagoge bei der Stiftung Pfennigparade, der Gesamthochschule Kassel und dem fab e. V.; Mitbegründer der Vereinigung Integrationsförderung, des Verbundes behinderter Arbeitgeber/innen und der Interessenvertretung Selbstbestimmt Leben (ISL), dort z. Zt. 1. Vorsitzender.

Ulrich Hase, Jahrgang 1955, von Kindheit an hochgradig hörgeschädigt, Studium der Rechtswissenschaften, Sonderpädagogik und Psychologie; seit 1983 Leiter des Rehabilitationszentrums für Hörgeschädigte in Rendsburg; Lehraufträge an der Universität Hamburg; seit 1989 Präsident des Deutschen Gehörlosen-Bundes, seit März 1995 Landesbeauftragter für Menschen mit Behinderung bei der Ministerpräsidentin des Landes Schleswig-Holstein.

Hans-Günter Heiden, Jahrgang 1953, abgeschlossene Studien der Sonderpädagogik und der Publizistik; arbeitete als Lehrer in einer Sonderschule, in der Öffentlichkeitsarbeit einer Therapieeinrichtung und als Chefredakteur einer Behindertenzeitschrift; Initiator des Initiativkreises Gleichstellung Behinderter; lebt jetzt als freier Publizist in Berlin. Diverse wissenschaftliche und literarische Veröffentlichungen, Herausgeber- und Lektoratstätigkeiten.

Ulrich Hellmann, Jahrgang 1952, Assessor jur.; Studium der Rechtswissenschaften und der Soziologie in Marburg/Lahn; seit 1984 tätig in der Rechtsabteilung der Bundesvereinigung Lebenshilfe für geistig Behinderte e. V. in Marburg, mit den Zuständigkeitsbereichen: Personalwesen und Arbeitsrecht, Betreuungsrecht, Heimgesetz und Vereinsrecht.

Andreas Jürgens, Jahrgang 1956, Dr. jur., nach dem Studium der Rechtswissenschaften und anschließendem Referendariat in Marburg seit 1986 Richter am Amtsgericht in Kassel; von Geburt an behindert («Osteogenesis imperfekta») und seit dem Studium in verschiedenen Behinderten-Gruppen und -Organisationen aktiv; zur Zeit Sprecher des Forums behinderter Juristinnen und Juristen sowie rechtspolitischer Sprecher der Interessenvertretung Selbstbestimmt Leben e. V. Mehrere Veröffentlichungen in Fachzeitschriften und Fachbüchern zum Betreuungsrecht, zum Sozialrecht, vor allem Pflegerecht, sowie zu behindertenpolitischen und rechtspolitischen Fragen.

Gunther Jürgens, Jahrgang 1956; seit Geburt behindert («Osteogenesis imperfecta»); nach Studium der Rechtswissenschaften und Referendariat in Marburg seit 1988 Richter am Verwaltungsgericht Kassel; 1992 Promotion. Gründungsmitglied des «Forums behinderter Juristinnen und Juristen».

Swantje Köbsell, Jahrgang 1958, Studium der Behindertenpädagogik, seit 1981 aktiv in der emanzipatorischen Behindertenbewegung, arbeitet seit 1985 zum Thema Eugenik und Behinderung; Veröffentlichungen: «Eingriffe. Zwangssterilisation geistig behinderter Frauen» (1986), mit Theresia Degener: «Hauptsache, es ist gesund» «Weibliche Selbstbestimmung unter humangenetischer Kontrolle» (1992), sowie zahlreiche Beiträge in Zeitschriften und Sammelbänden.

Peter Mand, Jahrgang 1958, ältester Sohn eines Theologenehepaares, durch Krankheit querschnittgelähmt seit dem zwölften Lebensjahr, Besuch der Regelschule in Krefeld und Essen bis zum Abitur, ab 1977 Journalistik-Studium in Dortmund, ab 1981 freie Mitarbeit beim WDR-Hörfunk, ab 1983 beim PARAPLEGIKER, Nachrichtenmagazin der Querschnittgelähmten, seit 1986 festangestellt, seit 1990 alleinverantwortlich; zusätzlich Veröffentlichungen in mehreren anderen Zeitschriften des Heidelberger Verlags für Medizin und (mit anderen) in Büchern.

Ottmar Miles-Paul, Jahrgang 1964, Bundesgeschäftsführer des Behindertenverbandes Interessenvertretung Selbstbestimmt Leben Deutschland – ISL e. V., sehbehindert, Mitbegründer von Disabled Peoples' International in der Europäischen Union, div. Veröffentlichungen zur Gleichstellung Behinderter.

Andreas Oechsner, Jahrgang 1962, Journalist; arbeitete in Berlin im Sozialbereich und der Öffentlichkeitsarbeit eines Behindertenverbandes; außerdem als freier Mitarbeiter beim «Paraplegiker – Nachrichtenmagazin der Querschnittgelähmten»; derzeit in Linz/Österreich Herausgeber der Zeitschrift «Domino – Europamagazin zur Selbstbestimmung gehinderter Menschen».

Manfred Rosenberger, Jahrgang 1954; Studium der Erziehungswissenschaften (Dipl. Päd.) und für das Lehramt an Grund- und Hauptschulen; Lehrer an einer Grundschule in Berlin-Kreuzberg; Sprecher der Bundesarbeitsgemeinschaft «Gemeinsam leben – gemeinsam lernen / Eltern gegen Aussonderung». Vater von drei Kindern, wovon das jüngste zur Fortbewegung auf Gehhilfen bzw. den Rollstuhl angewiesen ist und zum Lesen, Schreiben und Rechnen mehr Zeit als die meisten seiner Altersgenossen benötigt.

Andrea Schatz, Jahrgang 1958; Erkrankung an Poliomyelitis; zwei Kinder; Studium der Kunstwissenschaft an der Humboldt-Universität zu Berlin; Redakteurin von «Bildende Kunst», einer Kunstzeitschrift der DDR; Kulturbeauftragte im Rehabilitationszentrum Berlin-Pankow, Chefredakteurin der Zeitschrift DIE STÜTZE, einem Journal von Behinderten für Behinderte und ihre Freunde; 21 Monate arbeitslos; derzeit Referentin für behinderte Frauen in der Berliner Senatsverwaltung für Arbeit und Frauen; engagiert in der Gleichstellungsbewegung Behinderter, in der Selbstbestimmt-Leben-Bewegung und im Netzwerk behinderter Frauen Berlin.

Birgit Schopmans, Jahrgang 1965; von Geburt an stark sehbehindert; 1985–1991 Studium der Sozialpädagogik in Kassel; seit Studienbeginn in der Behindertenbewegung aktiv, Gründungsmitglied der Interessensgemeinschaft behinderter Studierender und des Vereins zur Förderung der Autonomie Behinderter – fab e. V. – in Kassel; 1992–1993 tätig als Sozialpädagogin im Bereich Beratung behinderter Frauen beim fab e. V.; seit 1993 Leiterin des Hessischen Koordinationsbüros für behinderte Frauen.